ÉNIGMATIQUE JAPON

Autrement**Frontières**

Collection dirigée par Henry Dougier

NOTE DE LA TRADUCTRICE

L'ordre japonais des noms de personnes est le suivant : d'abord le nom de famille, puis le prénom. Cet ordre est inversé en anglais, mais généralement respecté en français.
Le macron (-) est souvent utilisé dans la transcription des mots japonais ; placé sur une voyelle (par exemple, le *o*), il représente plus fidèlement la prononciation japonaise. Beaucoup d'ouvrages n'appliquent pas cette convention qui n'aide pas forcément le lecteur ; j'ai donc choisi de ne pas utiliser le macron dans ce livre.
À cette exception près, tous les mots japonais ont été translittérés selon le « système Hepburn modifié », couramment employé en France, et demeurent invariables en genre et nombre, comme dans leur langue d'origine.

www.autrement.com

Première publication sous le titre *Japan, through the Looking Glass* par Profile Books Ltd

Suivi éditorial : Laure Flavigny et Grégoire Thorel

Illustration de couverture : © Gary Knight/VII

ALAN MACFARLANE

ÉNIGMATIQUE JAPON

Une enquête étonnée et savante

Traduit de l'anglais par Geneviève Brzustowski

Éditions Autrement**Frontières**

Pour Rosa,
dans l'espoir qu'elle passera un jour de l'autre côté du miroir japonais.

« Il y a longtemps, le meilleur et le plus cher de mes amis japonais me disait avant de mourir : "Dans quatre ou cinq ans d'ici, quand vous serez convaincu que vous ne pouvez en rien comprendre les Japonais, c'est alors que vous commencerez à les comprendre un peu."
Depuis j'ai vérifié cette amicale prophétie. Je me rends compte enfin que je ne comprends pas le moins du monde les Japonais. Je crois donc que je suis prêt à écrire cet essai. »

Lafcadio Hearn, *Le Japon*
(trad. Marc Logé, 1904)

« Mais en vérité... il n'y a rien derrière le voile. Les Japonais sont difficiles à comprendre non parce qu'ils sont étranges ou compliqués, mais parce qu'ils sont d'une simplicité absolue. Par simplicité, je n'entends pas absence d'une multiplicité d'éléments... La pratique religieuse de l'homme ordinaire lui-même est extrêmement complexe... Ce qui nous paraît à la fois étranger et impénétrable dans l'esprit japonais tient non à la présence d'une déconcertante diversité d'éléments conflictuels dans sa psyché, mais plutôt au fait que l'on n'y ressent l'existence d'aucun conflit. »

Kurt Singer, *Mirror, Sword and Jewel*

« Je ne puis croire pareille chose ! s'exclama Alice.
– Vraiment, dit la reine d'un ton de voix empreint de commisération. Essayez encore une fois : prenez une profonde inspiration et fermez les yeux. »
Alice se mit à rire. « Inutile d'essayer, répondit-elle ; on ne saurait absolument pas croire à l'impossible.
– Je prétends que vous ne vous y êtes pas suffisamment exercée, dit la reine. Lorsque j'avais votre âge, je m'y appliquais régulièrement une demi-heure par jour. Eh bien, il m'est arrivé, avant d'avoir pris le petit déjeuner, de croire jusqu'à six choses impossibles. »

Lewis Carroll, *De l'autre côté du miroir et ce qu'Alice y trouva*
(trad. Henri Parisot, R. Laffont, 1989)

PRÉFACE.
UN ALICE OCCIDENTAL AU PAYS DES MERVEILLES

Pourquoi le Japon a-t-il délaissé l'une des inventions majeures de l'histoire de l'humanité – la roue –, en sorte qu'au milieu du XIXe siècle, l'essentiel des transports s'y faisait encore à bras d'homme ? Pourquoi les services y sont-ils si peu productifs quand l'industrie l'est tellement ? Pourquoi, au pays des estampes qui ne cachent rien, *Le Baiser* de Rodin a-t-il été exposé voilé ? Pourquoi un peintre, pour figurer un jardin, rend-il une toile vierge, hors une unique branche où est posé un oiseau ?

Comment les Japonais peuvent-ils être à la fois « plus pacifiques et plus guerriers que presque tous les autres peuples » ? Avoir bâti « une superpuissance économique sans économie » et une société moderne qui reste pourtant « englobée » à l'instar des plus primitives ? Comment peut-on les décrire d'un même mouvement comme « groupistes » et aussi isolés que des pieuvres dans les pots où les pêcheurs les piègent ? Comment les Japonaises, si polies et dévouées à leur foyer, peuvent-elles traiter sans ambages leurs maris de « grosses ordures » ?

Étonnements mille fois exprimés par les Occidentaux depuis que l'Archipel s'est rouvert au monde en 1853. Constats mille fois faits. Rituels – la cérémonie du thé, le *sumo*, le *no*, le bain – mille fois décrits. Explications culturalistes mille fois données, qui aplatissent la réalité japonaise jusqu'à en faire un théâtre de carton, compactent l'histoire et expédient en peu de mots, ou en silence, tout ce qui ferait tache dans l'univers nippon tel que l'Occident a si longtemps aimé qu'on le lui représente.

D'où vient pourtant le charme de cet « énigmatique Japon » ? De ce qu'Alice, convoquée dès l'exergue, a bien juré de croire à l'impossible – que les *yakuza* sont (presque) gentils et les enfants toujours bien et chaudement élevés – et s'y attache de tout son cœur avec une capacité d'émerveillement jamais démentie, mais aussi avec la volonté de mener l'enquête en scientifique. Car cette Alice-là, tombée tard et vierge dans le bain japonais, est anthropologue, et de la rencontre entre son érudition, sa volonté de rendre compte de tout, sa passion pour son objet d'étude et la naïveté émerveillée qui sied à toute Alice qui se respecte... de ce mélange naît un objet étrange, mi-conte de fée, mi-cours magistral – notre Alice est de Cambridge –, avec un peu du Roland Barthes de *L'Empire des signes*. Il en est de ce livre comme des sources chaudes où les Japonais aiment musarder. Pour en goûter le charme régressif – si plaisant ! –, il faut s'y plonger en laissant à l'entrée le monde réel – si stressant !

Jean-Marie Bouissou

Directeur de recherche à Sciences po

1. « DE L'AUTRE CÔTÉ DU MIROIR »

Comme la plupart des bonnes choses, mon exploration a commencé presque par accident. Début 1990, le British Council m'a engagé à accepter une bourse de professeur invité au Japon. Il s'agissait d'envoyer là-bas un professeur britannique, pendant un mois ou deux, pour établir des contacts et donner quelques conférences. On me demanda si j'étais intéressé. Je l'étais, car j'avais lu des études sur les Aïnous du nord du Japon, et je désirais les rencontrer. En outre, mes lectures m'avaient fait prendre conscience de similarités entre l'Angleterre et le Japon. J'appris que l'invitation officielle venait d'un certain Nakamura Kenichi, professeur à la faculté de droit de l'université d'Hokkaido. Je découvris par la suite que son invitation devait beaucoup à sa femme Toshiko, qui avait lu avec intérêt un de mes livres sur l'amour et le mariage en Angleterre. J'acceptai.

J'ignorais presque tout du Japon avant notre premier séjour. Je savais que c'était un chapelet d'îles situées à l'est de la Chine. Je me figurais plus ou moins une Chine en miniature. Je croyais que, pendant la plus grande partie de son histoire, le Japon avait eu une langue voisine, un art et une esthétique analogues, un système familial semblable, la même religion (bouddhisme, confucianisme), une agriculture et une alimentation comparables (riz, thé) et une architecture proche, et que les deux pays possédaient un régime impérial. Pour moi, ils ne s'étaient éloignés que récemment, la Chine vers le communisme, le Japon vers le capitalisme.

Je savais que le Japon était un pays ultramoderne, avec un haut niveau de productivité, et peuplé de plus de cent millions d'habitants. Première puissance industrielle d'Asie depuis plus de deux générations, deuxième économie au monde, le Japon semblait, de loin, un modèle de société moderne, capitaliste et scientifique, un pays avec des villes incroyablement étendues, des travailleurs acharnés, des systèmes de transport efficaces, un artisanat d'art raffiné. Il était réputé pour son ingénierie et son électronique.

Je ne connaissais aucun Japonais personnellement, mais j'avais entendu dire qu'ils avaient un caractère réservé et que beaucoup portaient des lunettes. Certains, dans le passé, avaient été des *samurai*, et il existait de très bons films sur ce chapitre de leur histoire. Les Japonais, m'avait-on affirmé, mangeaient des choses plutôt bizarres, comme du poisson cru, et buvaient un alcool de riz appelé *sake*. Ils menaient par tradition une vie sexuelle libre en compagnie de femmes appelées *geisha*.

Voici quel serait le bilan de mes idées préconçues sur ce pays. Dans la colonne « actif » : l'artisanat d'art et sa beauté, les gadgets fantastiques, les temples et les jardins exquis, une culture de l'honneur façon *samurai*, la cérémonie et l'éthique du thé, des jeux et des arts curieux, comme la lutte *sumo* et le théâtre *kabuki*. Dans la colonne « passif » : la conduite de l'armée japonaise pendant la Seconde Guerre mondiale, le suicide violent, le crime organisé et les *yakuza*, un conformisme excessif, la pollution et la dégradation urbaine, la brutalité de la pornographie. Ce livre s'efforce d'expliquer l'origine de toutes ces impressions et de dissiper certains de mes propres préjugés et jugements primaires.

Si j'énumère en vrac ces idées préconçues, c'est pour l'écho qu'elles éveillent peut-être en vous. Certaines vous sont peut-être familières, mais d'autres – qui renvoient à des choses que j'ignorais à l'époque – sont devenues partie intégrante de la culture mondiale, comme cette manière de chanter en public qu'on appelle *karaoke*, ou les bandes dessinées japonaises *(manga)*. Peut-être avez-vous vu des films récents sur la vie au Japon, le fameux *Lost in Translation* par exemple, et son évocation des difficultés de la compréhension entre les cultures. Peut-être avez-vous en tête des images aussi fausses et confuses que les miennes lorsque, âgé de 48 ans, je me suis embarqué pour le Japon avec Sarah, ma femme.

Je me croyais à l'abri de tout ethnocentrisme. Or, quitter la seule culture que j'aie jamais connue ne m'a jamais causé le même choc que celui que j'ai eu en découvrant le Japon. Il est vrai que j'avais jusqu'alors passé quarante ans de ma vie en Angleterre, et essentiellement étudié l'histoire et la culture européennes et britanniques. Pourtant, j'ai aussi vécu plus de dix-huit mois au Népal et fait cinq séjours sur le terrain de mes recherches anthropologiques, traversant l'Inde de bout en bout par la même occasion. J'enseignais l'anthropologie à l'université de Cambridge depuis seize ans et j'avais lu, formé et dirigé de nombreux étudiants qui travaillaient sur les cultures tribales, agraires et modernes du monde entier. Pourtant, je m'aperçois aujourd'hui que je nourrissais des idées toutes faites, en grande partie infondées, qui ne m'ont pas facilité la compréhension du Japon.

Pour simplifier les choses, disons que je pensais, en arrivant au Japon, qu'il existait deux formes majeures de société. Il y avait les mondes intégrés, principalement oraux, tels ceux d'Afrique, d'Amérique du Sud et du Pacifique, que je connaissais par mes lectures, et du Népal, que j'avais étudié sur place. Ils étaient « enchantés » parce qu'ils n'établissaient pas de différence entre monde naturel et surnaturel, et « englobés » parce qu'économie et société n'y étaient pas séparées. Ces sociétés, petits mondes souvent périphériques qui luttaient pour conserver leur altérité aux marges de la civilisation, constituaient le sujet de la plupart des études anthropologiques.

Les civilisations de l'argent, de l'écriture, des villes et des technologies complexes étaient, quant à elles, apparues il y a environ dix mille ans. Il s'agissait à l'origine de civilisation agraires dont l'économie reposait sur la parenté et où religion et politique ne faisaient qu'un. Les nations où économie, parenté, politique et religion étaient, en théorie, séparées ne sont apparues qu'il y a cinq cents ans environ ; elles annonçaient le monde moderne.

Je m'attendais à trouver au Japon une civilisation moderne aux antipodes du type intégré. Quelle que soit sa forme, elle serait une variante des grands systèmes de civilisation qui existent ailleurs dans le monde. La France, l'Angleterre, l'Amérique, l'Inde ou la Chine sont très différentes, il est vrai, mais elles appartiennent clairement à un ordre similaire de l'histoire du monde. Même sans être entièrement « modernes », elles possèdent la plupart des éléments de la modernité.

À plus d'un égard, je ressemblais à Alice, cette fillette anglaise très bourgeoise et sûre d'elle, quand elle passa de l'autre côté du miroir. J'étais plein de certitudes, de confiance et de présomption infondées sur mes propres catégories de perception du monde. Je ne pensais même pas que le Japon risquait de les bousculer. Il s'agissait simplement de voir comment il s'y ajustait.

Premières impressions

Après avoir temporairement égaré nos bagages à Colombo, nous avons atterri plutôt contents à l'aéroport Narita de Tokyo, où nous devions attendre un vol pour Sapporo, sur l'île septentrionale d'Hokkaido. Nos premières impressions, consignées dans notre journal commun, expriment une certaine déception face à un Japon à la fois prosaïque et familier.

« Accueillis à Sapporo par le professeur Nakamura. Il nous a conduits vers la ville, qui est assez éloignée de l'aéroport. » Une fois de plus, rien de bien surprenant. Les Japonais roulent à gauche comme nous et les routes, maisons et panneaux indicateurs, etc., ressemblent à ceux de n'importe quelle grande ville d'Angleterre. Notre appartement sur le campus était « confortable et occidental. Difficile de savoir qu'on est au Japon. Avons fait les courses – alimentation, etc. – avec Mme Nakamura ». Là encore, rien de très étonnant, à part le vaste choix d'aliments, surtout de poissons.

Quand nous avons visité l'université, située le long d'agréables rues ombragées, nous avons trouvé bien peu de différences apparentes avec de nombreuses universités anglaises, hormis la surprenante absence d'ordinateurs. Quand nous nous sommes rendus à l'appartement du professeur Nakamura, nous avons été frappés par sa petitesse et son encombrement ; la famille dormait apparemment à même le sol, dans une pièce qui faisait également office de salle de séjour. Le mobilier était simple, bon marché, et nous avons noté : « Bizarre que toute cette richesse du Japon n'ait pas abouti à un niveau de vie particulièrement impressionnant. »

Voilà quelques indications simples de ce que les visiteurs occidentaux peuvent ressentir au Japon. Dans une large mesure, ses mégapoles sont très semblables aux grandes villes occidentales. Voitures, boutiques et métro sont tous suffisamment familiers pour nous donner l'impression trompeuse que nous avons traversé la planète pour trouver un pays pareil au nôtre. Odeurs, décors, bruits et formes sont différents, mais du même ordre que ceux que nous connaissons.

Ce léger désappointement a commencé à se dissiper quand nous nous sommes mis à discuter avec nos hôtes et à visiter un certain nombre d'institutions japonaises. Un sentiment d'altérité, d'étrangeté et d'inconnu s'est lentement éveillé. Comme Alice dans le « Monde du miroir », nous avons découvert que tout ce qui semblait familier présentait aussi des aspects nettement moins communs, voire bizarres, certes faciles à expliquer, mais de plus en plus déroutants.

Les sanctuaires que nous visitions ne ressemblaient ni à des lieux de culte ni à des endroits entièrement laïcs. Le 1er juillet, nous sommes allés voir un sanctuaire *shinto* à l'ouest de Sapporo. Il faisait très chaud, et nous avons marché jusqu'à notre destination, au sommet de collines boisées, après un déjeuner rapide. Voici un extrait de notre journal :

> Époustouflés par sa taille et sa beauté. Entièrement en bois, avec des ornements à la feuille d'or. À notre grande surprise, il y avait une cérémonie, et nous sommes entrés nous asseoir. L'endroit ressemble à une scène de théâtre que l'on peut voir en restant debout à l'extérieur. Comment font-ils en hiver ? Mais très beau à cette époque de l'année. L'intérieur tout aussi impressionnant. Un prêtre psalmodiait, agenouillé devant un autel. Les seuls autres « officiants » étaient trois jeunes filles. Au bout d'un moment, l'une a joué du tambour pendant que les autres dansaient, accompagnées par le prêtre, en jouant de la flûte et du tambour. Les « fidèles » étaient apparemment pour l'essentiel des parents qui venaient faire bénir leur bébé. Comme notre baptême. Certaines des mères et des grands-mères portaient des *kimono*... Émouvant, surtout dans un cadre aussi splendide, mais le sentiment général évoquait une église anglaise. Autour de la cour, toutes sortes d'activités, photographies des participants et vente d'amulettes notamment. À un moment donné, nous avons remarqué des bureaux modernes derrière la façade traditionnelle. Beaucoup de participants avaient apporté des bouteilles de *sake* en guise de cadeau ; il faut croire que les prêtres *shinto* vivent bien. En essayant de voir un autre bâtiment derrière le sanctuaire, nous nous sommes retrouvés devant le stade de base-ball, et les tambours du temple *shinto* ont fait place aux majorettes.

Nous avions pénétré dans un monde ritualisé, familier et inconnu à la fois, qui mélangeait la religion et le base-ball, le côté utile et la survie apparente de la religion. Ce sentiment permanent ressemblait un peu à une promenade dans Cambridge, une échappée hors du tumulte du XXIe siècle qui vous plonge dans une atmosphère intemporelle, médiévale et paisible.

Le 3 juillet, nous avons accompagné Toshiko à l'école de sa fille aînée. Nous y avons passé presque quatre heures à observer les cours de la journée et pris le déjeuner à la cantine avec les enfants. Nos notes :

> Tout de suite après le déjeuner, une photo de classe a été prise et nous avons, par l'intermédiaire de Toshiko, posé les mêmes questions que celles que nous avions posées aux enfants népalais. Ces écoliers de 10 ans étaient sûrs d'eux, décidés, pas le moins du monde gênés par nos questions, qui allaient des connaissances générales à des détails intimes de leur avenir : s'ils se marieraient par amour, ou se plieraient à un mariage arrangé... La seule chose vraiment bizarre a concerné nos questions sur la religion. Nous avons demandé : « Combien de religions y a-t-il au Japon ? » Un seul élève a suggéré quatre ou cinq ; les autres ne connaissaient pas le sens du mot « religion ». On nous a dit que le concept était intraduisible en japonais. Nous supposions que le Japon était un mélange de shintoïsme, de bouddhisme et de confucianisme, avec un peu de christianisme, et c'est ce que nous avions cherché à savoir. Mais quand nous avons demandé aux enfants s'ils pouvaient citer le fondateur d'une de ces religions, ils n'en avaient pas la moindre idée, à part un ou deux. L'un a répondu le Bouddha, mais il ignorait quelle religion celui-ci avait fondée. Personne

n'avait entendu parler du *shinto* ou de Confucius. Toshiko a tenté une explication : le *shinto*, en réalité, n'est pas une « religion ». Tout cela est très étrange et mérite une exploration plus fouillée.

Voici nos notes du 10 juillet :

Passé une bonne partie de la journée au tribunal. D'abord la haute cour – Sapporo est le siège de l'une des huit hautes cours du Japon. Vu trois affaires en tout. Un cas d'évasion fiscale, un de comportement menaçant, et le troisième de cambriolage. Les trois prévenus avaient des liens avec le crime organisé, avec des gangsters. Déjeuné avec les juges dans une grande salle de banquet où l'on célèbre aussi les mariages, près du tribunal... Puis nous avons assisté à une audience du tribunal pour enfants... Il y a ce croisement étrange avec le crime organisé, l'insistance sur les excuses et l'implication de la famille qui vient pleurer au tribunal et participe à la procédure. Il se passe quelque chose de différent ici. Il y a eu une autre bizarrerie au cours du repas avec les juges. Quand nous avons demandé pourquoi il fallait souvent plusieurs années pour trancher des cas relativement simples, ils ont dit qu'il leur était extrêmement difficile, en tant que juges, de parvenir à une décision. La vie était compliquée, tout n'était pas noir ou blanc. Les décisions binaires du type « coupable » ou « non coupable » n'étaient pas faciles dans un contexte japonais. Il y a là un certain nombre de pistes troublantes, à suivre.

Ces affaires judiciaires ne sont que trois exemples du monde qui se cache derrière l'extérieur apparemment courtois et occidentalisé. De tels exemples se sont accumulés au fil des années. À mesure que je découvrais le Japon dans des contextes multiples, apprenais son histoire, m'imprégnais de sa culture et la comparais à celle de la Chine, j'avais l'impression de marcher dans une forêt inconnue, dont les arbres n'étaient plus ceux que je connaissais, dont les animaux et les oiseaux appartenaient à des espèces étrangères. Le familier cessait de l'être et le reconnaissable devenait de plus en plus incompréhensible.

Quand j'ai commencé à me renseigner sérieusement sur le Japon après mon premier séjour, j'ai découvert que mon sentiment d'étrangeté devant ce que je voyais se situait dans la droite ligne d'une tradition très ancienne. On trouve à travers les siècles des histoires extraordinaires sur l'univers étrange et renversé du Japon, à commencer par les premiers récits de voyageurs portugais, au XVIe siècle. Du XVIIe au début du XIXe siècle, des auteurs occidentaux – pour l'essentiel une succession d'observateurs hollandais et allemands – ont fait partager cette étrangeté à leurs lecteurs européens et ont commenté le monde étonnant qu'ils découvraient, encore que ce dernier se limitât généralement à l'île de Deshima, au large de Nagasaki.

Les impressions des voyageurs occidentaux qui ont visité le Japon à l'époque de la restauration Meiji, dans la seconde moitié du XIXe siècle, sont particulièrement intéressantes, car on pouvait désormais voyager librement dans le pays. Les voyageurs chevronnés de l'ère victorienne ne se sont pas contentés de dire que le Japon était différent des autres endroits où ils étaient allés. Isabella Bird, qui avait déjà beaucoup voyagé en 1880, notait que « le Japon offre sans doute autant de nouveauté qu'une excursion sur une autre planète ». Edwin Arnold, avec sa longue expérience de l'Inde, écrivait qu'il était « dans un nouveau monde, où la vie est presque aussi étrange et différente que le serait l'existence sur la Lune ». W. E. Griffis, qui vécut plusieurs années au Japon, en donne un aperçu particulièrement élégant :

> Le pionnier qui pénètre le premier au sein d'un nouveau peuple est récompensé par un double plaisir. Outre la rare euphorie que l'on ressent à fouler un sol vierge de pas étrangers, c'est une sorte d'oxygène mental que d'observer et de respirer dans une civilisation aussi unique que celle du Japon. Ce sentiment que pendant des siècles des millions de représentants de sa propre espèce ont vécu et aimé, connu la joie, la souffrance et la mort, vécu toute la plénitude de la vie, en ignorant tout de la religion, des lois et coutumes, de la nourriture, du costume et de la culture que nous considérons comme essentiels à notre existence sociale, me donne l'impression d'explorer une Pompéi ramenée à la vie.

Lafcadio Hearn, qui passa lui aussi de nombreuses années au Japon, s'y maria et devint citoyen japonais, donne l'un des récits les plus vifs de la surprise qu'il ressentit. Il eut l'occasion d'observer un monde que le vernis du développement industriel et urbain moderne ne recouvrait pas encore totalement. Il souligna à la fois l'étrangeté du pays et l'enchantement suscité par le monde mystérieux et l'altérité magique dissimulés derrière les apparences.

> Tout d'abord, l'étrangeté apparente de toutes choses au Japon donne, au moins à certains esprits, une inquiétude surprenante, inexprimable. C'est, il me semble, le même sentiment de surnaturel qui nous gagne en présence de l'inconnu, de « l'absolument inconnu ». [...] Mais ces détails ne diminuent pas la vive impression d'étrangeté du premier contact, et cette impression ne s'affaiblit nullement au fur et à mesure que l'on connaît mieux ce monde fantastique. Vite on s'aperçoit que même les menus gestes des gens du peuple sont incompréhensibles pour nous. Ils travaillent, mais tout ce qu'ils font, ils le font au rebours de la méthode occidentale. [...] Tous ces procédés inconnus de nous, étrangers à nous, sont bien faits pour nous donner l'idée que les Japonais appartiennent à une autre

humanité et pour nous faire supposer qu'ils doivent nous ressembler, même au physique, aussi peu que la population d'une autre planète [1].

La plupart des observateurs ont trouvé particulièrement déroutants les paradoxes, contradictions et renversements qui échappaient entièrement à leur compréhension. Ainsi Percival Lowell :

> Ce que nous envisageons intuitivement de notre propre point de vue, ils le considèrent tout aussi intuitivement du leur, de manière diamétralement opposée. Parler à l'envers, écrire à l'envers, lire à l'envers ne sont que le b.a.-ba de leur esprit de contradiction. L'inversion ne se limite pas aux seuls modes d'expression, mais descend jusqu'à la matière même de la pensée. Les idées que nous pensions innées ne trouvent aucun écho chez eux, tandis que les méthodes qui nous paraissent ridiculement peu naturelles semblent leur appartenir de droit. Qu'ils posent un parapluie mouillé sur la poignée, et non sur la pointe, pour le faire sécher, ou qu'ils frottent une allumette vers l'extérieur et non vers soi, il n'existe aucune action de nos vies quotidiennes, aussi triviale fût-elle, qui ne suscitât en eux la réaction appropriée – égale, mais inverse... L'humour règne en maître, et nous devenons le jouet de nos propres réflexions.

On pourrait croire que ces difficultés de compréhension, ce sentiment d'indéfinissable altérité qui contrarient nos modes de classification de l'expérience disparaîtraient avec la soi-disant occidentalisation du Japon, devenu société industrielle à la fin du XIXe siècle. Pourtant, l'étonnement n'a pas disparu. Le Japon reste une anomalie dans l'anthropologie comparative et continue à mettre au défi notre logique culturelle.

L'économiste Kurt Singer notait, dans les années 1930 :

> Un étranger débarquant dans les îles du Japon percevra vite qu'il est entré dans un monde qui suit sa propre loi dans chaque domaine de l'action et de la contemplation. [...] Le sens de l'orientation et les échelles de préférence sont subtilement troublés par un « chamboulement » général qui s'exprime dans des inversions presque systématiques de la gauche et de la droite, de l'avant et de l'après, de la parole et du silence. Chaque geste, forme de récipient, cadence de phrase, étiquette domestique ou scolaire, arrangement de fleurs dans un vase [...] portent une marque indubitable particulière à ce seul pays.

Ruth Benedict notait certains de ces particularismes dans *Le Chrysanthème et le Sabre*, ouvrage écrit à la fin de la Seconde Guerre mondiale :

---

1. Lafcadio Hearn, *Écrits sur le bouddhisme japonais*, Paris, Mercure de France, 1993, trad. Marc Logé [1904]. *(NdT)*

> Depuis soixante-quinze ans que le Japon, jusque-là demeuré impénétrable, a ouvert ses portes, on a usé pour décrire les Japonais du nombre le plus impressionnant de « mais aussi » jamais utilisé pour n'importe quelle autre nation du monde. [...] Les Japonais sont au plus haut degré à la fois agressifs et pacifiques, militaristes et férus d'esthétique, insolents et polis, rigides et malléables, soumis et difficiles à mener, loyaux et tricheurs, braves et peureux, conservateurs et ouverts aux nouveautés[2].

Aujourd'hui encore, la plupart des Occidentaux se rendent compte qu'ils sont incapables de comprendre ce pays. Qu'ils tentent d'écrire un livre sur le Japon, les spécialistes japonais trouveront leur travail superficiel et approximatif. Beaucoup de Japonais tomberaient d'accord avec le professeur pour qui « il faut être né japonais pour apprécier la subtilité de la pensée japonaise » ; quant aux éducateurs et aux hommes d'affaires interrogés par Yoshino Kosaku, tous « considéraient comme impossible pour un étranger d'apprendre à "se comporter et penser en Japonais" ». Pourtant, quand les étrangers demandent en quoi ils font erreur, et quelle serait une représentation plus adéquate, leurs informateurs restent muets. Kenichi m'a expliqué que le Japon est un miroir sans tain qui permet aux Japonais de voir à l'extérieur, mais empêche les étrangers de voir à l'intérieur. C'est aussi, apparemment, un monde difficile à comprendre même pour ceux qui sont à l'intérieur du miroir.

C'est à l'occasion de notre deuxième séjour au Japon, en juillet 1993, que nous avons eu nos conversations les plus riches. Soir après soir, et pendant nos longs déplacements vers Kyoto, Ise, Nikko et autres lieux pleins de merveilles, nos amis ont patiemment répondu à nos innombrables questions et tenté de nous expliquer le Japon. C'est à ce moment, je crois, que nous avons vu s'assembler certaines pièces du puzzle et commencé à mettre de l'ordre dans nos impressions et nos connaissances.

Je me suis basé sur mes premiers brouillons pour développer par écrit divers aspects de l'histoire et de la culture japonaises – la propriété, le droit, la parenté, la politique et l'économie – et comparer le Japon avec la Chine et l'Europe. Une étude approfondie de l'histoire des institutions japonaises, comparée à celle de l'Occident, m'a permis de commencer à comprendre pourquoi les Japonais étaient devenus si différents et comment fonctionnaient certaines des forces intérieures. J'étais encore dans « le monde du

2. Ruth Benedict, *Le Chrysanthème et le Sabre*, Paris, Picquier poche, 1995, trad. Lise Mécréant. *(NdT)*

miroir », mais j'avais le sentiment de comprendre un peu mieux ce que je percevais comme la culture du Japon.

Cette étape qui suit le « choc culturel » initial est la deuxième phase de l'expérience normale de l'anthropologue. Après plusieurs mois, on réussit à anticiper partiellement les comportements, à comprendre pourquoi telle personne dit telle chose en particulier, à saisir la grammaire sous-jacente d'une société. On ne voit plus seulement la confusion qui règne en surface, mais les courants ordonnés qui sous-tendent cette société. Ce processus prend généralement quelques mois ; pour le Japon, il m'a fallu environ quatre ans.

La troisième phase consistait à creuser plus profond sous la surface. J'ai écrit une étude comparative sur l'écologie, la population et la vie matérielle au Japon et en Angleterre depuis mille ans. J'en ai écrit une autre sur les idées de deux grands théoriciens du monde moderne, F. W. Maitland en Angleterre et Fukuzawa Yukichi au Japon. J'ai collaboré à une série d'émissions télévisées qui impliquait, entre autres, un tournage au Japon et une discussion des caractéristiques essentielles de la société et de l'histoire japonaises. Mon travail avec le regretté Gerry Martin – longues conversations, échanges épistolaires et séminaires – m'a permis d'aboutir à l'élaboration d'un modèle présentant les similarités et les différences entre le Japon et l'Occident.

La phase finale, l'assemblage des pièces du puzzle à l'intérieur de ce livre, a été effectuée conjointement avec Kenichi et Toshiko : tout un été de discussions et d'écriture, de rencontres intenses avec une dizaine des plus éminents spécialistes japonais, au printemps 2006, et la synthèse finale dans le cours de la même année.

Conceptions et théories de la « japonité »

Le chemin qui mène à l'intérieur du miroir japonais est rendu plus difficile par trois couples d'idées qui se sont développés avec une vigueur singulière au cours des quarante dernières années : le nationalisme culturel japonais, qu'on appelle *nihonjinron*, et son contraire, l'anti-*nihonjinron* ; l'orientalisme et l'occidentalisme ; le relativisme et le postmodernisme. Le lecteur doit absolument garder à l'esprit que tout travail ou toute lecture sur le Japon risque de pâtir de distorsions liées à ces concepts.

À l'instar de tous les autres peuples, les Japonais se sont toujours intéressés à leur propre identité, et c'est en se comparant à la Chine et à la Corée que beaucoup ont exploré ce domaine. À partir des années 1850, quand le Japon a commencé à se mesurer à l'agressivité et à la puissance de l'Occident, les Japonais ont traversé plusieurs étapes dans leur perception d'eux-mêmes, se considérant tantôt comme de simples Occidentaux, et tantôt comme très différents, en fonction des relations politiques et économiques du moment.

Après la Seconde Guerre mondiale, l'image que les Japonais avaient d'eux-mêmes a volé en éclats. À mesure qu'ils reconstruisaient leur économie, cependant, ils ont commencé à percevoir non seulement leur modernisation, mais aussi leur occidentalisation. Dans les années 1960 et 1970, un certain nombre d'auteurs se sont emparés des idées antérieures qui avaient mis l'accent sur l'exception japonaise, apportant leur contribution à une théorie de l'essence de la japonité, ou *nihonjinron*.

Le *nihonjinron* est en partie une réaction de ces auteurs face à « l'universalisme ethnocentrique » d'une certaine pensée anglo-américaine. Comme dans bien d'autres pays du monde, certains Japonais se sentent agressés par la tendance moderne à se conformer aux institutions et aux valeurs de l'Occident. Ils se voient contraints d'abandonner leur propre culture et d'accepter l'idée que leur différence, si elle existe, se rapporte uniquement à des aspects considérés comme « rétrogrades ». Par opposition, les penseurs du *nihonjinron* affirment que les Japonais sont réellement différents, voire uniques, et qu'ils devraient être fiers de leur culture « traditionnelle ».

Ce débat, ajouté aux déclarations ultranationalistes et antioccidentales sur l'exception japonaise, dans la période d'avant guerre, n'a pas peu compliqué la tâche de ceux qui écrivent sur le Japon. Quelques rares auteurs du *nihonjinron* ont effectivement prétendu que leur pays était supérieur, ce qui n'a pas empêché les autres de souligner dans quelle mesure il était unique et spécifique, allant jusqu'à avancer, en guise d'explication, un héritage génétique et racial.

Cette attitude a entraîné, en retour, une virulente contre-attaque visant l'idée d'une exception japonaise : dans *The Myth of Japanese Uniqueness* (« Le mythe de l'exceptionnalisme japonais »), par exemple, Peter Dale dissèque les problèmes de la littérature sur le sujet. Yoshino Kosaku, plus mesuré, analyse le phénomène et ses racines dans *Cultural Nationalism in Contemporary Japan* (« Le nationalisme culturel dans le Japon contemporain »).

Peter Dale résume ainsi les hypothèses du *nihonjinron* : « En premier lieu, ils supposent implicitement que les Japonais constituent une entité raciale culturellement et socialement homogène, dont l'essence est demeurée virtuellement inchangée depuis les temps préhistoriques jusqu'à l'époque actuelle. » Je considère, à l'instar de Dale et de bien d'autres, que cette supposition est inacceptable. Nous verrons que les Japonais ne sont homogènes ni dans le temps ni dans l'espace, et que leurs racines se retrouvent dans toute l'Asie.

« En second lieu, ils présupposent que les Japonais sont radicalement différents de tous les autres peuples connus. » Au fil de cet ouvrage, on verra que les Japonais sont différents des peuples d'autres pays, voisins ou éloignés. Mais ils présentent également de nombreux traits communs avec d'autres sociétés.

« En troisième lieu, ils sont nationalistes de manière consciente et ils font preuve d'une hostilité conceptuelle et de procédure envers tout mode d'analyse qui pourrait être considéré comme l'émanation de sources extérieures, non japonaises. » Une telle attitude est évidemment inacceptable pour un spécialiste de l'anthropologie comparée ; ce livre tout entier en est d'ailleurs la négation.

Permettez-moi d'affirmer sans ambages que mes postulats de départ ne s'accordent pas avec ceux du *nihonjinron*. Le Japon n'est ni supérieur ni façonné par un exceptionnalisme racial ou culturel, mais par des forces et des accidents historiques. Cependant, si nous rejetons les hypothèses les plus extrêmes, éliminer toute discussion sur la spécificité japonaise, telle qu'elle a été mise en avant par les Japonais eux-mêmes ou par d'autres, rendrait impossible toute compréhension du Japon.

Quand nous critiquons les excès du *nihonjinron*, nous devons nous efforcer de ne pas foncer dans la direction opposée, ce qui attiserait le feu de la réaction et fausserait la réalité. Il existe entre les cultures des différences importantes et bien réelles. Nous devrions accepter leur existence au lieu de prétendre qu'elles ne sont qu'illusions, à moins que notre arrogance et notre sentiment de supériorité ne nous empêchent tout bonnement de les remarquer.

Assimiler le Japon à nos catégories de pensée, en supposant par exemple que nous sommes en présence d'une société « postmoderne » comme une autre, c'est en nier la spécificité. Nous devons admettre que le Japon constitue une authentique alternative aux civilisations occidentales familières à la majorité de nos lecteurs.

J'aimerais, à ce stade, garder ouvertes mes options, suspendre mon jugement. J'espère suivre une voie médiane entre les extrêmes du *nihonjinron* et de l'anti-*nihonjinron*, qui ont chacun leurs dangers. Je n'ai aucune prédisposition particulière. Je ne suis pas japonais, et le Japon ne me fait pas peur.

J'aimerais évaluer ce que j'ai découvert au Japon sans craindre ni le politiquement correct, ni son contraire. Je veux explorer des questions essentielles : dans quelle mesure le Japon est-il unique, compréhensible, et en accord avec les théories extérieures (occidentales) ? S'il y a exception, quelle est-elle ? Comment les Japonais ont-ils préservé une telle exception contre les vagues d'invasion ? Quelle est la continuité de la culture japonaise ? Quels ont été les effets des transformations massives subies depuis les années 1960 ? Quelles en sont les implications pour la compréhension de notre monde, et de l'humanité en général ?

« Orientalisme » et « antiorientalisme » constituent un autre obstacle à une vision relativement claire du Japon. Depuis leurs premières rencontres avec le Japon, au XVIe siècle, penseurs et voyageurs occidentaux perpétuent une longue tradition de stéréotypes nationaux sur les Japonais. Ces projections rarement discutées nous envahissent aujourd'hui par le biais de multiples publicités et autres représentations : cerisiers en fleurs, chrysanthèmes, maisons de thé, *samurai*, lutteurs de *sumo*, *geisha* et une ribambelle d'autres stéréotypes culturels infestent notre imagination et s'avèrent extrêmement difficiles à effacer ou à éviter. Ce regard extérieur, déjà faussé, est renforcé par certaines tendances, au Japon même, à projeter des images d'un Japon unique, exotique et suranné, pour des motifs nationalistes ou commerciaux.

Utiliser la métaphore du miroir pour écrire sur le Japon pourrait être considéré comme une contribution à cette tendance « orientaliste ». Mon intention, en réalité, est de nous rappeler que, même éblouis par les reflets de nos propres peurs et espoirs à la surface du miroir, et malgré nos tendances à créer un autre en correspondance avec nous-mêmes, il est possible de renoncer à certains de nos préjugés et de nos préoccupations narcissiques pour plonger, sous la surface, à l'intérieur du miroir.

Cette tâche est néanmoins rendue plus ardue par une autre tendance, dont je n'étais pas entièrement conscient quand je suis allé au Japon, ni même quand, au bout de quinze ans, j'ai entrepris d'écrire ce livre. C'est un préjugé courant chez de nombreux Occidentaux, qu'on pourrait appeler « orientalisme à l'envers » ou « occidentalisme ». J'espère montrer dans ces pages que si de nombreux aspects de la vie japonaise, vus selon une perspective occidentale, ont l'air sens dessus dessous ou inversés, et bouleversent la plupart de nos axiomes fondamentaux, l'ensemble fonctionne plutôt bien. On pourrait ici m'accuser d'orientalisme à rebours. J'expliquerai plus en détail, quand nous quitterons le miroir japonais, que la rencontre avec le Japon s'inscrit partiellement dans cette tradition d'« utopisme » qui caractérise la pensée occidentale au moins depuis l'*Utopie* de Thomas More, au début du XVIe siècle. En d'autres termes, j'ai construit ce livre de façon à remettre en question, notamment, certaines prémisses « naturelles » et évidentes d'une vision du monde euro-américaine.

Comprendre le Japon : un impossible défi ?

Quand je dis à mes amis que j'ai écrit un livre pour « mieux comprendre le Japon », ils sont souvent surpris. Certes, je n'ignore pas que beaucoup de gens considèrent ce genre d'entreprise avec scepticisme par les temps qui courent. D'aucuns prétendent que nous sommes incapables de comprendre « l'autre » parce que nous ne pouvons pas échapper à nos propres catégories. D'autres affirment qu'il est ridicule de construire une entité nommée « Japon » en aplatissant temps, espace, classes sociales, sexes ou toute autre variable. Ces deux objections ont leur importance. Toute compréhension est effectivement limitée : puisque je ne saurais prétendre me comprendre parfaitement moi-même, comment, à plus forte raison, pourrais-je comprendre autrui ? Le danger de réifier une entité que nous appelons « Japon » et de lui donner des caractéristiques durables existe également, et n'en est pas moins réel.

Les œuvres d'Alexis de Tocqueville sont pour moi un encouragement. *De la démocratie en Amérique*, *L'Ancien Régime et la Révolution* et divers écrits rédigés au cours de sa vie ont abouti à un livre sur l'Angleterre, lequel a réussi l'exploit d'améliorer notre compréhension de trois civilisations. Tocqueville a accompli cela en reconnaissant volontiers que comprendre une autre civilisation est, dans une certaine mesure, une tâche impossible. « Vous avez bien raison de dire qu'il est difficile à un étranger de se rendre compte des particularités du caractère anglais. Il en est un peu ainsi dans tous les pays [3] », écrit-il. Par ailleurs, « il y a chez un peuple étranger une certaine physionomie extérieure qu'on aperçoit du premier coup d'œil et qu'on retient très aisément. Lorsque ensuite on veut pénétrer plus avant, on trouve alors des difficultés réelles auxquelles on ne s'attendait pas, on marche avec une lenteur désespérante et les doutes semblent augmenter à mesure qu'on avance [4] ».

Ce qui n'a pas empêché Tocqueville de persister, croyant avoir découvert les principes qui constituaient les fondements de l'Amérique de son temps :

3. Lettre de Tocqueville à Mrs Harriet Grote, 31 janvier 1857. *(NdT)*
4. Lettre de Tocqueville à Louis de Kergorlay, 29 juin 1831. *(NdT)*

> En Amérique, toutes les lois sortent en quelque sorte de la même pensée. Toute la société, pour ainsi dire, est fondée sur un seul fait ; tout découle d'un principe unique. On pourrait comparer l'Amérique à une grande forêt percée d'une multitude de routes droites qui aboutissent au même endroit. Il ne s'agit que de rencontrer le rond-point, et tout se découvre d'un seul coup d'œil[5].

Les générations qui lui ont succédé ont souligné que ses écrits, comme ceux d'Hippolyte Taine dans *Notes sur l'Angleterre* ou de George Orwell dans *Le Lion et la Licorne*, contribuent en effet à une meilleure compréhension. De fait, toute comparaison et toute communication entre civilisations deviennent impossibles si l'on part des extrêmes de la position relativiste et postmoderne selon laquelle il n'existe aucune possibilité, et donc aucun intérêt, à tenter de comprendre « l'autre ». Adopter cette position, c'est battre en brèche notre expérience quotidienne d'interactions avec des personnes de milieux différents.

Quand je parle de « comprendre » le Japon, je ne prétends ni comprendre entièrement ce pays, ni l'expliquer de A à Z. J'ai essayé de faire ce qui est l'objectif déclaré de nombreux anthropologues, autrement dit rendre d'autres cultures compréhensibles en les décrivant, autant que faire se peut, de l'intérieur, en m'aidant de leurs catégories de pensée et de leurs symboles. Si nous y parvenons, au moins en partie, nous mettons appréciation et compréhension à la portée de personnes aux points de vue très différents. Je ne crois cela possible qu'en plaçant le Japon dans un large cadre comparatif, c'est-à-dire en le considérant comme une civilisation parmi d'autres civilisations. Nous devons regarder le « Japon » de manière générale, à la fois sur une période longue de plusieurs milliers d'années, et comme une civilisation intégrée, un tout obéissant, malgré l'étendue des variations possibles, à des principes organisateurs essentiels tels que ceux évoqués par Tocqueville.

Si nous étudions le Japon à la fois de près et de loin, notre imagination et notre expérience de la vie peuvent nous aider à pénétrer avec bienveillance dans l'univers mental et matériel d'une autre civilisation. Nous pouvons atteindre une compréhension émotive et intellectuelle de choses inconnues en les mettant en rapport, au moins en partie, avec ce que nous connaissons déjà. La véritable compréhension, c'est être capable de revivre l'expérience des autres par le cœur et par l'esprit, se mettre à leur place afin de comprendre leurs actes et leurs décisions. Ce saut imaginaire, que nous

---

5. Alexis de Tocqueville, *Nouvelle correspondance inédite*, Paris, Michel Lévy, 1866, p. 135. *(NdT)*

accomplissons tous au quotidien quand nous regardons la télévision, jouons à un jeu vidéo, interagissons avec des enfants, lisons un roman ou parlons avec des amis, fait partie de notre capacité d'animal humain, stupéfiante mais bien réelle, à comprendre ce qui nous est extérieur, à « suspendre » momentanément notre incrédulité. Chaque fois que nous faisons cela, notre compréhension s'élargit.

2. LE CHOC CULTUREL

Pour la majorité des étrangers, la première rencontre avec le Japon passe par sa culture matérielle. Pourtant, cette entrée dans le miroir japonais est particulièrement déroutante. Ayant choisi cette approche, j'ai d'abord ressenti un sentiment de familiarité qui s'est mué en surprise, puis en choc face à la réalité. Alors que l'on croit reconnaître les apparences, on a peu à peu l'impression que les relations entre les choses et les hypothèses qui fondent actes et symboles nous sont étrangères.

Avant de chercher à comprendre les racines profondes de la civilisation japonaise, prenons le temps d'évoquer plus en détail ce choc culturel qui est le lot de nombreux étrangers confrontés à cet aspect du Japon. De tenter, car elle en vaut la peine, une esquisse impressionniste de ce troublant mélange de beau et de laid, de sublime et de grotesque, d'innocence et de dépravation, de spirituel et de matériel qui nous suivra tout au long de notre explication.

Je vis dans un monde qui a adopté, à la Renaissance, puis sous l'influence des diverses révolutions scientifiques, un certain nombre d'oppositions ou de divisions binaires. L'art est distinct de la vie, l'artisanat de l'art, le goût populaire de la culture élitiste, le réalisme du symbolisme, le baroque du gothique, l'urbain du rural, les sports et autres jeux des rites et de la religion, le corps matériel de la pureté spirituelle, la nature de la culture. Mon expérience japonaise m'a beaucoup déconcerté au début parce qu'elle remettait en question tous ces cloisonnements.

L'amour du beau

Quand les étrangers découvrent, ravis, l'artisanat d'art japonais, leur sentiment de confusion ne fait qu'augmenter. Quiconque lit des ouvrages sur le Japon ou séjourne dans ce pays est frappé par l'amour des Japonais pour le beau. L'un des premiers, et des plus perspicaces, visiteurs a été le biologiste Edward Morse, à la fin du XIXe siècle. Il commente ainsi une exposition de céramiques japonaises :

> Ce qui me stupéfie dans ce travail, c'est l'originalité de tous les dessins, leur fidélité à la nature, leur grâce et leur charme. Nous admirons l'exactitude des brins d'herbe sauvage sur les eaux-fortes de Dürer, qui ont le don de susciter notre enthousiasme : on voit dans cette exposition le travail de cent Dürer aux noms pratiquement inconnus... Il y avait de magnifiques couronnes, des fleurs de cerisiers, des épines et des fleurettes de toutes les couleurs, faites en porcelaine ; les productions similaires de Dresde et Chelsea font pâle figure en comparaison.

Morse notait aussi que même les jeunes enfants possédaient un grand sens visuel :

> Je dois rapporter l'intéressante expérience que j'ai vécue avec les enfants et d'autres occupants de l'auberge en dessinant avec un pinceau japonais, sur du papier japonais, un certain nombre d'objets tels que crapauds, sauterelles, libellules, escargots et autres. Les jeunes enfants reconnaissaient l'animal que j'avais en tête presque dès le premier coup de pinceau.

Les détails, même insignifiants, étaient changés en art : « Si un enfant perce par accident un trou dans la cloison de papier, au lieu de le réparer avec un simple carré de papier, on découpe la forme d'une fleur de cerisier. »

Quand j'ai commencé à en savoir un peu plus sur le Japon, j'ai eu le sentiment que si l'Amérique est régie par l'économie, l'Angleterre par le droit, l'Inde par la religion et la Chine par la culture, l'un des pivots du Japon est l'esthétisme. Je dirais avec Keats que pour les Japonais, la vérité est beauté, la beauté vérité.

Depuis les exquises sculptures en bois et en os des petits ornements appelés *netsuke* jusqu'à l'*ikebana*, ou art de l'arrangement floral, en passant par les minutieux pliages en papier de l'*origami*, la taille des arbres miniatures du *bonsai*, l'art délicat de la calligraphie, la merveilleuse architecture traditionnelle des temples, les superbes jardins, le fantastique travail du laque et du bambou, les céramiques et la peinture, le Japon est sans doute la civilisation la plus artistique au monde.

Le jeu japonais sur la forme et la fonction est à la fois délicat et enchanteur. Il explique en partie les grands succès commerciaux des dernières années. La conception des automobiles, des ordinateurs et autres gadgets électroniques dont les composants, souvent fabriqués hors du Japon, restent assemblés dans un moule japonais, continue à séduire le monde entier. *Manga* et jeux vidéo figurent aujourd'hui parmi les principales exportations japonaises.

Rien ni personne ne surpasse le Japon dans son attachement à la beauté. Ce qui rend d'autant plus choquante une balade dans les quartiers d'une ville japonaise. On y découvre souvent un fouillis disgracieux de câbles et autres raccords électriques qui n'ont jamais été disciplinés, même en tenant compte du fait que les fils doivent passer au-dessus du sol à cause des tremblements de terre. Les rues sont souvent encombrées de panneaux hideux et de bâtiments incongrus, le développement urbain ne semble pas concerté.

On trouve évidemment des oasis d'élégance dans certaines villes, notamment Kyoto et Nara. Mais comparé à l'Italie, par exemple, une grande partie du Japon n'est qu'un étalage de laideur moderne. La civilisation japonaise est à la fois la plus belle, en termes d'art et de temples, et l'une des moins soignées. Cette énigme est l'une de celles qui émergent lorsqu'on essaie de comprendre les aspects déconcertants du monde qui occupe l'intérieur du miroir culturel.

Ernest Fenollosa, un universitaire américain, a rejoint Morse comme professeur à l'université de Tokyo en 1878. Cet enseignant influent est devenu l'un des plus grands connaisseurs et promoteurs de l'art japonais en Occident. Avec un de ses anciens étudiants nommé Okakura Kakuzo, critique d'art et philosophe, puis haut fonctionnaire chargé des arts au ministère de l'Instruction publique, il a travaillé à l'élaboration d'un catalogue systématique et institutionnalisé de l'art japonais. Les deux hommes ont créé en 1889 la première école officielle des beaux-arts, qui est devenue l'Université des beaux-arts et de la musique de Tokyo, et lancé le premier magazine d'art au Japon. Ils ont organisé des expositions internationales et publié de nombreuses études sur la nature et l'histoire de l'art japonais. On leur doit l'introduction de la distinction occidentale entre « art » et « artisanat », et du vocabulaire technique de l'appréciation artistique, jusqu'alors presque inexistant au Japon. L'art japonais, très peu connu à l'étranger à cette époque, acquit une grande notoriété en Occident. Il a profondément influencé les impressionnistes français dont les interprétations ont, à leur tour, influencé les artistes japonais.

Pour la première fois de son histoire, le Japon s'intégrait au marché mondial de l'art. Le gouvernement Meiji accueillit favorablement et soutint l'insatiable engouement occidental pour les œuvres d'art japonaises, qui touchait aussi bien la porcelaine la plus fine que les scènes populaires représentées sur les *ukiyo-e*, estampes imprimées sur des blocs de bois, longtemps considérées comme vulgaires.

Une grande partie des traits distinctifs de l'art japonais, en particulier la tendance aux formes plus populaires et colorées, ont été inventés à la fin du XIXe siècle dans le but de répondre aux désirs occidentaux, au prix d'un renoncement à l'austérité et au raffinement de l'art classique d'inspiration chinoise. Les désirs occidentaux, à leur tour, ont été façonnés par l'inspiration japonaise. Au début du XXe siècle, le mouvement international connu sous le nom de *mingei*, inspiré par Okakura puis repris par Yanagi Muneyoshi, a laissé son empreinte sur les mouvements de l'art populaire d'autres pays, notamment ceux qui ont été associés à William Morris et John Ruskin.

Le Japon n'établissait pas de séparation stricte entre les différentes formes d'expression visuelle et artistique avant l'institutionnalisation de son art à la fin du XIXe siècle. Comme beaucoup de sociétés tribales, où les objets les plus humbles – petites poteries, gourdes, châles ou pointes de lances – sont fabriqués avec un soin et un raffinement qui visent à leur donner la plus grande beauté possible, les Japonais ne faisaient pas de distinction entre but utilitaire et esthétique.

Les Japonais ont toujours vécu dans un monde matériel circonscrit où la majorité de la population porte des vêtements simples et habite des maisons de petite taille. Cependant, s'ils ne possèdent qu'un nombre limité d'objets, chacun a reçu une immense attention, depuis la garde des sabres jusqu'au fermoir des sacs, en passant par tous les matériaux susceptibles d'être recouverts de laque.

À l'autre extrême, de nombreux Occidentaux bénéficiaient d'un environnement matériel excessivement généreux, quoique strictement divisé entre l'utilitaire et l'esthétique. Les objets utilitaires étaient fabriqués par des techniciens et des artisans. L'art noble, tel que la peinture, dont la beauté n'a d'égale que l'inutilité, était produit par des artistes. Cette division souvent attribuée à la Renaissance – c'est à cette époque, en effet, que l'artiste s'est éloigné de l'artisan et qu'est apparue l'idée de « l'art pour l'art », libéré du rôle de simple véhicule de l'éducation religieuse – est devenue le principe organisateur de l'esthétique occidentale.

Si cette opposition inhérente au vocabulaire introduit par Fenollosa et Okakura commence à régner dans les galeries, les expositions et les livres d'art, la frontière entre artisanat et art reste encore floue au Japon. Les

Japonais élèvent leurs artisans d'art au rang le plus prestigieux, celui de « Trésor national vivant ». Cette catégorie inclut les potiers, les fabricants de sabres et de papier, les laqueurs et les calligraphes. Cette tendance à réaffirmer la valeur de l'artisanat d'art traditionnel est particulièrement prononcée depuis la montée du mouvement nationaliste après la Seconde Guerre mondiale.

Il existe en réalité, à l'intérieur de ce que nous considérons en bloc comme « l'art japonais », un certain nombre de traditions et d'esthétiques aussi étonnantes que contradictoires. L'une de ces oppositions concerne les modes chinois et japonais de représentation et de définition de la beauté. Chine et Corée ont été des influences prédominantes dès le VIIe siècle. Leurs ors et leurs rouges, leurs formes et leurs symboles classiques, l'inspiration bouddhiste de leurs conceptions de la beauté sont autant d'éléments qui ont modelé la sensibilité japonaise pendant plus de mille ans. Mais leur impact a changé au cours de la période médiévale, lorsque de nouvelles formes de bouddhisme réformé et puritain, en particulier *zen*, ont balayé le Japon, favorisant un goût plus austère, adouci, minimaliste et asymétrique. Les traditions de l'esthétique japonaise représentées par l'art de Tokyo, siège du gouvernement depuis le XVIIe siècle, et celui de Kyoto, centre rituel pendant la plus grande partie de cette période, continuent à s'opposer en fonction de ces deux époques.

Certains de mes amis japonais se plaisent à dire combien ils aiment l'art « pétulant, *ukiyo-e*, très coloré, très plat, très surprenant », du théâtre *kabuki*, de Hokusai et Hiroshige. D'autres le décrivent comme un art « concis, clair, expressif, simplificateur, volontaire, distant ». Les couleurs vives, les personnages exagérés, voire grotesques, la beauté théâtrale, l'espièglerie et l'exubérance, tout cela occupe une bonne place dans l'art japonais. Différent de l'art chinois, il est direct, traite de la vie de tous les jours et transforme le monde en un gigantesque dessin bigarré.

C'est cette tradition d'un art haut en couleur, en humour et en énergie que redécouvre aujourd'hui la jeunesse du monde entier dans les films d'animation japonais, les *manga* et les jeux vidéo. Voilà à quoi pensent beaucoup de gens quand ils évoquent l'art japonais.

Mais il existe un côté « ombre », un revers à cette médaille, souvent associé à Kyoto, et qu'un de mes amis présente comme un art « éphémère, évanescent ». Depuis le XIIIe siècle, un courant de l'art japonais est devenu très pur, ascétique, discret et minimaliste – noir, blanc et gris plutôt que chamarré. Il cherche à transcender la couleur. Il représente la tristesse et l'irréalité de la vie, l'impossibilité de sauvegarder le présent. La pluie de pétales fanés, le décroissement de la lune, la mort de l'amour. La délicatesse de la beauté y est montrée dans son caractère transitoire – destinée à périr, elle ne dure qu'un instant, comme la vie. Ce courant relève d'une tradition bouddhiste qui souligne la mutabilité et la nature illusoire de l'existence. Basil Chamberlain décrivait ainsi l'effet de ce réalisme philosophique sur l'esthétique : « Le goût japonais en matière de peinture, de décoration d'intérieur, dépendant en toutes choses de la ligne et de la forme, peut se résumer en un seul mot : sobriété. »

La différence entre les deux courants esthétiques saute aux yeux quand on passe de la galerie coréenne d'un musée, pleine de rouges, de bleus, de verts et d'ors extraordinairement éclatants, à la galerie japonaise, avec ses gris, bruns, ors et argents, tout en douceur et feutrés. Les Chinois, qui n'ont pas la même exubérance que les Coréens, sont encore relativement loin des teintes majoritairement pastel des Japonais. Les puritains de l'Angleterre du XVIIe siècle cultivaient ce côté « ombre », que leurs hôtes anglais ou américains ne pouvaient manquer de remarquer, mais sans jamais parvenir à rien d'aussi épuré ou extrême.

Si les côtés « ombre » et « lumière » sont en net contraste, ils présentent tous deux, à un niveau plus profond, certains traits essentiels pour les Japonais. Ainsi, toutes les formes d'art, calligraphie et poésie incluses, s'expriment à travers des symboles forts et bien connus qu'un public cultivé est capable d'apprécier pleinement.

Une grande partie de l'art japonais, allusive et symbolique, se réfère à des choses « autres ». Il se déploie en quelque sorte à l'intérieur de l'esprit, de manière indirecte. Il y a un désir d'éviter ce qui est évident, réaliste, en faveur du suggestif et du profond. C'est, comme dans le titre de Barthes, un « empire des signes ». Les artistes, en effet, tentent d'exprimer non la surface des choses, à l'instar de l'art réaliste, mais leur essence intérieure, qui ne peut se transmettre qu'indirectement, au moyen de symboles. Voici, pour illustrer cette idée, l'histoire d'un peintre japonais chargé de peindre, pour une somme conséquente, un jardin planté d'arbres. Au bout d'un certain temps, il présente une toile presque vierge. Dans un coin, il y a une fine branche de cerisier sur laquelle est perché un petit oiseau. C'est tout. Son client lui demande pourquoi il n'a rien peint sur le reste du tableau. Le peintre répond : « Si je l'avais rempli, où donc l'oiseau aurait-il pu voler ? »

Quand j'ai emmené Kenichi au Fellows Garden (Jardin des professeurs) de King's College, il s'est déclaré enchanté par ses vastes pelouses et ses grands arbres. Ce qui ne l'a pas empêché de me faire remarquer que je ne trouverais jamais rien de tel au Japon. Au Japon, me dit-il, tout est miniaturisé. Un jardin est pareil à un texte écrit. On « lit » un jardin miniature ou un célèbre paysage *zen* de rochers et de pierres. Ensuite, comme pour tout langage, on interprète les symboles dans son esprit. L'art anglais lui paraissait beaucoup plus littéral et réaliste.

Ce goût du détour et de l'allusion se retrouve dans l'amour des Japonais pour la subtilité. Tanizaki Junichiro explique dans *L'Éloge de l'ombre* :

> Et pourtant, en contemplant les ténèbres tapies derrière la poutre supérieure, à l'entour d'un vase à fleurs, sous une étagère, tout en sachant que ce ne sont que des ombres insignifiantes, nous éprouvons le sentiment que l'air, à ces endroits-là, renferme une épaisseur de silence, qu'une sérénité éternellement inaltérable règne sur cette obscurité... Car c'est là que nos ancêtres se sont montrés géniaux : à l'univers d'ombre délibérément créé en délimitant un espace rigoureusement vide, ils ont su conférer une qualité esthétique supérieure à celle de n'importe quelle fresque ou décoration[1].

Le travail du laque en est l'une des expressions. Tanizaki explique comment « de tout temps la surface des laques avait été noire, brune ou rouge, autant de couleurs qui constituaient une stratification de je ne sais combien de "couches d'obscurité", qui faisaient penser à quelque matérialisation des ténèbres environnantes[2] ». Morse le voyait très clairement :

> C'est l'inverse, la simplicité non dépourvue d'audace de ces artistes qui est si merveilleuse. Qui penserait à ajouter des détails en noir sur un fond noir ? Un corbeau d'un noir de jais sur un *inro* noir de jais ! C'est impensable, et ce n'est pourtant que l'une des centaines de choses que les Japonais ont plaisir à faire. La tablette représentait la nuit, et nuit il y avait.

La miniaturisation – l'obliquité, le mot unique, le coup de pinceau ou la courbe d'un objet qui évoquent tout un monde de significations pour un public japonais très cultivé – est particulièrement bien illustrée par les brefs poèmes de quelques syllabes appelés *haiku*. Les poèmes anglais, souvent verbeux, détaillent de manière explicite sentiments, paysages et émotions. Ce que les Anglais mettent une bonne douzaine de lignes à faire peut être

1. Junichiro Tanizaki, *Éloge de l'ombre*, Publications orientalistes de France, 1993, trad. René Sieffert. *(NdT)*
2. *Ibid.*

synthétisé avec une économie confondante en quelques mots qui touchent des cordes mystérieuses chez beaucoup de Japonais. Il est impossible, une fois encore, de replacer cette esthétique particulière dans une tradition artistique quelconque. Ses caractères principaux, pour reprendre les termes du critique Donald Keene, sont les idéaux de suggestion, d'irrégularité, de simplicité et de fugacité. C'est un pur miracle, à la fois étrange et vaguement familier.

Maisons, temples et jardins

Tout voyageur, tout lecteur intéressé par le Japon, a tôt fait d'être déconcerté à la vue de ses maisons et jardins traditionnels. Il est pourtant difficile de dire avec précision ce qu'ils ont de différent. À l'époque où j'ai découvert le Japon, je définissais l'idée de « maison » selon des principes rigides issus de mon milieu et de mon histoire personnelle. Une maison était quelque chose de grand, de solide, de permanent et de complexe. Elle devait survivre aux années, être aussi pleine d'objets que possible, confortable et douillette. Il m'a fallu longtemps pour comprendre qu'une maison est tout autre chose pour un Japonais.

La plupart des Japonais vivent aujourd'hui dans ce qui ressemble à des bâtiments modernes, et pourtant même l'appartement le plus moderne me surprend par ses aspects peu familiers. Quand je visite les petites maisons de mes amis japonais, quand je dors dans un *ryokan*, ou auberge à l'ancienne, j'éprouve un véritable choc. L'épais *tatami* de paille de riz, le *hibachi*, ou foyer de tourbe, l'autel des ancêtres dans un coin, les chaussons près des toilettes, les volets de papier et le *futon*, ce matelas que l'on range dans un placard le jour et que l'on déroule sur le sol le soir – tout cela me rappelle que si, en apparence, les Japonais vivent à la même époque que nous, ils tiennent à conserver certaines particularités, quand bien même il ne s'agirait que d'inventions ou de réinventions relativement modernes.

La différence aurait été beaucoup plus visible, l'étrangeté encore plus saisissante il y a cent cinquante ans. Edward Morse écrit dans le désormais classique *Japanese Homes and Their Surroundings* (« La Maison japonaise et son environnement[3] ») que la maison japonaise normale n'a « ni portes ni fenêtres » semblables aux nôtres, et « ni grenier ni cave ; pas de conduits de

3. Edward S. Morse, *Les Maisons japonaises et leur environnement*, Paris, Éditions Kimé, 1996, trad. Marie et Claude Bugeon. *(NdT)*

cheminées, pas de foyer à l'intérieur et, bien entendu, pas de manteau de cheminée ; aucune pièce délimitée de manière permanente ; quant au mobilier, ni lits ni tables, pas de chaises ou de meubles similaires ». Tout était à ses yeux « si différent dans ce pays de tout ce dont nous avons l'habitude en matière d'arrangement des détails de l'intérieur qu'il est difficile de trouver des termes de comparaison pour tenter de décrire la réalité ».

Kurt Singer saisit l'essence de la maison japonaise à partir d'un contraste révélateur :

> Les habitations chinoises sont taillées dans le sol, moulées ou jointes à ce sol de telle manière qu'elles semblent faire partie de l'écorce terrestre... Les maisons japonaises ne s'attachent au sol qu'avec légèreté ; elles survivent aux séismes et aux typhons en ne s'appuyant pas trop sur leurs minces fondations ; leur vertu réside dans leur élasticité vacillante... Cet archipel est constamment secoué par des chocs sismiques, envahi de tornades, trempé de pluies torrentielles, encerclé de nuages et de brouillard... Elles sont construites comme un bateau ou une grosse pièce de mobilier, assemblées de l'intérieur par un réseau de poutres entrecroisées, et seule la secousse la plus exceptionnelle est capable de les détruire.

Bien que couvertes d'un revêtement extérieur qui leur donne l'apparence de toutes les autres maisons du monde, les maisons japonaises d'aujourd'hui sont toujours construites à partir de cadres en bois souple.

Temples et sanctuaires étaient jusque récemment, avec certains châteaux, les seules bâtisses importantes au Japon. Lafcadio Hearn écrivait au début du XXe siècle qu'« une ville japonaise n'est encore, comme il y a dix siècles, guère plus qu'un dédale de cabanes en bois – pittoresques, certes, comme les lanternes en papier, mais à peine moins fragiles ». Et comme les lanternes en papier, les maisons étaient autant objets de beauté que d'utilité. Enright a écrit que « les Japonais n'ont jamais, traditionnellement, considéré la maison comme une machine à vivre, mais comme une œuvre d'art ».

Pour ceux qui n'ont jamais eu la chance de vivre l'expérience d'une promenade aux alentours d'un temple ou d'un sanctuaire japonais par une chaude journée d'été, je ne peux que citer Isabella Bird, qui a eu ce privilège dans les années 1870 :

> Les sanctuaires sont les plus merveilleuses œuvres du genre au Japon. Dans leur noble décor de cryptomerias, dont les troncs mesurent souvent pas moins de six mètres de diamètre à un mètre du sol, ils vous captivent par leur beauté, laquelle défie toutes les règles de l'art occidental, et vous obligent à reconnaître la beauté de formes et de combinaisons de couleurs jusqu'alors inconnues, et que le bois laqué est capable de se prêter à l'expression d'une très haute idée en art.

La civilisation à laquelle j'appartiens, imprégnée par les religions monothéistes et les idées de la Grèce antique, m'incite à supposer l'existence d'une forte opposition entre le naturel et le culturel. Les êtres humains créent leur culture, autrement dit les objets intellectuels et matériels qui constituent leur monde. Dans cet environnement entièrement fabriqué par l'homme existe un premier cercle d'objets domestiqués, d'animaux de ferme, de champs cultivés et de jardins. Dans le deuxième cercle se trouvent les choses totalement sauvages – animaux, forêts, climat, montagnes – sur lesquelles nous avons peu de contrôle et qui sont fondamentalement hostiles. La tâche des humains consiste soit à domestiquer soit à éliminer ce monde sauvage dont la domination, suggère le christianisme, échoit à l'humanité.

Ce fut pour moi un choc lorsque je me suis rendu compte qu'il n'existe aucune opposition de ce genre au Japon. La nature n'est pas isolée ; le monde n'est pas « désenchanté ». Tout est simultanément culturel et naturel, domestiqué et sauvage, construit et libre. Il est très difficile d'expliquer ce phénomène ou d'appréhender ce que signifie vivre dans un tel monde.

Il est évident que le paysage dans lequel vivent la plupart des Japonais a été créé, plus encore qu'en Angleterre, par l'effort humain. La moindre feuille d'arbre est dans une certaine mesure « fabriquée par l'homme ». Chaque objet, chaque sentiment éveillé par chaque objet, est construit. Pas un bourgeon ne frémit, pas un pétale ne tombe sans permission dans les régions majoritairement inhabitées du centre de l'archipel, même si de grandes zones de forêts restent à l'état sauvage dans les montagnes.

À l'inverse, rien dans la nature n'est véritablement soumis à la seule volonté humaine. La nature peut non seulement éclater en incendie ou en tremblement de terre, en pluie cinglante ou en raz de marée, mais le contrôle qu'exerce l'homme sur elle ne peut être que marginal, dans le meilleur des cas. Les humains ne sont pas radicalement différents des autres êtres vivants. Bien que les Japonais ne croient généralement pas à la réincarnation, leur vision du monde est influencée par le bouddhisme : tout et tous sont interdépendants ; tout ce qui existe sur Terre appartient à un continuum. Il n'existe pas d'opposition définie entre monde humain et non humain. Tout est à la fois naturel et humain, dans des proportions plus ou moins importantes.

La profondeur de l'attachement affectif et les soins portés aux fleurs, même dans le plus humble des jardins, sont au moins aussi singuliers que l'arrangement des pots et des plantes. « L'étranger qui séjourne au Japon est d'abord impressionné par l'amour des Japonais pour les fleurs, écrivait Morse, car partout, dans les jardins ou dans de petites citernes, on voit des pots de fleurs et des jardinières posées à terre ou suspendues, et l'on commence à s'apercevoir que la simplicité et la beauté de leur arrangement sont partout manifestes. » L'art élaboré de l'*ikebana*, ou arrangement floral, est extrêmement important et répandu ; il a ses propres écoles et ses professeurs. Ruth Benedict notait que « les chrysanthèmes viennent en pot et, pour les expositions florales annuelles à travers tout le Japon, sont présentés avec chaque parfait pétale disposé séparément par la main du jardinier et souvent maintenu en place par un support de fils métalliques imperceptibles inséré dans la fleur vivante ».

Il semble que les fleurs aient une signification considérable pour beaucoup de Japonais. Percival Lowell écrivait :

> De fait, on pourrait dire qu'ils vivent dans un état chronique de fièvre florale... L'intense appréciation dont les Extrême-Orientaux font preuve en la matière est chose d'un caractère qui nous échappe, et quand on considère de surcroît qu'elle imprègne le peuple entier, du coolie le plus commun au courtisan le plus esthète, elle devient pour notre compréhension un état de choses rien de moins qu'inexplicable... Le soin qu'ils portent aux arbres à fleurs ne se limite pas à la simple culture, c'est un culte. Il confine à une sorte d'adoration naturelle de la nature, une adoration dans laquelle rien n'est personnifié.

En passant des fleurs aux jardins, on trouve la même application intense et soignée qui a pour but de transformer mousses, cailloux, arbres, eaux et fleurs en véritables œuvres d'art. L'un des membres de la mission de lord Elgin, qui a parcouru le Japon au milieu du XIXe siècle, racontait : « Nous sommes remplis d'une stupéfaction ravie devant le goût exquis qui s'exprime dans les jardins et les chaumières au bord de la route. » Selon lui, « aucun domaine modèle d'Angleterre » ne pourrait produire de petits jardins « comparables à ceux qui ornent les faubourgs de Yedo [Tokyo] ». « Leur agriculture est du jardinage artistique, et leur jardinage touche à la nécromancie », estimait l'Américaine Eliza Scidmore.

Tout l'art consiste à tromper l'œil. Ainsi Fosco Maraini écrivait :

> À première vue, vous pourriez être dans une clairière, en plein bois, puis vous vous apercevez que vous êtes entouré par une œuvre humaine, mais que le but de l'artiste était la re-création invisible de la nature. Ici, point de géométrie ; ou plutôt, une géométrie secrète, infiniment subtile et non euclidienne, une harmonie secrète que l'esprit saisit avant l'intelligence.

Chaque objet est à la fois naturel et culturel, à la fois lui-même et autre. Le jardin est un lieu enchanté qui existe en plusieurs dimensions simultanées. Lowell notait :

> Son jardin est même plus humain que sa maison. Marcher dans un jardin japonais, c'est comme pénétrer tout à coup dans l'un de ces mondes étranges que nous voyons réfléchis sur la surface polie d'un miroir concave, où tout, hormis l'observateur lui-même, est transformé en miniature fantastique de la réalité.

Il est indiscutable que les Japonais, s'ils vivent dans l'un des paysages les plus artificiels et les plus peuplés de la Terre, adorent ce qu'ils perçoivent comme naturel. Morse faisait remarquer :

> Aucune nation civilisée sur Terre ne surpasse les Japonais pour ce qui est de l'amour de la nature dans chacun de ses aspects. Calme ou tempête, brume, pluie, neige, fleurs, nuances variées des saisons, rivières placides, cascades écumantes, vols d'oiseaux, poissons filants, pics majestueux, ravins profonds – chaque phase de la nature est non seulement admirée, mais décrite dans d'innombrables croquis et *kakemono* [rouleaux illustrés].

Des combats de *sumo* à la cérémonie du thé : les loisirs des Japonais

Une société organise son temps de loisir de diverses manières qui sont autant de miroirs de l'essence de son caractère. Les divisions entre travail et amusement, jeu et sport, profane et sacré, s'y révèlent toutes. Commençons par une activité pour laquelle le Japon est célèbre, et qui a toutes les apparences de la banalité, le *sumo*. Cela ressemble, à première vue, à un sport de compétition comme un autre : un genre de lutte pour poids lourds, qui pourrait exister ailleurs dans le monde. Deux montagnes de chair se placent à l'intérieur d'un cercle, s'affrontent, et l'une se fait sortir par l'autre. Fin de l'histoire. Pourtant, quand je regarde à la télévision japonaise les interminables retransmissions de combats en direct, quand je visite une « écurie » où l'on entraîne des lutteurs, ou quand je lis des ouvrages sur l'histoire et les traditions du *sumo*, il devient évident qu'il ne s'agit pas uniquement de sport.

Le *sumo* a parfois des allures de rituel. La réplique d'un sanctuaire *shinto* est parfois suspendue au-dessus du cercle, dans le *Kokugikan* (palais du Talent national) de Tokyo par exemple. Un arbitre vêtu d'un costume *shinto* et spécialement formé ouvre les opérations par un geste rituel de purification par le sel ; chaque fois qu'un lutteur pénètre dans le cercle, il doit lui aussi y jeter une poignée de sel. Un grand champion devient automatiquement disciple de la foi *shinto*. Les lutteurs vivent dans des institutions qui ressemblent fort à des monastères et doivent s'abstenir de relations sexuelles avant les combats. Ils doivent porter des costumes rituels particuliers et coiffer leur chevelure dans un style archaïque. Aucune femme n'a le droit de poser le pied dans le cercle.

Le *sumo* ressemble davantage à une sorte de communion formalisée entre humains et esprits qu'à une compétition sportive. Mais c'est aussi un combat qui implique talent et entraînement. Il se situe exactement à la frontière entre religion et sport. Ses origines remontent à plus de deux mille ans : d'après l'une des théories, tout aurait commencé par un combat sacré qui permettait aux chamans de prédire les récoltes de riz – de la divination par la lutte. Le *sumo* est devenu sport professionnel il y a trois cents ans et un certain nombre de cérémonies religieuses qui s'y attachent sont d'invention ou de réinvention récente.

Nous avons assisté à une représentation de théâtre *no* qui nous a laissés totalement perplexes. Les gestes étranges et hiératiques, les hurlements et les lamentations, les masques, l'obscurité, la musique bizarre, tous ces éléments avaient quelque chose de religieux, bien qu'il fût difficile de savoir exactement quoi. Malgré les similitudes avec les pièces chrétiennes médiévales, religion et théâtre se mélangeaient de manière très peu familière.

Nous avons demandé à nos amis japonais de nous éclairer. Ils nous ont dit que la majorité de l'auditoire ne comprenait ni les mots ni les chants d'une pièce de théâtre *no*. À la fin du XVIIIe et au début du XIXe siècle, le *no* comptait un bon millier de séquences populaires, jouées par sept ou huit familles d'acteurs qui avaient chacune leur répertoire. Les histoires mises en scène étaient tirées des classiques et du folklore. Le *no*, d'après nos amis, était apparu avant le XIIIe siècle, et les textes principaux remontaient au XIVe siècle.

Les acteurs appartenaient à l'origine à des troupes itinérantes, exclues de la société policée. Le *no* est ensuite devenu l'apanage des riches *samurai* et marchands. Les pièces étaient jouées là où une foule pouvait se rassembler, c'est-à-dire devant les temples et les sanctuaires, et ce, d'autant plus que les pièces étaient souvent commanditées par les autorités ecclésiastiques dans le but d'attirer le peuple vers ces lieux. Le répertoire *no* comprenait aussi des danses devant les temples.

Quand un noble puissant, ou *daimyo*, invitait un autre *daimyo*, il prévoyait une représentation de *no* pour son hôte. Les séquences dansées étaient alors beaucoup plus légères et enjôleuses ; elles ont été simplifiées et spiritualisées par la suite. Si les histoires sont souvent prosaïques, les représentations ont pourtant quelque chose de mystique ou de magique. Pour les *samurai*, nous ont assuré nos amis, un spectacle *no* était une expérience spirituelle.

Bien que le *no* ne soit pas explicitement religieux, un certain nombre des principaux protagonistes sont des divinités *shinto* (ou *kami*) et les histoires s'appuient souvent sur la mythologie *shinto*. D'autre part, les seconds rôles sont généralement des prêtres bouddhistes. Singer attribuait au *no* des origines lointaines : « Les danses des chamans du nord-est de la Sibérie [...] semblent survivre, délicatement sublimées, dans les danses jouées du *no* japonais. » Carmen Blacker y percevait des buts spirituels identiques : « Je crois que beaucoup de ces pièces [...] sont des rites chamaniques déguisés. » Pour les Japonais, le *no* est l'expression sublime d'un grand art comparable aux vitraux de Chartres ou à une aria enchanteresse de Mozart ou Haendel.

Nous avons apprécié par deux fois les bains publics japonais. Nos amis considéraient clairement cette expérience comme spéciale, supérieure au simple plaisir sensuel de l'eau chaude. Contrairement aux Occidentaux, les Japonais se lavent avant de se plonger dans une eau très chaude où ils marinent ensuite tranquillement.

« C'est excellent », nous ont expliqué nos amis.

> Nous sommes très sensibles aux bains. Les bains anglais nous ont beaucoup déçus. Rien à voir avec un vrai bain, qui est l'une des choses les plus merveilleuses au Japon. La chose la plus confortable au monde. Une fois par an, en général au mois de mai, les gens se rendent aux sources chaudes, mais elles ne sont pas relaxantes quand on est préoccupé. Il faut se préparer et oublier tout, oublier toutes les relations humaines. Il faut se conduire avec modestie, parler du paysage. Les baigneurs sont entièrement nus.

On nous a dit qu'il est important de disposer la cuve, si possible, à proximité de la nature, autrement dit à l'extérieur, près d'une forêt ou d'une clairière, ou près d'une fenêtre donnant sur des montagnes enneigées (comme dans l'hôtel où nous sommes descendus, équipé d'un bain rempli de pommes parfumées). Cela rapproche le naturel et l'artificiel. C'est très important. « On emprunte à la nature. Pour nous, créer une nature artificielle à l'intérieur d'un espace humain est une démarche très artistique. »

Ces traditions sont si fortes que les syndicats organisent leurs congrès dans les complexes construits à proximité de sources chaudes. Kenichi m'a expliqué :

Personne ne remarque un étranger dans un bain ; c'est un endroit où l'on peut se trouver en public avec des étrangers. On leur fait confiance. On sympathise dans le bain, car c'est un endroit où l'on communique avec sincérité. Les *hadaka no tsukiai* – « les compagnons de nudité », c'est-à-dire les amis qui se baignent ensemble – sont les amis les plus proches.

Je me suis dit à l'époque que le bain japonais ressemblait curieusement au pub anglais, où les clients étrangers peuvent devenir, pour un moment, des amis proches. Il y a dans les villages de montagne des bains publics et des sources chaudes où les étrangers peuvent venir se baigner. « Même un singe ou un oiseau est le bienvenu », nous a-t-on affirmé.

La cérémonie du thé est pour les Japonais la manière la plus élaborée d'occuper son temps libre. Le thé des Britanniques, institution essentielle de leur civilisation récente, est une sorte de cérémonie du thé. Dans leur forme la plus sophistiquée, la conduite solennelle de l'hôte et des invités et la panoplie d'ustensiles utilisés pour le thé semblent réellement singulières. Après avoir entendu parler de la cérémonie japonaise du thé, j'en avais conclu que je pouvais la classer dans la même catégorie que d'autres repas et breuvages rituels dont j'avais fait l'expérience en Inde, en Chine et ailleurs.

Mais après avoir lu les récits classiques de cérémonies du thé, les avoir vécues au Japon, puis avoir construit une version anglaise de pavillon de thé au fond de notre jardin, nous avons commencé à nous dire qu'il y avait quelque chose de plus. La cérémonie se déroule dans un petit pavillon de thé au sol couvert de *tatami*. On y entre en se glissant par une porte basse après avoir emprunté le « sentier de la rosée ». On enlève sa montre. Cela ressemble au stade presque universel de nombreux rites qui consiste à laisser derrière soi le monde de tous les jours pour pénétrer dans un espace sacré.

Au fond de la pièce se trouve un *tokonoma*, sorte de sanctuaire orné d'un rouleau calligraphié, d'une fleur ou de tout autre objet précieux, rappel de ce qui est « autre ». Mais il n'y a ni dieux ni esprits dans la cérémonie. Purement de ce monde, elle n'en a pas moins un caractère sacré, à mi-chemin entre la banale absorption de thé et la sainte communion. On pourrait la décrire comme une religion humaine.

La cérémonie du thé est une cérémonie antiritualiste, une étrange contradiction. Il y a bien une cérémonie, mais pas de communion avec Dieu ou des dieux, une étiquette mais pas de moralité. Elle joue, dans une certaine mesure, le rôle d'équivalent fonctionnel de la religion, mais sans le système théologique.

Le pavillon de thé est le monde extérieur (par opposition à l'intérieur), ce qui ne l'empêche pas d'être également sûr et neutre ; il autorise la profonde intimité que seul le foyer permet d'atteindre en temps normal. C'est donc un endroit où toutes les barrières de caste et de classe sont temporairement suspendues. C'est un espace neutre, une arène où l'on communique par le langage du mouvement et du geste.

L'essence de la cérémonie du thé est le proverbe *ichi-go ichi-e* du maître du thé Rikyu : « Toute rencontre est importante, car elle peut être unique. » La cérémonie du thé est simple mais spirituelle. On peut y mettre tout, ou rien. Le thé, avec ses propriétés mystiques et médicales, est le centre de la vénération, où le temps s'arrête et où l'espace est aboli. Pour s'en approcher au plus près, dans une perspective occidentale, je pense aux vers d'Andrew Marvell sur la magie d'un jardin où temps et espace s'annihilent en « une pensée verte dans un vert ombrage ».

Tout cela ne fait qu'égratigner la surface. Le monde inconnu des activités importées et adaptées révèle l'existence d'autres catégories intermédiaires ; je pense notamment aux salles de jeux appelées *pachinko*, à l'extraordinaire engouement pour les clubs où l'on chante *(karaoke)*, dont l'ancêtre serait un café-restaurant de Kobe dans les années 1970, et à bien d'autres passe-temps.

Le base-ball est aujourd'hui le sport le plus populaire au Japon. Apparemment, c'est une importation à l'identique. Comme je ne suis pas amateur de base-ball, je ne sais pas exactement quelles sont les différences, mais une conversation avec nos amis m'a suggéré qu'une sorte de mutation s'est effectivement produite. Ils parlaient de l'importance du base-ball, ajoutant que le tournoi de base-ball des lycées, auquel participent plus de quatre mille établissements, a une énorme valeur. Pourtant, le héros de chaque match est le lanceur de l'équipe *perdante*. Vous n'êtes pas censé gagner. Une grande sympathie, accompagnée de sentiments de perte et de beauté, entoure les perdants. On m'a assuré que ce n'était pas le cas dans la ligue professionnelle. Mais je n'imagine pas ce genre de réaction en Amérique, même au niveau des lycées.

J'ai appris que les dimensions du terrain et la taille de la balle sont très différentes de leurs équivalents américains ; il y a aussi d'infimes changements de règles, de style de jeu, de stratégie, de gestion de l'équipe et d'éthique générale. La performance de l'équipe japonaise au championnat du monde 2006 a été interprétée par la presse comme la victoire du jeu d'équipe sur des adversaires certes plus solides physiquement, mais plus individualistes.

Corps et sexualité

La nudité décontractée qui règne dans les bains publics mixtes a provoqué de sévères critiques de la part des premiers visiteurs étrangers au Japon. Les femmes japonaises allaitaient ouvertement en pleine rue et dans les champs, souvent jusqu'aux 4 ou 5 ans de leur enfant. On trouve une abondance de textes sur les minuscules vêtements masculins et féminins, qui dissimulaient à peine la nudité des corps, surtout quand les gens travaillaient ou par grand vent. « Au Japon, racontait Lowell, l'exposition du corps féminin est sans équivalent à cette latitude. Jamais nu, il est fréquemment dénudé. »

Un membre de la mission Elgin notait au milieu du XIXe siècle : « Les femmes sont rarement vêtues au-dessus de la taille ; les hommes ne portent qu'un pagne sommaire. » Et Griffis d'ajouter que « même les jeunes filles dont les rondeurs prennent des formes parfaites sont souvent assises à moitié nues, ne considérant pas qu'exposer le haut de leur corps fût une profanation », tandis qu'Alice Bacon, au début du XXe siècle, parlait des « bains publics ouverts, des laboureurs nus, de l'exposition des membres inférieurs par temps de pluie, lorsqu'on relève son *kimono*, de la nudité totale des enfants des campagnes en été, et de la quantité minime de vêtements que même les adultes considèrent comme nécessaires à la maison ou à la campagne pendant la saison chaude ».

Lowell expliquait d'ailleurs que les Japonais ne regardaient pas le corps dénudé comme naturellement sexualisé. « À leurs yeux, un état de nature n'est pas un état d'indécence. L'exposition requise à des fins pratiques est correcte ; ce qui n'est pas nécessaire est incorrect. » La société était à ce point de vue « une sorte d'Éden » dont le code de bienséance non écrit semblait dire :

> Vous devez voir, mais vous n'avez pas le droit d'observer... C'est une erreur fatale que de croire que les Japonais sont un peuple immodeste. Selon leurs propres normes, ils sont excessivement modestes. Aucune Japonaise respectable, par exemple, ne songerait à tourner la pointe des pieds vers l'extérieur en marchant. C'est considéré comme indécent.

Si les Occidentaux étaient outrés, les Japonais se scandalisaient, quant à eux, de la manière dont les Occidentaux se servaient de leur corps comme d'un objet de provocation sexuelle.

> Une étude attentive des idées japonaises sur la décence [...] m'a conduite à la conclusion suivante, dit Alice Bacon. D'après les normes japonaises, toute

> exposition de la personne qui se rapporte à la santé, à la propreté ou à la commodité dans l'accomplissement d'un travail nécessaire est parfaitement modeste et acceptable ; mais une exposition, aussi minime fût-elle, juste pour se montrer, est indélicate au plus haut degré.

Edward Morse faisait la même observation : « Le spectacle de nos semblables en robes décolletées, de couples enlacés dans une valse – une danse qui n'existe pas chez eux –, s'embrassant en public, même d'un mari saluant sa femme en public par un baiser, et bien d'autres actes amènent les Japonais à nous considérer comme des barbares. » Pour beaucoup de Japonais, s'embrasser en public reste aussi choquant que dans les années 1930, quand *Le Baiser* de Rodin a été exposé à Tokyo, le haut de la statue recouvert d'un sac. À cette époque, les scènes de baiser étaient systématiquement coupées dans les films importés.

Mais il n'y a rien de particulièrement intime ou de choquant dans les fonctions corporelles de l'excrétion. Je me souviens de mon embarras lorsqu'en entrant dans des toilettes pour hommes aux urinoirs ouverts et communs, j'ai trouvé une Japonaise occupée à nettoyer à côté de moi. J'ai lu ensuite que, pendant des siècles, les gens qui vivaient le long des grand-routes plaçaient des urinoirs devant leur maison à l'usage des hommes et des femmes qui empruntaient ces chemins et fournissaient ainsi un engrais précieux pour leurs champs.

On est frappé, en traversant une grande ville japonaise, en regardant les publicités dans les magasins, dans les trains ou sur la multitude de chaînes de télévision, par l'absence de sexe. La publicité exploite à peine le pouvoir du désir sexuel pour vendre. Une comparaison rapide entre publicités britanniques ou américaines et leurs équivalents au Japon suffit à montrer toute la différence. Quand une femme apparaît dans une publicité japonaise, elle est généralement modeste et innocente.

Jusqu'à une période très récente, la plupart des femmes japonaises s'habillaient d'ailleurs simplement, sans chercher à mettre en valeur leur poitrine ou leurs jambes. Il y a de l'innocence dans l'habillement, le maquillage, la publicité et une grande partie de la vie. Cette innocence s'apparente à celle relevée dans de nombreuses sociétés tribales dans lesquelles hommes et femmes, sous les yeux horrifiés ou enchantés de leurs observateurs, semblaient ne pas avoir appris la leçon de la Chute du jardin d'Éden. « En bref, l'aspect érotique de la nudité est quelque chose de nouveau au Japon, commente Maraini, un des nombreux présents faits par l'Occident. » Ou, comme l'écrivait le rédacteur en chef du *Japan Mail* au début du XXe siècle, « on voit le nu au Japon, mais on ne le regarde pas ».

À l'inverse, l'exposition du corps humain et les extrêmes de la sexualité mis en scène par l'industrie de la pornographie dénotent une attitude prosaïque et une banalisation plutôt choquante pour de nombreux Occidentaux. Il existe une tradition historique de tolérance à l'égard de la prostitution et le recours aux *geisha* pour le divertissement est largement répandu.

Les premiers visiteurs ont été stupéfaits par la prostitution ouverte des jeunes garçons. Au XVIIIe siècle, Engelbert Kaempfer décrivait des rues où l'on trouvait

> de neuf à dix maisons bien tenues, ou baraques, devant lesquelles étaient assis un, deux, ou trois jeunes garçons âgés de 10 à 12 ans, bien habillés, le visage peint, les gestes féminins, retenus par leurs maîtres lubriques et cruels pour le plaisir et le divertissement secrets de riches voyageurs, les Japonais ayant un penchant marqué pour ce vice.

Au début du XIXe siècle, Pompe Van Meerdervort faisait observer que

> les Japonais ne tiennent pas une vie sexuelle libre pour mauvaise, encore moins pour un péché ; le mot « vice » n'est donc pas le terme exact pour la qualifier. Ni la religion ni la société n'interdisent les relations avec les femmes hors mariage, ce qui est la cause de tous les actes remarquables qui suscitent notre stupéfaction.

Sir Rutherford Alcock notait quelques années plus tard que non seulement les parents vendaient leurs enfants aux maisons de prostitution, mais qu'au bout de quelques années, les enfants revenaient dans leur village pour se marier. Van Meerdervort expliquait que « les prostituées aiment autant que quiconque fréquenter l'église [le temple], et la loi leur garantit ce droit. La société japonaise ne regarde pas avec mépris ces bordels publics, précisément parce qu'ils sont *publics* ». Quand les Européens sont arrivés, les Japonais les attendaient de pied ferme. « Avant même d'ouvrir leurs ports au commerce extérieur, écrivait Griffis, les Japonais ont construit deux endroits pour les étrangers : un bureau de douane et un bordel. »

La longue tradition d'art érotique illustrée par les explicites « livres de chevet » (d'origine chinoise) est devenue une industrie du livre et de la vidéo dont les images d'une sexualité extrêmement violente sont aux antipodes de l'innocence suggérée par l'habillement et la publicité.

La première fois que je suis allé acheter de quoi manger dans une épicerie de quartier, j'ai remarqué que des rangées entières de magazines et de vidéos pornographiques étaient alignées sur les étagères du bas. Des jeunes feuilletaient les publications les plus explicitement sexuelles. La plupart des hôtels japonais offrent de même une variété incroyable de chaînes pornographiques payantes, et les équivalents japonais du *News of the World* et du *Sun* publient souvent des dessins montrant un homme et une femme en pleine copulation.

Quand j'ai fait part à mes amis de mon étonnement et de mon émoi, ils m'ont expliqué que le sexe est un sujet neutre pour les Japonais. Il est naturel de vouloir du sexe. Il est normal d'avoir des relations sexuelles avec une personne de sexe opposé ou de même sexe. La pornographie, largement répandue depuis le VIIIe siècle, est un art comme un autre – la cuisine, la calligraphie ou le maniement du sabre. On apprend le comportement sexuel comme on apprend à jouer d'un instrument de musique ou à accomplir correctement la cérémonie du thé. Le sexe est depuis presque toujours une part importante de la vie humaine. Les travailleuses du sexe de l'époque médiévale, spécialistes en la matière, avaient obtenu le droit de former une guilde ; leur statut a progressivement décliné et, au XIXe siècle, elles étaient parquées dans des districts situés en bordure des villes, comme le *yoshiwara* de Tokyo. La manière de montrer le corps féminin aux hommes procède d'un savoir-faire très ancien et les techniques sexuelles atteignent un niveau de détail véritablement professionnel.

Au Japon, les femmes considèrent que leur corps leur appartient et qu'elles peuvent en user comme elles l'entendent ; être une travailleuse du sexe n'a donc rien de honteux, et ne relève nullement du péché. Aucun opprobre moral n'est attaché à cette pratique.

Quand Isabella Bird a visité le grand sanctuaire *shinto* d'Ise, elle a noté que bordel et sanctuaire se trouvaient l'un à côté de l'autre. Sexe et religion n'étaient pas considérés comme contradictoires. L'ambivalence occidentale envers le corps – considéré, d'une part, comme un symbole de la Divinité, une copie du corps Divin, et, d'autre part, comme un antre du péché et de la tentation – est totalement incompréhensible pour la plupart des Japonais. À leurs yeux, il est ridicule de penser le corps comme assujetti aux notions religieuses de bien et de mal, tout comme on ne saurait accorder une valeur morale au fait de manger ou de déféquer, même si ces deux activités obéissent à des codes de décence et de bonnes manières.

Le *yoshiwara*, quartier du sexe de Tokyo, a subsisté pendant la période Meiji et jusqu'à la fin de la Seconde Guerre mondiale. Pendant l'occupation américaine, les autorités japonaises ont créé un environnement similaire pour les troupes et persuadé non seulement des prostituées, mais aussi des femmes ordinaires, d'y travailler.

Nous avons discuté avec nos amis de l'utilisation excessivement controversée de « femmes de réconfort » pendant la Seconde Guerre mondiale. Le sort de ces femmes qui accompagnaient l'armée pour satisfaire le désir sexuel des soldats a causé beaucoup d'amertume en Corée, en Chine et ailleurs en Asie. Cette pratique clairement calquée sur l'industrie du sexe japonaise reflétait des attitudes par rapport au corps et au sexe totalement incompatibles avec celles des pays où elle a été exportée. Les femmes de réconfort ont d'abord été rémunérées, avant que la guerre ne se propage dans toute l'Asie du Sud-Est. Les femmes de réconfort japonaises, emmenées en Chine, n'étaient pas uniquement des prostituées, mais aussi des femmes ordinaires encouragées à soutenir les troupes. Elles exerçaient généralement dans les villes. Mais dans les campagnes, où les occupants japonais cherchaient à appliquer ce système, les femmes autochtones étaient contraintes à l'esclavage sexuel. Certaines demandent aujourd'hui une indemnisation au gouvernement japonais ; elles ont intenté des actions en justice qu'aucune « femme de réconfort » japonaise n'a encore osé entreprendre.

Quant aux actes sexuels violents et sadomasochistes présentés dans pléthore de films et de bandes dessinées, ils laissaient nos amis aussi perplexes que nous. Il existe deux sortes de pornographie, nous ont-ils expliqué : celle des maisons d'édition traditionnelles, avec des photographies d'art ; et celle de nombreux petits éditeurs clandestins qui vendent leurs publications sur des stands et dans les commerces de proximité. La production de films pornographiques a commencé dans les années 1960, à l'époque où l'apparition de la télévision plongeait dans la crise l'ensemble de l'industrie cinématographique ; ces films n'étaient pas violents au départ. Ils ont été produits en quantité croissante dans les années 1970, et certains ont remporté des récompenses internationales.

Le Japon semble la plus désexualisée des grandes civilisations. À la fin du XIXe siècle, style vestimentaire et bains publics ont été réformés sous la pression de l'Occident, afin de respecter de prétendues « normes internationales ». Pourtant, j'ai toujours l'impression de me trouver dans une société innocente où l'on remarque à peine le corps. Ni éludé ni souligné, il n'est regardé ni avec peur ou dégoût, ni même avec plaisir. Le corps est un corps, point. Il se nourrit, défèque, a des rapports sexuels et meurt. Y a-t-il autre chose à ajouter ?

D'un autre côté, la tradition érotique japonaise est, avec son équivalent indien, l'une des plus explicites et des plus graphiques au monde. De même qu'il nous surprend par son innocence, le Japon nous choque par la liberté avec laquelle il jouit du corps sexualisé. Le sexe y est envisagé paisiblement, comme un plaisir à apprécier et analyser exactement de la même manière que la boisson, la nourriture, l'art et la bonne compagnie.

Les relations sexuelles n'ont pas de dimension spirituelle ; aucun danger (sauf, peut-être, pour la santé) ne leur est associé. Le sexe n'est rien de plus que le sexe ; contrairement à la tradition chrétienne, il ne symbolise pas notre union avec Dieu ou avec l'autre. On considère d'ailleurs qu'il existe deux sortes de sexe : le sexe pour le plaisir, et le sexe pour la reproduction. Le sexe en tant que relation partagée est moins fréquent. Le prosaïsme d'une telle attitude explique pourquoi il paraît banal de payer pour du sexe ; il n'est pas rare qu'une épouse japonaise, quand elle fait les comptes mensuels du ménage, paie les factures des visites de son mari dans les maisons spécialisées. Cette vision utilitaire et inhabituellement terre à terre du sexe a eu des répercussions bien au-delà du Japon pendant la Seconde Guerre mondiale, et le traitement infligé aux « femmes de réconfort » non japonaises a suscité bien du ressentiment. En matière de sexe, je ne connais aucune autre grande civilisation oscillant à ce point – selon des critères occidentaux – entre innocence et dépravation. À l'inverse, beaucoup de Japonais trouvent les attitudes occidentales à l'égard du sexe profondément hypocrites, entachées de culpabilité, libidineuses et curieusement mystiques.

Nature et culture

Les aliments que nous choisissons de manger et notre façon de les consommer reflètent des valeurs culturelles profondément enracinées. D'un point de vue occidental, le régime japonais diffère du nôtre sur deux points essentiels. Premièrement, il ne respecte pas la stricte distinction entre culture et nature, autrement dit cuit et cru. Si nous distinguons entre les sociétés qui tendent à laisser les aliments aussi crus que possible et celles qui les cuisent complètement, le Japon offre l'exemple le plus extrême d'une civilisation moderne tendant vers le cru. Les poissons vivants dont on lève les filets pour une consommation immédiate ne sont qu'un élément de la vaste gamme de mets qui ont fait la renommée du Japon. Mis à part quelques sociétés tribales qui consomment des larves et de la viande crues, je ne connais aucun autre équivalent.

Presque toutes les civilisations du monde ont consacré d'énormes quantités d'énergie à transmuer le cru en cuit. Comparée aux aliments traditionnellement bouillis, cuits et recuits des Anglais, ou aux fritures chinoises, la nourriture japonaise est cuite au minimum. La pénurie de combustible, qui se reflète dans la taille minuscule des poêles traditionnels au charbon et à la paille, y est peut-être pour quelque chose. Le minimalisme que les Japonais appliquent à chaque aspect de la vie s'exprime aussi dans ce domaine. Hormis la sauce soja et un peu de sel, les ajouts d'herbes et d'épices sont pour le moins limités.

Deuxième trait distinctif : la forte sensibilité esthétique dont les Japonais font preuve dans tous les aspects de la vie s'étend à la nourriture : la présentation d'un repas est presque plus importante que le repas lui-même. Tanizaki Junichiro expliquait :

> La cuisine japonaise, a-t-on pu dire, n'est pas chose qui se mange, mais chose qui se regarde. Dans un cas comme celui-là, je serais tenté de dire : qui se regarde et, mieux encore, qui se médite ! Tel est, en effet, le résultat de la silencieuse harmonie entre la lueur des chandelles clignotant dans l'ombre et le reflet des laques.

Les Japonais prennent plaisir au délicat arrangement de la nourriture. Un bon repas est une miniature. Mais éteignez la lumière, nous ont dit nos amis, et il n'a presque aucun goût. Les currys d'Inde ou du Sichuan, à l'inverse, sont dépourvus d'élégance, mais le parfum de leurs généreuses épices est encore meilleur quand on les déguste dans le noir.

Au XVIIe siècle, la société japonaise était la plus urbanisée au monde. La cour se tenait dans la grande cité de Kyoto ; les marchands dans celle, équivalente par la taille, d'Osaka ; les dirigeants édifiaient leur pouvoir dans la ville appelée à devenir la plus importante agglomération au monde, Edo, qui prendra par la suite le nom de Tokyo. Hormis ces trois endroits célèbres, il existait bien d'autres grandes villes au Japon ; les Japonais, qui étaient déjà des citadins, le sont encore davantage à l'époque actuelle. Que l'on traverse le Japon d'est en ouest, ou du nord au sud depuis les villes extrêmes de Nagasaki et Sapporo, un voyage en train révèle peu de villages ou même de petites villes isolés. Les Japonais tendent à se rassembler dans les villes et montrent peu d'intérêt pour l'exploration des campagnes avoisinantes, qu'ils imaginent peuplées de paysans un peu attardés.

Pourtant, les sujets de prédilection de la peinture et de la littérature japonaises au fil des siècles dénotent un fort penchant pour la ruralité et célèbrent une campagne romancée. De même, l'amour des citadins pour les floraisons printanières ou la popularité des pèlerinages aux sanctuaires ruraux de Nikko, Ise ou du mont Fuji racontent une histoire différente.

À Tokyo, nous avons été frappés par la multitude de jardinets et de petits parcs éparpillés entre les habitations étroitement serrées, et par les nombreuses promenades le long de canaux aux eaux pures où foisonnent les carpes dorées. Même dans les villes modernes, massives et densément peuplées, on a le sentiment d'habiter un groupement de villages possédant chacun sa propre identité et son air de ruralité. Il est clair que la nature est fort appréciée.

Au XIXe siècle, Morse s'étonnait de ce désir d'amener la nature à l'intérieur des villes :

> Dans les maisons de ville des classes supérieures, on consacre souvent beaucoup de soins à faire paraître l'entour aussi rural que possible, en disposant ici et là de pittoresques vieux puits, de primitifs et rustiques charmilles, barrières et portillons... Dans la ville populeuse, parmi les maisons les plus pauvres, on voit souvent, dans le coin d'une petite étendue de terre entre seuil et plancher surélevé, un jardin miniature qui tient dans une boîte peu profonde, quand ce n'est pas à même le sol[4].

On peut expliquer ce paradoxe par l'influence des traditions quasi religieuses du Japon. L'adoration de la nature qui caractérise les croyances animistes du *shinto*, l'anticonsumérisme et le parfum rustique du bouddhisme ascétique, jusqu'aux austères valeurs rurales du néo-confucianisme, ont contribué à la diffusion de valeurs sans rapport avec celles de l'urbanisation.

Les villes de taille moyenne et leurs villages satellites ont joué pendant des siècles un rôle très important au Japon. Les grands domaines du Nord, du Sud et de l'Ouest avaient beau être éloignés de Kyoto ou Edo, ce n'en étaient pas moins des endroits sophistiqués. Du XVIIe au milieu du XIXe siècle, l'influence de la pratique japonaise de la résidence alternée a été prépondérante : les seigneurs les plus puissants devaient passer la moitié de leur vie à la cour, en ville, mais ils revenaient passer l'autre moitié sur leurs lointains domaines. Les processions à répétition de leurs suites nombreuses, qui empruntaient tous les deux ans, dans un sens puis dans l'autre, les

4. Edward S. Morse, *Les Maisons japonaises et leur environnement*, *op. cit.*

principales voies de circulation, tissaient un réseau de liens dans tout le Japon, de sorte que ces aristocrates n'étaient jamais loin des derniers racontars et autres changements de situation du centre.

Quand je prends un peu de recul pour réfléchir à la relation des humains avec le monde qui les entoure, je distingue certains modèles. Je comprends la création d'une nature artificielle, radeau symbolique qui permet à chaque Japonais de flotter sur l'écologie, la politique et le tourbillon émotif tempétueux de son environnement. La décoration de l'espace personnel de chaque individu fait sens en tant que protection indépendante contre le chaos. Dans le même temps, elle aide chaque Japonais à ouvrir presque sans effort les cloisons, les délicats *shoji* de papier, pour sortir des symboles et s'embarquer vers « d'autres terres et d'autres mers », vers un monde d'enchantement et d'éternité.

C'est parce qu'ils vivent dans un environnement presque entièrement symbolique, dans lequel chaque élément de nature et de culture, soigneusement remodelé, représente quelque chose de beaucoup plus grand – émotion, pensée, système philosophique – que les Japonais sont capables d'agir ainsi. Ce symbolisme est poussé à son extrême dans les jardins *zen*. L'endroit où chaque objet est placé, sa couleur exacte, sa texture, tout est signifiant. Les maîtres *zen* considèrent le jardin comme un mélange de poésie, de philosophie, de paysagisme et d'art symbolique. Presque tout ce qui entoure les Japonais est extrêmement artificiel, ouvragé, mais l'effet ultime consiste à le faire paraître naturel et libre. Comme en art, le résultat obtenu est, de fait, le seul possible. On envisage toutes les possibilités, quitte à n'en retenir qu'une seule.

Contrairement à beaucoup de sociétés, les Japonais ont comblé et annulé le fossé perceptible entre nature et culture. Tout est à la fois naturel et culturel. La lune, la chute d'eau, les rochers et le sable sont totalement naturels. Pourtant, ils s'encadrent dans une composition hautement fabriquée. C'est de la nature artificielle. De même, constructions, pavillons de thé, temples et la plupart des habitations ordinaires sont des artifices culturels. Mais leur rugosité, leurs aspérités et leurs ombres en font dans le même temps des objets naturels.

Nous retrouvons ce phénomène dans la calligraphie, qui est extrêmement artificielle, tracée de manière élaborée et porteuse de significations humaines, bien que sa spontanéité et sa beauté en fassent une œuvre de liberté naturelle. L'environnement japonais construit possède ainsi de multiples significations qui miroitent aux frontières de mon entendement. J'absorbe l'expérience sans pouvoir les mettre en mots.

Ce refus d'établir une distinction entre nature et culture s'accorde avec l'idée que les Japonais n'ont jamais séparé leurs mondes. La religion n'existe pas séparément, comme une autre dimension. Le monde est à la fois construit et hors du contrôle humain, imprégné d'une sorte d'esprit ou d'essence, au-delà de la connaissance humaine. Toute chose – bois, pierre, fleurs, eau – est l'expression et le signe d'autres pouvoirs. Ensemble, ces choses constituent une sorte de paysage magique tel que je n'en ai jamais rencontré ailleurs que dans les contes de fées et la poésie de Wordsworth, Keats et Yeats. Voici le dernier grand pays des rêves, mais il a été créé sans l'intervention de Disney.

Les premiers chocs culturels à l'intérieur du miroir magique formé par le Japon, quoique impressionnistes et préliminaires, nous donnent un aperçu de ce qu'il nous faudra chercher dans la suite de notre voyage. Le miroir en soi reflète bien des choses : des traits anciens du Japon, l'énorme influence chinoise, en particulier par le confucianisme et le bouddhisme, l'inspiration coréenne, ainsi que l'influence des nations occidentales, surtout depuis l'ouverture du Japon dans les années 1870. Il n'existe pas de « Japon », mais d'innombrables reflets de reflets ; et la manière dont l'art japonais a affecté les sensibilités artistiques occidentales tout en rebondissant sur le Japon lui-même est un élément complexe de ce phénomène.

Le miroir change à mesure des réinventions constantes des Japonais. La civilisation et l'art qui l'exprime paraissent tantôt très « chinois », tantôt « japonais » et, pour finir, « occidentaux ». C'est une surface mobile qui, tel le caméléon, reflète la puissance des visages qui y plongent le regard. Contrairement à un miroir ordinaire, cependant, il a une mémoire. Les traces antérieures ne se perdent pas. Sa mémoire est d'ailleurs extraordinairement fidèle, comme le prouve sa capacité à conserver côte à côte les formes théâtrales les plus anciennes du *no* et les formes relativement plus modernes du *kabuki*, ou la poterie ancienne de la période Jomon et ses célèbres bols à thé parallèlement aux délicates porcelaines des époques postérieures. C'est un miroir cumulatif : chaque nouvelle image, en y pénétrant, côtoie des milliers de symboles antérieurs.

Les modèles artistiques suggèrent tout un ensemble de formes contradictoires, non réconciliées. L'art japonais n'est pas un, mais multiple. On y trouve l'audacieux, le direct, le grotesque, les couleurs vives, mais aussi l'oblique, l'indirect, l'adouci. Tout cela appartient à une esthétique unique. L'art est à la fois plat et en perspective, pratique et inutile. Toutes ces formes constituent l'art japonais.

De fait, une grande part du plaisir réside dans ces relations – entre formes artistiques, entre humains, entre homme et nature et entre différentes formes de nature. L'interaction entre sable et caillou, entre temple de bois sur fond de montagnes et forêts, entre avant-plan et arrière-plan est un aspect très important de l'esthétique japonaise. Tout est relié et réuni par le choix de la couleur, de l'espace et de la forme, de sorte que les divisions et autres séparations qui troublent tant l'esprit sont résolues, et que l'harmonie l'emporte.

Le grand art classique de la Chine, avec ses divisions d'espace et de dessin, sa symétrie, sa tendance baroque et centralisatrice, a été absorbé puis vidé d'une bonne partie de son essence. De la même manière, les Japonais n'ont consenti que temporairement à institutionnaliser et classer leur art dans des catégories occidentales (art ou artisanat, noble ou inférieur, traditionnel ou moderne). Quiconque visite aujourd'hui le Japon y trouvera d'étranges juxtapositions qui illustrent le mélange et la fusion de catégories autrefois contradictoires et opposées. Cet effet de miroir transformateur se manifeste dans une grande partie des thèmes que nous étudierons au Japon.

Pour dépasser la première phase de surprise et de compréhension partielle et explorer plus en profondeur les dessous de la surface culturelle, il nous faut regarder à l'intérieur des mondes – économique, social, politique, idéologique et religieux – que les Japonais ont créés au cours des deux derniers millénaires.

3. LA PROSPÉRITÉ JAPONAISE

Un milieu exigu et hostile

Le Japon est une île de rochers, de sols fins et de pentes escarpées. La plus grande partie de son territoire, trop en altitude, trop froid ou trop pentu, est inutilisable pour l'agriculture. La succession des chaînes montagneuses n'y est interrompue que par quelques plaines ou larges vallées alluviales. Le sol, souvent pauvre, est constitué d'un dépôt de cendres volcaniques noires peu fertiles. Même les cultures fourragères n'y réussissent pas.

L'énorme population japonaise qui, du XVe au XIXe siècle, a oscillé entre 10 et 20 millions d'habitants, c'est-à-dire quatre fois la population britannique sur la même période, s'efforçait de tirer sa subsistance d'une surface cultivable de la taille d'un comté anglais, en beaucoup moins productif. La population actuelle, supérieure à 120 millions d'habitants, autrement dit la moitié de la population des États-Unis, vit sur l'équivalent d'un petit État américain.

Ce milieu explique les techniques élaborées par l'agriculture japonaise, excessivement exigeante en main-d'œuvre et en compétence, et jusque récemment dépendante de l'utilisation d'engrais à base d'excréments humains. De la même manière, l'élimination presque totale des animaux d'élevage au XIXe siècle est assez logique. Ovins et bovins auraient disputé à l'homme les minuscules superficies de terres potentiellement cultivables.

Cette pénurie extrême de terres arables est compensée, en quelque sorte, par la mer. Le Japon est avant tout un empire de l'eau. Comme son littoral est très découpé, la mer est rarement loin. Les Japonais ont toujours exploité la mer, leurs lacs et leurs rivières. Leur obsession alimentaire pour le poisson, les baleines et d'autres produits de la mer reflète une longue histoire au cours de laquelle la plus grande partie de leurs protéines provenait de l'eau.

Dans le passé, la présence de la mer minimisait les problèmes de communication. Voyages et transport des marchandises par voie terrestre s'avéraient très difficiles. Les sentiers escaladaient d'abruptes montagnes rocailleuses que même les chevaux de bât avaient peine à gravir. Mais la plupart des régions du Japon étaient accessibles par l'eau. Les lourdes pluies de la mousson ne font qu'ajouter à cette impression de civilisation brumeuse, imbibée d'eau, si magnifiquement capturée dans la peinture et la littérature japonaises.

L'étirement en latitude du Japon et de l'ensemble de l'archipel des Ryukyu – dont la pointe sud avoisine l'équateur et la pointe nord se situe presque nez à nez avec la Sibérie – a aussi un rôle à jouer. Imaginez une civilisation qui s'étendrait du Maroc à la Finlande ou du Mexique à Terre-Neuve, et vous aurez une idée des écologies changeantes que l'on rencontre au Japon.

Il existe des microsystèmes très différents par leur flore et leur faune à l'est et à l'ouest, au nord et au sud du Japon. Ils ont contribué à encourager le commerce local, entre régions méridionales productrices de fruits tropicaux, par exemple, et régions septentrionales fournissant saumons et fourrures. Ils ont aussi aidé à protéger la civilisation des terribles forces d'un monde physique d'une exceptionnelle sauvagerie.

La nature a imposé aux Japonais une bonne part de sa puissance déstabilisatrice. Ce n'est pas une coïncidence si nous utilisons le mot japonais *tsunami* pour décrire l'onde océanique engendrée par un séisme. De faibles secousses ont lieu presque tous les jours, parfois avec des effets démesurés et désastreux ; elles donnent à la vie une instabilité transitoire que ne peuvent connaître les habitants d'autres régions du globe.

Quiconque passe un peu de temps au Japon fera l'expérience de tremblements de terre plus importants et s'apercevra qu'ils sont à la fois physiquement et psychologiquement déstabilisants. En regardant le sol sombrer et vaciller du dixième étage d'un immeuble de Tokyo, j'ai eu l'impression que le Japon était une civilisation bâtie sur une créature vivante. Une grande partie de la spiritualité, de la philosophie et de l'art japonais procèdent de cette conscience.

Puis il y a les volcans toujours actifs qui déversent périodiquement leur lave dans les vallées qui les entourent. Dans le passé, l'activité volcanique provoquait des famines localisées ; les volcans rappellent aux Japonais, en particulier par les sources chaudes et les bains d'eau thermale, l'instabilité bouillonnante de la fine croûte sur laquelle la civilisation humaine est temporairement établie.

Comme les tremblements de terre, les volcans ont modelé non seulement la psychologie, mais également le monde construit des Japonais. Les traditionnelles maisons légères où vivaient la plupart des Japonais jusqu'à une époque récente étaient en réalité la seule réponse possible dans cet environnement remuant. Vitres et murs épais auraient été inutiles. Fines tiges de bambou, solide papier de mûrier et bois étaient des matériaux souples et flexibles capables de s'accommoder des forces de la nature.

Pour finir, n'oublions pas les moussons, leurs vents cinglants et leurs pluies torrentielles qui déversent de gigantesques volumes d'eau sur les pentes abruptes des montagnes, dont ils arrachent la fine couche de sol en provoquant des glissements de terrain dévastateurs. Contrôler cette surabondance d'eau, celle qui pilonne les rivages maritimes comme celle qui dévale les flancs des montagnes, a toujours été une préoccupation essentielle des Japonais. Je me suis souvent demandé pourquoi ils ne touchent pas aux forêts qui couvrent la plus grande partie des régions montagneuses. Eux qui ont si peu de terre, pourquoi n'ont-ils pas bâti des terrasses comme les Népalais ou les Chinois du Sud et colonisé les hautes montagnes en y installant le type de village propre à ces régions rizicoles ?

Peut-être ont-ils compris que dépouiller les versants des montagnes de leur couverture forestière, dont les racines retiennent le sol, risquerait de déclencher des inondations et une érosion catastrophiques. Mieux vaut, quand on en a les moyens, préserver sa forêt en important le bois. Un monde soumis à la mousson crée des contraintes que les Occidentaux, qui ignorent tout de ces phénomènes, ont tendance à négliger.

Le riz est essentiel à la compréhension du Japon : on pourrait dire, d'un point de vue historique, le Japon, c'est le riz, et le riz, c'est le Japon. Eliza Scidmore le faisait remarquer : « Le petit dictionnaire de Hepburn donne vingt-cinq synonymes du mot riz, tous aussi différents que possible. Le riz à tous les stades de sa croissance, et dans tous ses états après la récolte, a un nom différent sans racine étymologique commune. » Lors de notre premier séjour au Japon, en 1990, les Japonais ne parlaient que du *dumping* forcé de riz américain, beaucoup plus fade à leurs yeux.

Le *sake*, qui est le breuvage sacré du Japon, est un alcool de riz autour duquel tournent certains des principaux rites *shinto* ; on voit souvent dans les cours des sanctuaires des empilements de tonneaux de *sake* vides. L'empereur prépare chaque année une rizière miniature qu'il cultive dans ses jardins de Tokyo. Une de mes sources japonaises m'a déclaré : « Le riz nous suit partout en tant que nation... et en tant qu'individus. Quand nous nous marions, ce sont les neuf gorgées de *sake* qui sanctifient l'union de l'homme et de la femme. On offre du riz aux morts, à Bouddha et aux *kami*, les divinités *shinto*. »

On pourrait être tenté, à première vue, de mettre le Japon dans le même sac, pour ainsi dire, que d'autres régions rizicoles d'Asie du Sud. Mais les choses ne sont pas si simples, car la riziculture japonaise possède depuis des siècles des traits distinctifs qui la singularisent de ses voisines.

La plupart des sociétés de riziculture humide élèvent en parallèle des animaux domestiques. Porcs, poulets, canards et buffles (parfois vaches et bœufs) coexistent avec le riz dans la plus grande partie de l'Asie du Sud-Est. Les animaux de trait participent aux labours dans les rizières et fournissent du fumier pour les potagers, de la viande et parfois du lait.

Ce qui frappe, au Japon, c'est à quel point la riziculture s'est éloignée de ce modèle presque universel au cours des cinq cents dernières années. Il y avait quelques animaux domestiques, en particulier des chevaux et du bétail, jusqu'au XVIIe siècle, mais aucune insistance sur le modèle porc-canard-poulet-buffle caractéristique d'endroits tels que le Vietnam. Quant aux animaux existants, ils ont presque disparu à partir du XVIIe siècle. La voyageuse Isabella Bird, qui a visité des villages japonais dans la seconde moitié du XIXe siècle, a remarqué l'absence presque totale d'animaux. On ne voyait que du riz et quelques ressources secondaires dans les champs, les haies et les forêts. Il n'y avait donc ni viande ni fumier, ni lait ni œufs. Les Japonais ont souffert d'intolérance au lactose jusqu'au milieu du XXe siècle ; autrement dit, les produits laitiers tels que lait, beurre ou fromage les rendaient malades... Il n'y avait presque pas d'animaux pour aider aux labours ou au transport.

Entre 1600 et 1850 environ, parallèlement au développement d'une riziculture intensive exigeant beaucoup de main-d'œuvre, les Japonais ont systématiquement éliminé deux des technologies fondamentales qui, en révolutionnant l'agriculture plus de dix mille ans auparavant, avaient inauguré la première civilisation paysanne : l'utilisation de la roue et des animaux domestiqués. Ils connaissaient la brouette chinoise, mais ne voyaient pas l'utilité de l'importer ou de l'améliorer. Ils connaissaient aussi la charrette et la meule. Mais ils s'en servaient peu. Tout ou presque était transporté à dos d'homme.

Certes, la plupart des nouvelles techniques – filage, tissage, poterie et travail du métal – étaient pratiquées à la perfection ; il n'empêche qu'au moment du choc causé par la rencontre avec l'Occident dans la seconde moitié du XIXe siècle, les Japonais nourrissaient une population excessivement nombreuse à partir de minuscules surfaces cultivables, largement sur la base du riz et de l'exploitation de la mer.

Les Japonais ont toujours travaillé très dur, et dans des conditions exténuantes, pour maintenir un niveau de vie raisonnable. Des études comparatives suggèrent que si les journées de travail des agriculteurs sont extrêmement longues en Espagne, en Italie ou en Inde, leurs homologues japonais travaillent souvent plus encore.

Ce contexte de travail acharné, discipliné et presque vingt-quatre heures sur vingt-quatre plaçait les Japonais en très bonne position quand le pays a commencé à s'industrialiser. On comprend mieux comment, en l'espace d'une seule génération et en partant d'une société à la technologie rudimentaire, ils ont réussi à surpasser les civilisations plus populeuses et autrefois plus avancées de la Chine et de la Russie, sur un plan à la fois industriel et militaire. Cette tradition de travail inlassable explique aussi comment les Japonais ont pu créer, sur les cendres d'Hiroshima, Nagasaki et Tokyo, l'une des premières puissances économiques mondiales, en une trentaine d'années à peine.

Quiconque veut comprendre les Japonais doit être conscient de cette longue expérience de minimalisme, de rude travail et d'endurance têtue. C'est la condition nécessaire pour entrevoir le Japon qui se trouve juste sous la surface. Ce pays a élevé à la dure les hommes, et plus encore les femmes, qui s'échinaient, elles aussi, dans les champs, portaient et élevaient les enfants, et s'occupaient du foyer.

Les technologies, entre ingéniosité et désintérêt

Les Japonais étaient extrêmement curieux des technologies d'autres cultures, et très doués pour adapter celles dont ils pressentaient l'utilité. Charles Peter Thunberg notait, au XVIIIe siècle :

> Cette nation [...] pousse très loin la curiosité. Ils étudient attentivement le moindre objet apporté ici par les Européens, et la moindre chose leur appartenant. Ils demandent continuellement des informations sur tous les sujets et lassent fréquemment les Hollandais de leurs questions... Au cours de l'audience que nous eûmes avec l'empereur, le conseil privé et d'autres hauts représentants de l'État, nous fûmes examinés des pieds à la tête, ainsi que nos chapeaux, épées, vêtements, boutons, dentelles, montres, cannes, bagues, etc. ; ils allèrent

d'ailleurs jusqu'à nous obliger à écrire en leur présence, afin de leur montrer notre manière d'écrire et nos lettres [1].

Les Japonais sont aussi remarquables d'ingéniosité. « Rien n'est peut-être plus digne d'admiration chez les Japonais, écrivait Basil Hall Chamberlain, que le merveilleux génie dont ils font preuve en parvenant aux meilleurs résultats possibles par les moyens les plus simples et la plus petite dépense possible de temps, de travail ou de matériel. » Au milieu du XIXe siècle, presque aussitôt après leur rencontre forcée avec les puissances occidentales, Alcock remarquait que « dans les expositions organisées en Europe, en Amérique, en Australie et en Inde, la capacité artistique, la dextérité manuelle et le génie inventif des Japonais ont été abondamment reconnus ».

Cette malicieuse inventivité se manifestait notamment dans les jouets japonais. Griffis s'en émerveillait :

> Nous ne connaissons aucun autre pays au monde disposant d'autant de magasins de jouets ou d'autant de foires où sont vendus les articles qui enchantent les enfants. Non seulement les rues de chaque ville sont abondamment pourvues en magasins aussi remplis de jouets aux couleurs éclatantes qu'un soulier à Noël, mais on trouve aussi des bazars pour enfants dans les petites villes et les villages.

Les jouets, écrivait Hearn, présentaient « cette stupéfiante ingéniosité par laquelle les inventeurs japonais sont capables d'atteindre, pour un coût négligeable, exactement les mêmes résultats que ceux qu'étalent nos dispendieux jouets mécaniques ». Un membre de la mission Elgin donne un délicieux aperçu de la marchandise :

> Nous avons visité les magasins de jouets sur le chemin du retour et acheté de magnifiques diables, des représentations d'animaux superbement exécutées en paille, des maquettes de [...] maisons japonaises aussi soigneusement réalisées qu'en Suisse, des personnages, certains plus humoristiques que décents, sculptés dans le bois, des petites figurines en porcelaine dont la tête hochait et la langue pointait à l'improviste, des tortues dont la tête, les jambes et la queue étaient en perpétuel mouvement, des livres d'images comiques, des masques grotesques et des coiffes en toc pour les deux sexes. On y exposait suffisamment d'articles pour créer une révolution dans toutes les nurseries d'Angleterre.

1. Charles P. Thunberg, *Voyage au Japon par le cap de Bonne-Espérance, les îles de la Sonde*, Paris, Benoît Dandré, 1796, trad. Louis Langlès. *(NdT)*

Un siècle plus tard, cette inventivité allait effectivement créer une révolution, non seulement dans les nurseries et les écoles, mais dans de nombreux aspects de la civilisation occidentale. Ma petite-fille Rosa, par exemple, m'a initié aux mystères de l'animal domestique informatisé, le *tamagotchi*. Elle dénigre les imitations de qualité inférieure fabriquées en dehors du Japon.

Paradoxalement, le manque d'intérêt que manifestent beaucoup de Japonais à l'égard de la majorité des technologies m'a toujours beaucoup étonné. Ils fabriquent ce qui se fait de mieux en matière d'ordinateurs et d'appareils photo, et les vendent à prix bradés... Pourtant, les ordinateurs étaient généralement absents des écoles et des universités au début des années 1990 ; et quand nous avons essayé de persuader nos amis d'acquérir un ordinateur ou de s'abonner à Internet, nous nous sommes heurtés à une résistance considérable.

Ce manque d'intérêt est depuis longtemps une caractéristique de la vie japonaise. Les Japonais ont abandonné beaucoup de technologies étrangères. Nous avons vu qu'ils avaient renoncé à élever des animaux pour l'agriculture ; ils ont aussi délaissé le verre et même, pendant un moment, les armes à feu. Dans les années 1920, ils répugnaient à importer les nouveaux procédés mécaniques à usage militaire. En ce qui concerne les armes à feu, elles ont été très peu utilisées entre le XVIIe et le milieu du XIXe siècle, quand le Japon s'est trouvé menacé.

On dirait que les Japonais, bien que fort capables de fabriquer des gadgets fascinants, le font assez distraitement. Contrairement à beaucoup de sociétés occidentales, chinoises ou indiennes, ils ne nourrissent apparemment aucune passion pour les machines. La fabrication de machines est simplement considérée comme un moyen de gagner de l'argent, de créer la nouveauté dans les étonnants jouets qu'ils conçoivent et dans le domaine de l'art.

Peut-être cet état de choses est-il en train de changer chez les jeunes, qui cherchent à échapper au stress et à la tension des relations humaines de la vraie vie pour se retirer dans un autre univers plus contrôlable : le cyberespace. J'ai pourtant l'impression que même eux ne s'intéressent pas à la technologie en tant que telle, mais plutôt à ce qu'ils peuvent en faire pour évoluer dans des mondes virtuels.

On peut expliquer en partie cette contradiction en étudiant l'évolution des technologies au Japon. Il y a eu plusieurs vagues d'importations, d'abord de Chine et de Corée, puis d'Occident. Chaque innovation reçue était adaptée avec grande compétence. Les armes à feu des Portugais au XVIe siècle, l'électronique grand public ou les techniques de fabrication automobile des Américains dans la seconde moitié du XXe siècle ont été étudiées en détail, et les Japonais se sont ensuite mis à fabriquer de meilleurs fusils que les Portugais et de meilleures voitures que les Américains. Mais il y a eu peu d'inventions novatrices d'origine domestique jusqu'au raz de marée de produits électroniques qui a inondé la planète dans les vingt-cinq dernières années du XXe siècle.

Le plus souvent, les technologies qui ont prospéré au Japon ont atteint leur perfection il y a plusieurs centaines d'années. Ni le sabre du XIIIe siècle, par exemple, ni les armures apparues un peu plus tard n'ont jamais réellement subi d'améliorations. Le délicat mobilier et les maisons minimalistes qui ont fait la réputation du Japon ont été perfectionnés à peu près à la même époque, comme la poterie et le travail du laque. Cette première vague s'est fondée presque entièrement sur de grandes inventions importées de Chine et de Corée.

Beauté, stabilité, réciprocité, élégance et respect mutuel : pour les Japonais, tels sont les buts de la vie, et non la fabrication et la consommation de gadgets. Je soupçonne certains Japonais, à l'instar de Napoléon traitant l'Angleterre de nation de commerçants, de considérer comme plutôt vulgaire l'obsession des Occidentaux pour la technologie. Le cœur et l'âme japonais sont ailleurs.

Un capitalisme bien particulier

On pourrait avancer que l'économie japonaise, en dépit de son vernis d'efficacité moderne et de haute capacité technique, reste un système englobé : l'éthique d'entreprise des Japonais encourage la sécurité de l'emploi à vie et la confiance mutuelle, même aux dépens du gain économique à court terme. Dans le cadre du système des *zaibatsu*, par exemple, une entreprise reste fidèle à ses sous-traitants, même s'ils sont temporairement incapables de s'aligner sur leurs concurrents... Les loyautés de type familial ont souvent priorité sur les profits économiques à court terme. Arthur Koestler n'écrivait-il pas : « Les Japonais sont parvenus à créer une société de concurrence sans concurrence, et ils s'en sont tenus à ce principe jusqu'à présent[2] » ?

2. Arthur Koestler, *Le Lotus et le Robot*, Paris, Calmann-Lévy, 1961, trad. Georges Fradier et Dominique Guillet. *(NdT)*

L'emploi japonais a effectivement ceci de particulier que les contrats à long terme et la promotion interne existent depuis plusieurs centaines d'années. La compétition règne, certes, dans les grands groupes où le marché de la main-d'œuvre est extrêmement mobile. Beaucoup de salariés ne font plus toute leur carrière dans une seule entreprise, même si, entre les années 1960 et 1980, travailler dans une grande entreprise était synonyme d'emploi à vie.

Dans les années 1990, on a cru un moment que le système japonais s'effondrait face au modèle compétitif de l'Occident et à la pénurie d'emplois. Mais il a récemment commencé à sortir de la crise, et la plupart des grandes entreprises sont retournées au bon vieux système, en particulier depuis la reprise de la croissance économique et la disparition progressive de l'excédent de main-d'œuvre des années d'après-guerre, le fameux baby-boom.

On souligne souvent que les grandes entreprises représentent moins de la moitié de l'emploi au Japon : la forme prédominante est la petite entreprise familiale. Mais même là, on note l'existence d'une forme déguisée d'emploi garanti. Les petites entreprises n'offrent guère de chance de promotion aux employés fidèles, puisque le fils du patron succède souvent à son père à la tête de l'affaire ; cependant, les employés les plus loyaux peuvent recevoir des actions, des recommandations et d'autres aides pour monter leur propre entreprise. Ces dernières garderont ainsi des liens étroits avec l'ancien employeur.

Souvent les entreprises préfèrent l'entente à la concurrence, et le marché des valeurs ne réagit pas de la même manière qu'à Londres ou New York. Les Japonais reprochent aux Chinois et aux Occidentaux d'être des individualistes poussés par l'appât du gain et obsédés par le profit. Le pouvoir de l'entreprise est énorme dans le monde des affaires japonais, et les bureaucraties gèrent l'économie selon des principes semi-socialistes relativement centralisés.

Cette curieuse ambivalence à l'égard de l'argent et de la concurrence est illustrée par la vie de Fukuzawa Yukichi, qui fut le grand modernisateur du Japon à la fin du XIXe siècle. Quand Fukuzawa, jeune homme, s'installa à Osaka, il était encore, de son propre aveu, préoccupé par l'argent. Il tenta d'introduire au Japon le concept occidental de capitalisme de marché, en se servant d'un livre d'économie.

> Je commençai à le traduire [...] quand je butai sur le mot concurrence qui n'a pas d'équivalent en japonais, et je fus obligé de recourir à une invention de

> mon cru, *kyoso*, c'est-à-dire littéralement « course-combat ». Le responsable qui vit ma traduction parut très impressionné. Puis il dit soudain : « Je vois ici le mot "combat". Que signifie-t-il ? C'est un mot si belliqueux[3]. »

Fukuzawa tâcha de s'expliquer, mais le responsable refusa de montrer la traduction à son supérieur parce que le mot « combat » était trop agressif. Fukuzawa conclut par ce commentaire acide :

> Je suppose qu'il aurait préféré quelque expression du style « des hommes se conduisant avec correction les uns envers les autres » dans un livre d'économie, ou « la loyauté d'un homme envers son seigneur », « la générosité ouverte d'un marchand en période de tension nationale », etc. Mais je lui dis : « Si vous n'acceptez pas le mot "combat", j'ai bien peur d'être obligé de tout effacer. Il n'existe aucun autre terme aussi fidèle à l'original »[4].

La conception occidentale qui consiste à faire de « l'économie » un domaine institutionnel détaché de la moralité et des liens sociaux ne s'est jamais totalement implantée au Japon. Il semble que la langue japonaise ne possède pas d'équivalent exact du mot « économie ». *Keizai* se réfère à « la direction politico-spirituelle de la vie sociale en général ».

Quand un individu prend une décision concernant des activités que nous classerions comme économiques, il ou elle prend en compte de nombreux facteurs, comme les relations sociales à plus long terme, ce que pense l'autre, les expressions de son visage et son rang social, l'harmonie et la bonne volonté. Tous ces critères ont nettement moins d'importance dans une société possessive et individualiste où la compétition extrême est la norme. Ce qui pourrait aisément nous convaincre de l'existence d'une situation prétransitionnelle, englobée.

À l'inverse, l'économie japonaise a ceci de remarquable qu'elle montre les signes d'un « capitalisme » précoce dès l'époque médiévale, lorsque les gigantesques marchés aux céréales encourageaient la spéculation et que naissaient les premiers marchés « à terme » du monde. Des centaines de milliers de négociants s'occupaient d'achat et de vente dans de grandes villes marchandes comme Osaka. L'utilisation de l'argent et la compréhension de la valeur monétaire étaient répandues jusque dans les régions les plus

---

3. Yukichi Fukuzawa, *La vie du vieux Fukuzawa racontée par lui-même*, Paris, Albin Michel, 1989, trad. Marie-Françoise Tellier. *(NdT)*
4. *Ibid.*

reculées. À la fin du Moyen Âge, le Japon possédait un immense empire commercial basé sur l'argent. Il pouvait, en outre, se targuer d'une industrie manufacturière aux productions de qualité, qui étaient vendues dans tout le pays ainsi qu'à l'étranger.

La littérature et les arts visuels japonais décrivent une nation de commerçants hédoniste et animée que les pièces du théâtre *kabuki* célèbrent depuis le XVIIe siècle. Le Japon a été pendant des siècles la société la plus urbaine, la plus au fait du commerce et du marché. Saikaku Ihara pouvait noter au début du XVIIe siècle : « Un homme peut bien descendre de la lignée la plus noble des Fujiwara, s'il établit sa résidence parmi les commerçants et vit dans la pauvreté, il est plus bas qu'un montreur de singe itinérant. Il n'y a pas d'alternative pour un citadin : il doit prier pour la richesse et chercher à devenir millionnaire. » Cette éthique caractéristique des citadins et des marchands (ou *chonin*) a propagé dans tout le Japon une attitude pratique et économiste.

Nous avons donc affaire à une société englobée, bien que capitaliste, prudente mais révolutionnaire, à un peuple économiquement prospère et pourtant méfiant (et un peu dégoûté) à l'égard de la vulgarité de la simple maximisation du profit, que beaucoup considèrent comme typique des Chinois ou des Occidentaux. Les Japonais me rappellent un peu les protestants d'Occident qui amassaient de grandes fortunes à force de prudence, de travail acharné et d'honnêteté, mais évitaient d'en faire étalage et suivaient leur vocation comme si leur activité était plus religieuse qu'économique.

Ma perplexité face à la nature apparemment contradictoire du système économique japonais – à la fois hautement rationnel et compétitif, englobé et « collant » – s'est en grande partie dissipée quand le professeur Sakurai Eiji, un spécialiste d'histoire économique médiévale, m'en a expliqué le contexte historique. L'utilisation généralisée de l'argent a débuté en 1270 au Japon, encouragée par l'afflux croissant de petites pièces de monnaie chinoises. Comme les taxes étaient acquittées en espèces sonnantes et trébuchantes plutôt qu'en riz, les Japonais ont commencé à produire des biens dans le but de recueillir de l'argent pour les payer. Les prix étaient déterminés par l'offre et la demande, ce qui a conduit à l'établissement d'une économie de marché efficace en termes de production de biens.

De façon assez étrange, cependant, l'utilisation de l'argent, au lieu de s'étendre à la plupart des relations sociales, comme c'est habituellement le cas, s'est limitée à la sphère des objets, sans empiéter sur les relations entre personnes. Le marché de la main-d'œuvre ne subissait pas l'influence du prix des produits de base. Ainsi, le coût du logement le long du Tokaido, le principal axe de circulation du Japon, est resté stable du XIVᵉ au XVIᵉ siècle, alors que les prix du riz fluctuaient rapidement en fonction de l'offre et de la demande. De même, les charpentiers qui travaillaient tout au long de l'année du lever au coucher du soleil touchaient le même « salaire » journalier, été comme hiver, alors que le nombre d'heures travaillées était très différent.

Travailler pour un employeur est considéré comme un don de son travail, pour lequel on reçoit un salaire en retour. Le mot japonais pour « salaire « est *roku*, qui signifie « don ». Kenichi m'a expliqué que l'on attribuait autrefois un pouvoir magique spécial aux pièces de monnaie parce qu'elles coupaient les relations sociales. Voilà pourquoi l'argent était souvent enterré ou conservé dans des endroits particuliers : sanctuaires ou temples, par exemple, où vivaient des moines-prêteurs.

Toshiko a complété ces explications. Payer pour une marchandise et payer pour un service sont deux choses totalement différentes au Japon, a-t-elle déclaré. Jusqu'au XIXᵉ siècle, les frais de scolarité étaient un versement volontaire, et non obligatoire, généralement fait en nature plutôt qu'en argent. Les maîtres d'école ne pouvaient demander à être payés et n'auraient jamais songé à envoyer une facture ; le droit légal à paiement n'existait d'ailleurs pas en tant que tel. Le montant des frais n'était pas fixe, et les parents discutaient entre eux pour se faire une idée de la somme généralement admise. Les maîtres acceptaient souvent des montants différents en fonction de la situation financière des parents. Il aurait été considéré comme très impoli de la part d'un parent de demander combien payer.

Quand la bibliothèque de l'université Keio a ouvert à la fin du XIXᵉ siècle, les frais d'inscription étaient très modiques, et ils le sont restés. Il existe encore beaucoup de versements « volontaires » au Japon. La belle-sœur de Toshiko enseigne le piano, mais il lui est presque impossible de demander à être payée ; elle compte donc sur les parents de ses élèves pour faire ce qui est honorable. Lorsque des appointements sont versés, ils sont accompagnés de cadeaux à certaines périodes de l'année, pour souligner l'idée du paiement comme « don ». La rétribution fait donc partie d'une relation sociale, non d'une froide transaction économique. Les contrats de travail japonais sont formulés en termes de don et l'échange y est déguisé : l'argent ne doit pas être payé directement et explicitement. L'argent contre le travail doit être « emballé » comme un cadeau.

Ce principe s'appliquait jadis à la plupart des relations. Ainsi, les *samurai* qui recevaient une sorte d'acompte, ou *on*, devaient montrer la même loyauté à leur seigneur indépendamment du montant de ce don. Il en allait de même des employés des grandes maisons de commerce. Ce sentiment de profonde relation employeur-employé, à laquelle le simple salaire en argent ne saurait rendre justice, imprègne encore aujourd'hui l'emploi japonais. Les employés se sentent membres de l'entreprise, tandis que les actionnaires n'ont à leurs yeux aucun vrai droit de propriété sur elle. Même les impôts sont considérés comme des dons. Les contribuables « donnent » de l'argent au gouvernement, lequel gouvernement, sans doute par sens de la réciprocité et de la bienveillance, fournit des services. L'idée générale, c'est que vous ne payez pas d'impôts : on vous demande plutôt de contribuer volontairement au bien du plus grand nombre.

On observe donc une sorte de compromis entre un système de marché à part entière en ce qui concerne les objets, et un système personnalisé en ce qui concerne les êtres humains. Cette dualité inhabituelle se reflète dans l'état actuel de l'économie japonaise. Le professeur Yoshikawa Hiroshi, économiste, l'explique ainsi : le secteur industriel est très efficace tandis que l'efficacité du secteur des services atteint à peine la moitié de celle des États-Unis. Le secteur industriel fabrique de nombreux produits, mais absorbe peu de main-d'œuvre, contrairement au secteur des services. Le professeur estime que l'évolution mondiale de la production vers les services – construction, banque, commerce de détail et ainsi de suite – ne favorise pas le Japon. Quand on voyage au Japon, on s'aperçoit vite que de nombreuses institutions – hôtels, banques et magasins – sont en sureffectif. On peut se montrer impitoyable avec les objets matériels, les humains n'en doivent pas moins être traités avec délicatesse.

Dans beaucoup de sociétés non monétaires, choses et personnes sont traitées avec respect, dans le cadre d'un ensemble de relations enchâssées. Dans les économies capitalistes avancées de l'Occident, personnes et choses sont traitées comme des marchandises, souvent de manière compétitive, brutale et mercantile. Les Japonais associent des éléments de ces deux pratiques ; les choses dépendent du marché compétitif, les personnes de relations multiples et enchâssées.

On pourrait avancer que le concept japonais de propriété est depuis longtemps similaire à celui du droit anglais, avec toutes ses spécificités. Au Japon comme en Angleterre, depuis le XIIe siècle au bas mot, un individu propriétaire d'un domaine peut l'aliéner selon son bon vouloir. Cette possibilité est illustrée par l'adage médiéval anglais « Nul n'est l'héritier d'une personne vivante ». Personne ne peut automatiquement supposer qu'il héritera de quelqu'un, puisqu'il peut, jusqu'au dernier moment, être déshérité si le propriétaire vend son domaine ou rédige un testament pour le léguer à quelqu'un d'autre. Au Japon, de même, tous les enfants pouvaient être chassés de la ferme ou de l'entreprise et la propriété transmise à un héritier non apparenté, mais adopté avant le décès du détenteur.

Japon et Angleterre étaient les deux seules grandes civilisations agricoles au monde dont le système autorisait la transmission d'un bien à un héritier unique. Les grands domaines des principaux propriétaires terriens, et presque tous les domaines japonais, étaient normalement légués à un seul enfant depuis le XVe siècle au moins. Ce qui avait pour effet de déshériter tous les autres, même s'ils pouvaient recevoir des parts moins importantes en argent ou en marchandises. Le système de succession habituel – tous les fils reçoivent automatiquement une part égale de la propriété de leurs parents, tandis que les filles reçoivent la leur sous forme de dot – n'était pas suivi sur ces deux îles.

L'Angleterre et le Japon se distinguent de toutes les autres civilisations par les relations contractuelles de leur système de propriété féodale, qui tend par ailleurs à une individualisation poussée de la propriété. Cette particularité, qui affermit la propriété et protège les gains économiques, à l'encontre de la tendance presque universelle aux incessantes divisions et subdivisions des successions, est souvent considérée comme une clé des succès économiques respectifs de l'Angleterre et du Japon.

Le Japon est en la matière très différent de la Chine, avec son concept de propriété de clan, de l'Inde, avec ses propriétés paysannes et ses groupements de caste, et de tous les autres pays à l'exception de l'Angleterre. Le surprenant système de propriété individualiste, calculateur et contractuel, qui existe au Japon depuis plusieurs centaines d'années, a constitué une bonne base pour le capitalisme moderne et le type de propriété individualiste qui nous est désormais familier.

Pourtant, en y regardant d'un peu plus près, on se rend compte que le système japonais est fondamentalement distinct du système anglais sur un plan qui le place dans une catégorie autre, une catégorie « hybride ». Si le chef de famille japonais peut, en apparence, traiter sa propriété comme son homologue anglais, il opère dans un contexte très différent. Car il ne la possède pas véritablement, voire pas du tout. Il est, en réalité, un administrateur appartenant à une très longue lignée, avec obligation de perpétuer le *ie*, ou « lignage ». Il se trouve dans une situation qui ressemble fort à la mienne en tant que professeur du King's College, à Cambridge. Je peux choisir mon successeur (avec l'accord des autres professeurs) par le biais d'élections ouvertes. Mais je ne peux vendre le *college*, la chapelle ou la bibliothèque par petits morceaux. Ma liberté est, par conséquent, strictement limitée.

Un propriétaire anglais pouvait vendre à sa convenance (et celle de son épouse), exception faite des cas où son domaine était juridiquement inaliénable. Il pouvait le diviser ou le vendre au plus offrant sans que quiconque puisse l'en empêcher. Il n'existait pas d'équivalent de la « contrainte du lignage » à la française, en d'autres termes le droit des membres de la famille à conserver leurs intérêts dans une propriété « familiale ».

En revanche, cette contrainte ou obligation de transmettre la propriété, si possible avec quelques améliorations, afin de maintenir le lignage, existait au Japon. Ce système possédait néanmoins une particularité digne d'un *college* de Cambridge ou Oxford : la personne qui héritait de propriété n'avait pas besoin d'être membre de la famille. Le successeur était choisi par le gérant ou « administrateur » des biens. S'il (ou elle) décidait que l'affaire, ou la ferme, serait mieux dirigée par un parent lointain, voire un total inconnu, cette personne pouvait être adoptée et tous les enfants naturels déshérités.

Voilà pourquoi il est difficile de décider si nous parlons d'absolu de la propriété privée, ou d'absence de propriété privée. Les deux sont également vrais. La liberté existe, mais avec de terribles contraintes. Rares sont les grands domaines anglais qui ont échappé à la division, alors que les propriétaires japonais étaient soumis à une contrainte qui les a incités à léguer leurs biens aussi intacts que possible.

Cette différence explique en partie ce mélange de familiarité et d'inconnu qui me suit dans mon exploration du Japon. Le Japon semble plus communautaire et corporatiste que l'Angleterre, comme si les individus ne possédaient que l'unique richesse de leur petite maison et de leur modeste mobilier. Pourtant, le revenu domestique par tête des Japonais est conséquent. Ils devraient vivre comme les Américains, peut-être même plus fastueusement encore. Pourtant, à bien regarder leurs maisons, leurs jardins et leurs biens de consommation, on ne peut que constater la maigreur de leurs possessions, alors que leurs comptes en banque sont florissants.

Éducation, système de santé, transports et bien d'autres choses me paraissent beaucoup plus proches de ce que l'on rencontre dans une économie socialiste centralisatrice et planifiée. Le Japon est un pays de corporations et d'avoirs de groupe qui ne court pas après les extrêmes de la propriété privée. On dirait qu'il a inversé la remarque de J. K. Galbraith sur l'Occident capitaliste, « richesse privée, misère publique », tout en éliminant presque entièrement la misère. Il semblerait, de manière paradoxale, que si les Japonais sont en théorie parmi les premières sociétés à avoir institué la propriété privée, ils continuent à vivre, à maints égards, dans un monde de biens communs.

Une savante gestion des ressources naturelles

Le Japon a relativement peu souffert de la famine au cours du dernier millénaire. Certes, des milliers de Japonais sont morts pendant les trois grandes famines du XVIIIe et du XIXe siècle, mais le nombre de victimes est sans commune mesure avec les millions de morts emportés par les grandes famines qui ont frappé la Chine, l'Inde et la Russie. Le Japon, grâce à son insularité, a largement échappé aux destructions de la guerre et n'a jamais été envahi avant 1945.

C'est aussi un pays relativement épargné par la maladie. Après une période d'épidémies sévères jusqu'au Xe siècle environ, la plupart des maladies mortelles ont été soit éradiquées soit limitées dans leur propagation. La peste bubonique n'est jamais entrée au Japon. La malaria semble avoir été presque éliminée dès le XVIe siècle. Typhoïde et choléra ne sont apparus qu'à la fin du XIXe siècle, avec une mortalité inférieure à la normale. Parmi les maladies épidémiques, seules rougeole et variole ont gravement affecté le pays. La rougeole est devenue, comme en Angleterre, une maladie de l'enfant. Les éternelles tueuses, notamment la dysenterie, ont eu des effets limités. Le Japon n'est pas très différent de l'Angleterre dans ses schémas de mortalité, mais il se distingue de toutes les autres grandes civilisations continentales.

Au cours des cent années qui ont suivi la réunification du Japon, vers 1580, l'agriculture a connu des progrès fulgurants et la fertilité a augmenté en conséquence : la population a doublé. Mais elle est restée presque stable pendant les cent cinquante années suivantes, malgré l'amélioration constante des revenus. Du XIXe jusqu'au milieu du XXe siècle, la population s'est de nouveau accrue. Depuis la fin du XXe siècle enfin, le nombre d'enfants par famille est, au Japon comme ailleurs, peu élevé.

Les Japonais ont eu recours à une stratégie particulière pour obtenir exactement le nombre d'enfants de sexe masculin et féminin qu'ils pensaient pouvoir nourrir sur leur sol étriqué et inhospitalier. Les femmes japonaises ne se mariaient généralement pas au milieu de l'adolescence, comme en Chine ou en Inde, et certaines ne se mariaient pas du tout. Comme celles qui se mariaient, vers l'âge de 20 ans, pouvaient toutefois donner naissance à huit enfants ou plus en moyenne, sans mesures positives de limitation, la croissance démographique aurait été rapide puisque la mortalité infantile était relativement basse. La plupart des femmes n'avaient pas accès à la contraception. Aujourd'hui encore, les moyens de contraception, la pilule en particulier, ne sont pas utilisés dans les mêmes proportions ni avec la même liberté qu'en Occident. Les autorités sanitaires japonaises ont officiellement interdit la pilule en 1972, à cause de ses risques d'effets secondaires sur la santé, et ce n'est qu'en 1999 qu'elle a à nouveau été autorisée par la loi.

Les Japonais ont opté pour une solution que l'on rencontre dans des communautés isolées du Pacifique confrontées au même problème de surpopulation. Dans un certain nombre de communautés paysannes où la superficie des terres cultivables était limitée, on a associé avortement et infanticide dans le but de réguler à la fois le nombre et le sexe des enfants survivants. C'était un système douloureux, psychologiquement destructeur et inutile à beaucoup d'égards, qui imposait aux femmes des tensions extrêmes. Mais il était efficace au sens où il permettait la mise en œuvre de calculs précis, comme lors de la sélection de n'importe quel bétail.

Le taux d'avortement élevé, de nos jours encore, a inspiré l'aménagement d'espaces spécialement consacrés dans des temples choisis, qui sont ornés de statuettes d'enfants placées (à prix fort) en mémoire des morts. Les enfants ainsi détruits sont appelés « enfants de l'eau », car certains pensent qu'ils retournent dans le lac d'où ils sont sortis pour y attendre un moment plus propice à la naissance.

Les pressions en faveur de l'avortement et de l'infanticide, et les regrets poignants de générations de Japonaises, sont illustrés par les mots d'une vieille femme qui racontait au début du XXe siècle comment elle avait été forcée de tuer plusieurs de ses enfants :

> Pour survivre, je n'avais pas le choix. Pour garder les enfants que nous avions déjà, il fallait renvoyer les autres. Même aujourd'hui, des pierres marquent les endroits où les bébés ont été enterrés sous le plancher de la maison. Je dors chaque nuit juste au-dessus de l'endroit où ils sont enterrés. Bien évidemment, je ressens de l'amour et de la compassion pour les bébés que j'ai renvoyés.

Ainsi, au Japon, la croissance économique qui a précédé l'industrialisation n'a-t-elle pas entraîné de rapide croissance démographique, et ce, pendant des siècles : c'est un modèle très différent de celui que l'on peut observer dans la plupart des civilisations.

La majorité des Japonais vit encore de façon relativement spartiate, dans de petits appartements souvent simplement meublés. Ils vivaient autrefois à même le sol, se passant de tables, de chaises et de lits pour s'asseoir, manger et dormir. Ils avaient peu de vêtements. Pour chauffer leurs maisons souvent glacées et pleines de courants d'air, ils ne disposaient que de petits poêles à charbon. Les maisons, quant à elles, étaient petites et fragiles. La nourriture, à base de riz et de légumes, ne comportait ni viande ni produits laitiers. Ils buvaient du thé. Comme il était rare de trouver du cuir, ils portaient à l'extérieur des sandales de paille qui se désintégraient rapidement, ou des sabots de bois.

Pourtant, si le monde matériel se limitait au strict minimum, il semble avoir été très différent de celui de beaucoup d'autres pays pauvres ; il y avait apparemment moins de misère. À l'instar d'Isabella Bird et de ses prédécesseurs autorisés à sortir de leur quarantaine dans la baie de Nagasaki, les Occidentaux qui ont voyagé dans tout le Japon décrivent un monde bruyant et affairé, une nourriture en suffisance, une abondance d'auberges et d'endroits où se restaurer, des vêtements pratiques, un mobilier fonctionnel.

Les Japonais possédaient moins, consommaient beaucoup moins, et recyclaient beaucoup plus que leurs homologues britanniques ou américains. Leur ration énergétique, sous forme de protéines notamment, était nettement inférieure à celle d'une grande partie de l'Occident aisé. Ils avaient pourtant réussi à élaborer un style de vie qui leur procurait espérance de vie, régime sain et niveau général de « richesse », au sens large, comparable à celui des classes moyennes aisées des plus riches pays occidentaux.

Le professeur Saito Osamu m'a donné quelques explications sur le contexte de ces habitudes de recyclage et de protection des ressources. Le système de production japonais est économe en ressources, mais requiert une quantité de travail et un niveau de compétence élevés, ce qui est le propre d'une île très peuplée disposant de ressources naturelles relativement limitées. Le système de production américain, à l'inverse, est économe en travail et gourmand en ressources : on peut difficilement s'attendre à moins de la part d'un pays doté à l'origine d'énormes ressources en termes de territoire et de minéraux, entre autres, et d'une population clairsemée. Dotée d'un facteur capital élevé, mais sachant traditionnellement rentabiliser au mieux ses compétences grâce à son système de formation et d'apprentissage, la Grande-Bretagne occupe une position intermédiaire.

Les Japonais n'ont pas suivi le chemin de l'Occident. Ils ont cherché l'efficacité et la préservation, se contentant d'exploiter le strict nécessaire. Contrairement aux trois quarts de la planète, ils n'ont jamais, jusqu'au XXe siècle, vécu à fleur d'eau – pour reprendre une comparaison très imagée – au risque de se noyer à la première catastrophe ou dépense imprévue. Certes, ils n'avaient pas toujours chaud, ils travaillaient dur, ils mangeaient, s'habillaient et se logeaient de la plus frugale des façons.

Les problèmes tels que la meilleure manière de se procurer de la nourriture en suffisance, garder sa chaleur, se débarrasser des excréments, rester propre, arranger l'espace et le temps dans la maison, trouvaient souvent des solutions très différentes de celles adoptées en Occident. Une bonne part de tout ce qui paraît (à des yeux d'Occidental) sens dessus dessous au Japon est le reflet de ces chemins alternatifs.

Les Japonais ont été confrontés à un ensemble de contraintes particulièrement ardues en termes de sol, de climat et de densité de population. En usant de leur ingéniosité dans les limites de ces contraintes, en partageant leur richesse, en recyclant et séparant l'essentiel de l'accessoire, ils ont façonné une civilisation matérielle sans équivalent.

Quand l'Occident a débarqué avec sa prodigalité et sa surabondance, les Japonais ont adopté certaines de ses habitudes de gaspillage. Mais au grand désespoir de nombreux économistes qui voudraient voir les Japonais devenir de super-consommateurs des rêves occidentaux afin de générer un marché pour les merveilleux produits fabriqués au Japon, il existe encore une réserve, un plafond imposé au désir : la prudence.

En visitant des intérieurs japonais, j'ai été frappé par un mélange de consumérisme et de minimalisme conservateur, un sentiment de la fugacité de la vie, du besoin d'économiser. Cela m'a rappelé la prévoyance de ceux qui ont connu la guerre et continuent à garder bouts de ficelle, bouteilles vides et vieux vêtements, sans vraiment savoir pourquoi, sauf que ces choses ont manqué par le passé. Élevés dans l'austérité, ils ne peuvent se résoudre à consommer et gaspiller en toute liberté.

Après l'expérience traumatisante de la Seconde Guerre mondiale, les Japonais ont eux aussi traversé une période d'austérité. Mais ils vivaient depuis des siècles dans un environnement pauvre en ressources et rationné, se contentant du strict nécessaire. Tout ce qui bougeait dans l'eau, ainsi que la plupart des plantes, était mangé ou transformé en objet utile. Les maisons de bambou, de bois et de papier poussaient, temporaires, dans le paysage instable. L'habillement, toujours rudimentaire, provenait du monde naturel et non animal : soie, chanvre, coton, paille ou même papier de mûrier.

L'Occident a forgé (notez la métaphore) son univers en luttant contre la terre dont il a extrait le fer, le charbon et la pierre, et exploité les animaux. Les Japonais ont agi en chasseurs-cueilleurs, prélevant ce dont ils avaient besoin à la surface de leur environnement. La nature japonaise était à maints égards plus généreuse qu'en Occident. Riz, bambou, mûrier et thé s'épanouissaient sans l'aide des machines nécessaires à la production de récoltes en Occident. La richesse des ressources naturelles, le riz en particulier, contribue à expliquer le niveau précocement élevé des densités de population au Japon et en Chine. Mais nous avons déjà vu que le contrôle de la population s'exerçait, dès qu'un certain plafond était atteint, de manière très différente au Japon, en Chine et en Occident.

Le Japon que nous découvrons aujourd'hui a émergé d'un monde matériel différent de notre monde occidental, et que le récent développement industriel et technique a rendu en grande partie invisible. Avant les années 1960, le Japon était encore un pays relativement pauvre en termes de revenus et de capitaux. Il est devenu une société d'abondance en termes de salaires, puis de biens de consommation. Il baigne désormais dans la richesse matérielle, de sorte qu'un touriste se promenant à Tokyo ou Osaka et y observant vitrines ou restaurants pourrait, à première vue, se sentir dans une société consumériste moderne. Un grand nombre de différences subsistent néanmoins.

J'ai vécu trois mois dans l'une des rares maisons traditionnelles encore debout à Tokyo, j'ai mangé avec des baguettes, je me suis assis et j'ai dormi à même le sol, j'ai pris des bains et senti les secousses d'un tremblement de terre : ce fut un privilège qui m'a aidé à comprendre, dans une certaine mesure, le choc ressenti par les premiers Européens qui ont rencontré ces aspects visibles de la culture matérielle – ce que les gens mangent, les vêtements qu'ils portent, l'endroit où ils dorment et vivent.

Le Japon est un défi aux économies classiques. Ce pays n'est ni capitaliste ni communiste. Il a emprunté une troisième voie. Il n'a traversé aucune des étapes du développement économique. On ne peut le ranger dans la séquence habituelle « chasseur/cueilleur-tribal-paysan-industriel », car il était tout cela à la fois jusqu'à une époque récente.

Je crois que le Japon ne serait pas devenu une société scientifique et industrielle sans l'intervention de l'Occident – aucun signe ne le laissait présager. Mais une fois ces évolutions amorcées, il a réussi à se les approprier et à diriger une économie hautement industrialisée au moins aussi bien, voire mieux, que les pays dont elles étaient originaires. Tout cela précisément parce qu'il possède un système interne unifié, qui reste efficace, coordonné, confiant, travailleur et coopératif une fois le modèle industriel établi.

La surface du miroir japonais réfléchit la technologie, la science et l'économie de l'Occident. En pénétrant à l'intérieur, nous nous apercevons que tout est différent. La rationalité économique occidentale, fondée sur l'hypothèse de la maximisation du profit individuel, ne s'applique pas vraiment dans de larges pans de la société japonaise. On pourrait affirmer, assez paradoxalement, que dans la deuxième économie mondiale, il n'y a pas d'« économie » du tout.

4. L'INDIVIDU, LA FAMILLE ET LE GROUPE

L'individu inexistant ?

Selon la perspective où l'on choisit de se placer, l'individu semble ne pas exister au Japon. L'individualisme à l'occidentale n'a jamais pénétré sous la surface. Je me rappelle avoir été frappé par la force de cette curieuse idée quand j'ai commencé à étudier les concepts japonais du moi, avant ma véritable rencontre avec des Japonais.

La langue japonaise possède plusieurs équivalents de nos pronoms personnels, mais ils sont rarement utilisés. À l'âge de 6 ans, un garçon doit avoir assimilé au moins six termes pour se désigner lui-même, une fillette au moins cinq. On n'utilise généralement pas le pronom personnel qui correspond à notre « je ». L'individu se situe en dehors du « je » et se réfère à lui-même comme s'il se regardait avec les yeux de la personne à laquelle il parle. Cela crée des situations tellement complexes que la question de savoir qui est le moi et qui est l'autre ne se règle pas toujours sans équivoque dans le cours d'une conversation. Le « je » et le « tu » sont relationnels, entrelacés.

La manière d'utiliser les noms de personnes illustre, elle aussi, l'absence de concept bien arrêté d'individu. En Occident, nous avons un nom et un seul. Une femme peut changer de nom quand elle se marie, mais nous gardons généralement toute notre vie le prénom très personnel reçu à la naissance. « Je » m'appelle « Alan », et « Alan » je reste toute ma vie durant. Au Japon (comme au Vietnam et en Thaïlande), les gens portaient autrefois un nom approprié à chaque étape de leur vie, et qui pouvait changer même après leur mort. Charles Thunberg écrivait au XVIIIe siècle :

> Dès qu'un enfant naît, il reçoit de ses parents un certain nom, qu'il conserve, si c'est un fils, jusqu'à ses années de maturité. On le change à cette période. S'il obtient ensuite une charge, il change de nom ; et si, avec le temps, il est promu à d'autres fonctions, il change encore de nom...

Morse donne un exemple de cet éventail de noms, tous susceptibles d'être modifiés : *sei* (nom du clan), *uji* (nom de famille), *tsucho* (équivalent du prénom chrétien), *go* (nom scolastique), *azana* (nom scolastique supplémentaire), *imina* (nom légal pour les contrats, etc.), et nom après la mort. Quand on écrit une lettre en Occident, le prénom (chrétien) vient en premier, puis on s'éloigne à mesure vers la désignation la plus générique. Jusqu'à une époque récente, c'était exactement l'inverse au Japon, où le prénom était discrètement relégué à la fin.

L'historien Amino Yoshihiko donne un aperçu des quatre catégories de noms autrefois donnés au Japon. Il y a le nom d'enfance, souvent affectueux : ainsi *maru*, autrement dit « petite chose ronde ». Puis, le nom utilisé par les autres : *ichiro* par exemple, qui signifie « premier fils ». Ensuite vient le nom véritable, soigneusement choisi par le père, qui comprend généralement deux idéogrammes chinois dont l'un fait écho au nom du grand-père. Enfin, le nom que l'on porte en devenant adulte et que l'on peut choisir soi-même ; il doit être humble et traditionnel.

De tels changements de nom sont devenus beaucoup plus rares... Cette absence de fixité est d'ailleurs d'autant moins troublante que les Japonais ne s'adressent généralement pas les uns aux autres par leur nom, mais plutôt par leur position : *sensei* (professeur), président, chef de section, ou toute autre appellation appropriée. Quand la relation de statut change, la façon de s'adresser à l'autre change également. D'où l'importance de la carte de visite au Japon, pas à cause du « nom », mais du statut et de la position.

On a souvent fait remarquer que la « signification » de l'individu au Japon n'est ni intrinsèque ni dépendante d'une seule personne, comme en Occident. Il n'existe pas d'âme, ou substance, unique. La signification n'existe qu'en relation avec autrui. Voyez, par exemple, le mot qui désigne l'être humain. Il se compose de deux idéogrammes chinois, dont l'un signifie « humain » *(nin)* et l'autre « entre » *(gen)*, ce qui semble suggérer qu'un être humain est par définition une relation et non un atome autosuffisant. L'idée même de personne séparée, « autonome », qui est le principe fondamental de la pensée et de l'individualisme occidentaux, n'existe pas au Japon.

Cette différence essentielle est confirmée par quantité d'observations. Le romancier catholique Endo Shusaku s'est efforcé d'expliquer par la bouche du père Valente, un missionnaire jésuite, pourquoi le christianisme, religion individualiste fondée sur le concept d'un être humain unique doté d'une âme accordée par Dieu, ne peut avoir aucun succès au Japon :

> Les Japonais ne vivent jamais leur vie en tant qu'individus. Nous autres missionnaires européens n'étions pas conscients de ce fait. Supposez que nous ayons ici un Japonais tout seul. Nous essayons de le convertir. Mais il n'y a jamais eu au Japon un individu isolé que nous pourrions appeler « il ». Il a un village derrière lui. Une famille. Et plus. Il a aussi ses parents disparus et ses ancêtres[1].

Le groupe prend impérativement le pas sur l'individu, la société est conçue comme un tout organique dont l'individu n'est qu'une partie, un doigt ou un orteil, que l'on peut trancher sans porter atteinte à l'ensemble. La vie japonaise se fonde sur une série de groupes – familial, social, politique, scolaire, syndical, d'affaires. Vraisemblablement, les Japonais ont la civilisation la moins individualiste du monde.

L'existence de ce monde relationnel et anti-individuel peut être expliquée par de multiples raisons, à commencer par l'absence d'une religion monothéiste dominante et d'une croyance à une âme individuelle liée à un Dieu unique. Les formes japonaises du bouddhisme tendent à nier l'existence de l'âme individuelle. Selon certains, la fragilité de la maison japonaise traditionnelle, où tout le monde vit et dort en commun dans une seule pièce, ce qui exclut toute intimité, serait un autre facteur.

Mais quelles que soient ces raisons, leurs effets sont bien connus. Il est très difficile à une personne seule de résister à la pression du groupe. Le mot signifiant « individu » en japonais a une connotation d'égoïsme. On cite souvent le proverbe japonais *deru kugi wa utareru* (« Le clou qui dépasse appelle le marteau »). Que ce soit à l'école, en famille, dans les organisations d'entreprise, à l'armée ou ailleurs, le conformisme qui existe dans la plupart des sociétés est ici oppressant à l'extrême.

Même les histoires destinées aux enfants mettent en avant l'aspect coopératif de ce modèle de vie. Joy Hendry décrit « la version japonaise des *Trois Petits Cochons*, par exemple, où les deux premiers petits cochons échappent aux attaques du Grand Méchant Loup et parviennent à rejoindre le troisième, avec lequel ils coopèrent pour persuader le loup de descendre par la cheminée afin qu'il tombe droit dans la marmite ». Dans la version anglaise, les deux premiers petits cochons sont « dévorés pour leur manque de prévoyance tandis que le troisième utilise sa ruse et son intelligence individuelles pour vaincre le loup ».

1. Shusaku Endo, *L'Extraordinaire Voyage du samouraï Hasekura*, Paris, Buchet/Chastel, 1980, trad. Daniel Lemoine. *(NdT)*

Il est néanmoins possible de défendre l'idée inverse, autrement dit que chaque Japonais est seul. Le philosophe Maruyama Masao a utilisé, au milieu du XXe siècle, la métaphore de la « société du pot à pieuvre » pour décrire le Japon. Chaque Japonais est seul dans son pot, coupé de ses congénères auxquels il n'est relié que par le bout de corde qui attache tous les pots les uns aux autres. Au XIXe siècle, le philosophe Fukuzawa suggérait une autre métaphore : « Les millions de Japonais de cette époque étaient enfermés à l'intérieur de millions de boîtes individuelles. Ils étaient séparés les uns des autres par des murs qui leur laissaient peu d'espace où se mouvoir. »

Cette solitude et cet isolement sont aggravés par le fait que la boîte, ou le pot, contient un être dépourvu de centre. Quand nous étions au Japon, un ami nous a dit que les Japonais se sentent vides ; il n'y a rien, rien que du vide, au cœur de chaque personne. La vie se trouve dans ce qui entoure cet espace vide. Notre ami semblait dire que les Occidentaux se sentent habités par une âme et une personnalité individuelles, tandis qu'un Japonais, seul, est comme une pièce vide.

Le Japon est l'illustration parfaite du concept de « foule solitaire » composée d'individus seuls et réservés, qui trouvent très difficile de communiquer avec autrui. On ne s'étonnera donc pas du courant de profonde solitude qui imprègne l'art et la littérature du Japon, associé à des concepts tels que *wabi*, dérivé d'un mot signifiant à l'origine « tomber dans un état triste et désespéré », ou *hie-sabi*, « la sphère du froid et de la solitude ».

D'un point de vue chinois ou indien traditionnel, le Japon paraît individualiste, flexible et compétitif. Nous sommes loin du système de clans chinois, avec sa toute-puissante communauté villageoise, ou du système de castes indien. Le Japon est parfois décrit comme une société du « petit groupe ».

Ce qui est étrange, c'est la taille minuscule et le caractère temporaire que peuvent prendre ces groupes. Il peut s'agir de la simple rencontre de deux personnes ; les groupes sont brièvement chargés de sens avant de se dissoudre, aussi momentanés que la chute d'une fleur ou la pleine lune dans le ciel nocturne, que les Japonais adorent justement pour leur fugacité.

Parmi ces groupes minuscules, le plus visible est celui que réunit la cérémonie du thé. Une cérémonie avec une seule personne n'a aucun sens. Mais un maître du thé et un hôte suffisent pour qu'une cérémonie complète puisse avoir lieu. Même réuni une seule fois, pendant une petite heure, le « groupe » dure à jamais dans la mémoire. L'individu est devenu entier aux yeux de l'autre.

De façon métaphorique, les Japonais ont souvent l'impression d'être dans le même temps englués dans du *natto* (fromage de haricots de soja fermentés) et isolés comme des pieuvres. Chaque personne est un miroir vide qui cherche son propre reflet chez les autres. L'empereur était jadis le miroir vide suprême, celui qui réfléchit tout. Le miroir absorbe la moindre particule de lumière. L'empereur et les supérieurs sont censés être capables de *kyo*, c'est-à-dire d'absorber les attentes d'autrui. Le Japon, pour reprendre le terme de David Riesman, est l'absolu de la société « extradéterminée », dans laquelle chacun capte et relaie constamment les signaux des autres.

Des études sociopsychologiques ont montré que les Américains sont en moyenne plus coopératifs et confiants que les Japonais. Mais les Japonais coopèrent apparemment très bien quand ils sont intégrés dans une structure sociale qui les dirige et les sanctionne. Leur sentiment d'appartenance à la collectivité semble fondé sur des réseaux de connaissances personnels. Les Américains ont tendance à s'identifier à une catégorie de groupe, par exemple dans le contexte du patriotisme, de l'école ou de l'équipe de football. Il s'agit donc de deux phénomènes différents, l'un personnalisé et l'autre plus abstrait.

J'ai demandé à plusieurs éminents intellectuels japonais quel était, à leur avis, le pire aspect de la société japonaise, et tous ont répondu : son conformisme oppressant. Difficile, dans ces conditions, de vivre à sa guise. Le Japon est une société étroitement soudée qui ne laisse guère de place à l'individu. Elle est souvent étouffante. « Nous agissons en groupe et menons une vie incolore, contrairement à la vie pleine de couleurs des étrangers individualistes. Ici, les pensées sont égales et tendent vers la moyenne. Je peux toujours anticiper ce que les gens vont dire avant même qu'ils ouvrent la bouche, ce qui rend les choses ennuyeuses. »

Les Japonais ont tendance à se laisser influencer par l'humeur de la majorité, et à agir en tant que groupe. La société est composée de séries de relations, toujours plus importantes que l'individu. Les petits groupes – une nouvelle secte religieuse ou un syndicat, par exemple – peuvent se dresser contre la majorité, mais il est difficile pour un individu de résister à la pression interne à ce groupe.

Famille et parenté

La société japonaise est, à première vue, fortement ancrée dans la famille, de manière relativement similaire au système indien ou chinois. Pour de nombreux observateurs, le Japon est fondé sur le principe du groupe de personnes apparentées appelé *ie*, autrement dit un lignage par les mâles qui va des grands-parents aux petits-fils en passant par les fils.

Ces groupes de parenté ont influencé la plupart des aspects de la vie japonaise. Les tablettes des ancêtres sont transmises de génération en génération. Fermes, entreprises et activités artisanales sont fondées sur ce type de regroupement qui exige loyauté extrême et allégeance politique. Une grande partie de la vie et du sentiment social japonais se fonde sur une extension des liens familiaux. Ceux qui visitent des usines, des sanctuaires et des écoles ressentent fortement ce sentiment quasi familial.

Cependant, en creusant plus profond et en observant plus attentivement, on découvre quelque chose de bizarre. Dans les systèmes de clans habituels du monde entier, tous les enfants ont des droits à la naissance et tous les enfants mâles ont des droits égaux. Au Japon, en revanche, n'importe quel enfant peut être déshérité, y compris le fils aîné. Seul un héritier est choisi, et l'élu peut être un inconnu adopté. Les frontières entre parenté et non-parenté étant artificielles, un foyer qu'on pourrait croire fondé sur le sang peut, en réalité, être peuplé d'inconnus sans liens de famille qui ont simplement revêtu le manteau de la parenté. Tout le monde peut être enrôlé dans le *ie*, ou en être chassé. Ce qui ressemble à première vue à un groupe familial n'est parfois qu'une création artificielle, un groupe uni par un esprit de coopération.

En étudiant la manière dont les gens établissent leurs liens de famille, nous voyons que les Japonais utilisent depuis plus de mille ans la même méthode que les Britanniques ou les Américains aujourd'hui. Les lignées masculines et féminines ont le même poids : chacun se sent aussi proche de la mère de sa mère que du père de son père. Ce genre de système ne peut créer de groupe de parenté fortement soudé et circonscrit, puisque chaque individu possède un cercle de parents qui non seulement va en s'élargissant, mais qui n'est jamais pareil à celui d'un autre membre de la même famille.

De même, les Japonais donnent à leur parenté des noms similaires à ceux utilisés en Amérique ou en Angleterre. On isole la famille proche, parents et enfants, que l'on désigne par des termes particuliers. Le système regroupe ensuite la parentèle en catégories sans distinction de côté : tantes et oncles, neveux et nièces, et tout le cousinage.

Nous avons ici une civilisation à deux niveaux. D'une part, les regroupements fictifs de nature familiale qui influencent une grande partie de la vie, fondés sur des sentiments et une loyauté de parenté, mais pas nécessairement sur le sang ou le mariage. D'autre part, les familles identiques au modèle occidental dans leur manière de concevoir les liens de parenté et la façon de nommer chacun.

Le système de parenté est donc une contradiction dans les termes, une « famille artificielle ». Le sentiment familial fonde la vie économique, politique et sociale avec une puissance et une portée bien plus considérables qu'en Occident. Mais il s'appuie sur des principes entièrement différents – sur le choix humain, plutôt que la naissance et le sang. C'est un hybride.

On en conclut, avec la même pertinence, que tout, au Japon, se fonde sur la famille, ou que la famille n'y existe pratiquement pas. De multiples preuves confirment la seconde hypothèse, celle de la fragmentation et de la faiblesse de la parenté dans la pratique. Les voisins, par exemple, sont plus importants que la famille ; par rapport à d'autres sociétés, notamment la société anglaise, les Japonais accordent moins de poids aux parents qui n'appartiennent pas à la famille nucléaire.

Même le lien entre frères et sœurs est souvent ténu. L'anthropologue Nakane Chie note ainsi :

> Le frère riche n'aide généralement pas le frère ou la sœur pauvre qui a fondé un foyer indépendant, du moment que ce dernier peut subvenir à sa propre existence... Un frère, ou une sœur, marié qui vit dans un autre foyer est considéré comme une sorte d'étranger. Devoirs et obligations envers eux se limitent aux échanges annuels de vœux et de cadeaux, à la présence aux cérémonies de mariage et d'enterrement, et à l'aide minimum en cas d'accident et de pauvreté[2].

Jusqu'aux filles, qui deviennent des étrangères.

Les Japonais ont créé un système souple, fondé sur la famille sans être familial. Chaque famille particulière est faible et fragmentaire, mais tout le monde est « de la famille ». Une famille est construite, artificielle, et on peut y entrer par l'adoption. Même les étrangers – voisins, collègues de travail et amis – sont membres « honoraires » de la famille. On ressent dans la vie de tous les jours l'émotion et l'engagement d'une famille géante, avec toute la confiance et la chaleur humaine qui la caractérisent, tout autant que la flexibilité et l'ouverture requises par l'efficace organisation d'entreprise du Japon moderne.

Les parents respectueux de la tradition poussaient autrefois leurs enfants à se marier. Ils demandaient souvent à un intermédiaire de trouver

2. Chie Nakane, *La Société japonaise*, Paris, Armand Colin, 1974, trad. Laurence Ratier. *(NdT)*

un partenaire convenable et d'organiser les présentations. Au XVIIe siècle, Saikaku a rapporté un certain nombre de plaintes : « De nos jours, une marieuse n'est plus une amicale médiatrice, mais une femme d'affaires qui fait un bénéfice. » Il incitait aussi à la circonspection : « Marier votre fille est une affaire que vous pensez mener une fois, et une seule, dans votre vie ; en gardant à l'esprit qu'aucune des pertes ne saurait être récupérée par la suite, vous devriez entreprendre la chose avec une prudence extrême. »

Le parrain, ou négociateur, du mariage reste encore aujourd'hui un personnage important dans de nombreuses unions japonaises. La moitié environ des couples mariés au Japon ont été unis par le truchement d'un intermédiaire, encore que la situation évolue : 90 % des couples mariés à la fin du XXe siècle avaient pris eux-mêmes l'initiative.

Jusqu'à une époque très récente, la plupart des mariages n'étaient pas précédés d'une longue cour et ne résultaient pas de la volonté initiale des jeunes gens concernés. D'autres personnes les présentaient l'un à l'autre, leur disant qu'ils feraient de bons partenaires et devraient donc envisager sérieusement de se marier. Toutefois, l'institution japonaise du mariage a une saveur qui ne s'accorde pas avec le genre de mariage arrangé que j'ai croisé dans d'autres cultures.

Le couple n'était pas choisi sur la base de la position sociale des familles respectives, et les mariages entre cousins n'étaient ni évités ni encouragés. Contrairement au système chinois, par exemple, deux personnes portant le même nom de famille pouvaient se marier. La décision dépendait des parents proches – mère, père, parfois oncles et tantes – et pas de la famille élargie. Le mariage n'était pas l'occasion d'un échange économique significatif.

De plus, on considérait comme importante la compatibilité psychologique des futurs époux. On leur permettait de se voir seul à seule plusieurs fois avant la décision finale, afin de s'assurer qu'ils s'appréciaient mutuellement. Si l'arrangement leur déplaisait, il pouvait être annulé. Comme le mariage était arrangé par un intermédiaire, aucune famille ne perdait la face.

Et l'amour dans tout cela ? Littérature et folklore japonais sont pleins d'histoires d'amour romantiques qui se terminent souvent par le suicide du jeune couple refusant une séparation imposée par décision parentale. L'amour existe. Mais les Japonais ont longtemps été choqués par le désir des Occidentaux de fonder le mariage sur l'amour romantique et d'élever la relation entre mari et femme au-dessus du devoir envers les parents.

Hearn, qui a enseigné la littérature au Japon à la fin du XIXe siècle, notait ainsi :

> Les romans de notre société ne les frappent pas par leur indécence parce que l'amour en est le thème. Les Japonais ont une vaste littérature sur l'amour. Non, nos romans leur semblent indécents plus ou moins pour la même raison que le texte des Écritures : « Pour cela, l'homme quittera père et mère, et il s'attachera à sa femme » leur paraît l'une des phrases les plus indécentes jamais écrites.

Aujourd'hui encore, il est peu probable que la plupart des mariages japonais reposent sur cette irrésistible passion qui est au cœur de l'amour romantique dans une grande partie de l'Occident. Un ami intime m'a fait de son propre mariage un récit qui résume bien le point de vue masculin. Ayant décidé qu'il était en âge de se marier, mon ami japonais a jeté son dévolu sur ses connaissances féminines les plus proches afin de trouver une partenaire convenable. Il en a sélectionné trois pour leur intelligence et leur caractère. Son approche méthodique ressemblait fort à celle qu'il aurait pu adopter pour un entretien d'embauche, ce qui est, en l'occurrence, le cas. L'épouse japonaise, en effet, est considérée comme la « directrice » de l'école dans laquelle les enfants, à mesure de leur naissance, sont nourris et élevés. L'époux en est le « directeur ».

D'après ce que j'ai tiré de mes conversations avec mes amis japonais mariés, il est rarement question de victoire sur la solitude, d'union des cœurs, de fusion passionnée du sang, de découverte de l'âme sœur, ou d'aucun des thèmes chers à la littérature romantique et à la télévision occidentales. Le mariage est un arrangement pratique, utilitaire, dans lequel on se lance souvent par penchant véritable, mais de façon plutôt moins émotive qu'en Occident. Le couple est essentiellement uni par son investissement commun et son amour pour ses enfants.

L'épilogue de ce système semi-arrangé se joue souvent dans le théâtre des extraordinaires hôtels à mariages du Japon, où se rendent les futurs époux réunis par un intermédiaire. Ils y inspectent une collection de costumes de cérémonie et la jeune femme revêt un *kimono* qui pour un moment fait d'elle une épouse japonaise traditionnelle. Le couple glisse alors sur le tapis roulant du consumérisme facile vers le grand hall où plusieurs centaines de tables ont été dressées pour les collègues de bureau, les amis et quelques membres de la famille. Après les cadeaux, les danses et les discours, les mariés se retirent dans la suite nuptiale, à l'étage. Le lendemain, ils partent pour une courte lune de miel à Guam ou en Australie. Après une semaine de romance, ils reviennent à la maison. Le mari laisse tomber son personnage d'amant romantique pour endosser à nouveau la vie du salarié ou de l'homme d'affaires qu'il n'a jamais cessé d'être.

C'est une caricature, mais elle n'est pas loin de la banalité de nombreux mariages japonais. Le lien qui unit les époux reste relativement faible. Mari et femme ne sont réunis ni par l'intensité de l'amour et du désir, ni par une idéologie suggérant qu'ils sont devenus une seule chair et un seul sang. Ils restent des étrangers, qui se sentent plus proches de leurs enfants que de leur conjoint.

Le système évolue rapidement, et il est difficile de dire dans quelle direction. Lors d'un récent séjour, nous avons appris que les agences matrimoniales connaissent un succès fulgurant depuis trois ans, parce que les jeunes sont trop occupés et ont peu de temps pour rencontrer des partenaires potentiels. Autrefois, les mariages arrangés s'appelaient *omiai*, mais il n'existe aucun mot spécifique pour le nouveau modèle d'union. Depuis 2005, le gouvernement encourage ces agences en diffusant des guides d'assurance-qualité pour promouvoir les meilleures. Elles offrent des services à des prix tarifés qui vont de la gratuité à presque 4 500 euros – prix d'un bon mariage garanti. Cette mode est très liée au développement d'Internet.

La relation fils-mère a traditionnellement la préséance sur la relation mari-femme. Quand une mère ordonnait à son fils de divorcer, il était tenu d'obtempérer. Dans le Code civil de 1898, le droit de l'épouse à obtenir une pension de son mari ne venait qu'en troisième position, après les droits des parents et des enfants.

J'ai posé la question suivante à mes amis : si vous aviez le choix entre sauver la vie de l'une de vos filles et sauver la vie de votre conjoint, qui choisiriez-vous ? Ils ont répondu sans l'ombre d'une hésitation : « Notre fille bien sûr, car elle est de notre sang tandis que mon mari [ou ma femme] est un étranger [ou une étrangère]. »

On dit des Japonais qu'ils ont un fort complexe de dépendance fils-mère, ou *amae*. Une affection profonde, loyale et protectrice enrichit de ses couleurs la vie entière d'un fils. La relation mari-femme est, par ailleurs, marquée depuis toujours par une dissymétrie : la femme est très proche de son mari, mais la réciproque n'est pas vraie. Alice Bacon le relevait au début du XXe siècle : « Quand la femme meurt, les enfants portent le deuil, mais pas le mari ; mais quand le mari meurt, la femme doit porter son deuil pour le restant de sa vie, couper ses cheveux et les placer dans le cercueil en signe de fidélité éternelle. »

Mes amis ont été surpris d'apprendre à quel point le divorce était difficile à obtenir en Angleterre jusque dans les années 1970. Au Japon, cela fait cinq cents ans que l'on peut divorcer assez facilement. Cette différence d'attitude par rapport au divorce se reflète sans doute dans les statuts respectifs du mariage : en Grande-Bretagne, le mariage est l'un des piliers de la société, tandis que les liens qu'il crée au Japon sont plus faibles et moins importants sur le plan affectif.

Après avoir passé du temps avec des couples japonais et lu des œuvres de littérature et d'histoire japonaises, je m'aperçois tout de même qu'il existe une vraie intimité entre les époux. Les enfants finissent par quitter le foyer pour vivre parfois loin de leurs parents. Mari et femme partagent leurs ressources, et l'épouse est chargée de tenir les cordons de la bourse. Les conjoints sont comme des amis l'un pour l'autre.

J'ai remarqué que beaucoup de jeunes Japonais, les femmes en particulier, insistent pour que le mariage ait la primauté, ce qui met dans une position presque impossible le mari désireux de rester loyal à ses parents. Toutefois, la révolutionnaire injonction biblique sur la préséance accordée au conjoint n'est pas près de devenir la règle.

Les Japonais ont élaboré un système matrimonial mixte. La dynamique interne de la vie de famille japonaise peut laisser perplexe l'observateur occidental. Maris et femmes agissent l'un envers l'autre avec une sorte de réserve prudente qui semble aux antipodes de l'idéal occidental de la tendre complicité entre époux. Ce sont, par essence, deux étrangers qui se sont rapprochés. Certaines épouses pratiquent ce que l'on nomme le « divorce dans le mariage » après la naissance des enfants. Elles ne dorment plus avec leur mari et n'ont plus de relations sexuelles avec lui. Les Japonais qui visitent l'Europe sont souvent choqués de découvrir que des couples d'un certain âge font lit commun.

Pourtant, à plus d'un égard, les époux japonais vivent en bons compagnons, en partenaires complémentaires. Les femmes ne sont pas mises à part, soumises au *purdah*[3] ou enfermées dans un harem. Elles partagent la vie de leur mari et prennent une bonne partie des décisions qui concernent la famille. Elles ont confiance en elles et sont les égales de leur mari. Elles ne se privent d'ailleurs pas de le traiter avec dérision, le comparant, quand il rentre épuisé de sa journée de travail, à une « grosse poubelle » (par

3. *Purdah* (littéralement « rideau ») : dans certaines cultures musulmanes et hindoues, stricte séparation entre les sexes ; interdiction faite aux femmes d'être vues par les hommes.

référence aux sacs-poubelle noirs qui obstruent beaucoup de petites cuisines japonaises), ou, quand il prend sa retraite, à une « feuille mouillée » qui s'accroche, inutile, à une épouse habituée à mener sans lui une vie sociale et esthétique épanouie.

L'éducation des enfants

Les Occidentaux qui ont voyagé au Japon dans la seconde moitié du XIXe siècle rapportent avec une admiration étonnée la considération et la gentillesse réservées aux jeunes enfants. Isabella Bird fait ce commentaire :

> Jamais je n'ai vu parents prendre autant de plaisir à être avec leurs enfants, à les porter ou leur tenir la main pour marcher, observer leurs jeux et y participer, leur donner en permanence de nouveaux jouets, les emmener à des fêtes et des pique-niques, n'être jamais satisfaits de leur absence et prodiguer aux enfants des autres un degré convenable d'affection et d'attention.

Des enfants, en conséquence, extrêmement bien élevés : « Ils se montrent si parfaitement dociles et obéissants, si disposés à aider leurs parents, si bons envers les plus petits, que j'ai passé de nombreuses heures à les regarder jouer sans jamais entendre un mot de colère ou surprendre un regard ou un geste méchants. » Morse notait, pour sa part, que « le Japon est le paradis des enfants. Non seulement ils sont bien traités, mais ils ont davantage de liberté, prennent moins de libertés avec leur liberté, et vivent une variété d'expériences merveilleuses plus grande que les enfants de tout autre peuple ».

Nos amis nous ont expliqué que le processus de socialisation japonais est l'une des clés qui permet de comprendre de nombreuses énigmes. Le lien physique très fort qui unit mère et enfant possède une intensité presque étouffante, mais crée un profond sentiment de chaleur et de confiance. L'enfant est soutenu, encouragé, bichonné et dorloté, placé au centre de la vie de la mère, qui l'allaite et le porte longtemps, joue et dort avec lui, créant ainsi une dépendance et le sentiment d'un monde signifiant, encourageant, plein d'espoir et d'amour.

Les parents ne cherchent pas à affranchir l'enfant ou à favoriser son indépendance. Les bébés sont choyés dans un cocon d'amour protecteur. La durée de cette période est d'une longueur surprenante : jusqu'aux 6 ou

7 ans de l'enfant. Il n'y a presque aucune contrainte ou punition. Juste, à l'occasion, la suppression de cette affection totale si l'enfant se conduit mal.

C'est un monde enchanté. Souhaits et désirs deviennent réalité. Jeu et imaginaire, esprits et réalité, sont tous étroitement entrelacés. Le monde est présenté comme fiable, amical, optimiste et sûr, ce qu'il est à la maison, indépendamment de la sauvage réalité physique du Japon. Les sentiments de péché, d'échec, de séparation grandissante n'existent pratiquement pas.

Une grande partie de la personnalité du Japonais adulte se dessine pendant cette période : à l'âge de 7 ans, les petits Japonais sont très différents des enfants de beaucoup d'autres sociétés. Ils apprennent à être à l'aise avec leurs fonctions corporelles, à faire confiance aux autres, à apprécier l'intensité du contact avec les autres... Ils sont rarement seuls, anxieux ou rejetés.

Quand ils entrent à l'école maternelle ou élémentaire, la transition avec l'univers hautement contrôlé et positif de la maison est progressive et prudente. Les enfants d'Europe et d'Amérique étaient autrefois envoyés loin de chez eux dans une école où ils apprenaient la discipline et l'individualisme en prévision de l'âge adulte. Pour les enfants japonais, à l'inverse, peu de choses changent à l'école : les enseignants complètent les parents, agissant plutôt en frères et en sœurs aînés. Ils ne sont ni frappés ni punis. Leur mère continue à les couver.

Au cours de ses premières années d'école, jusqu'à l'âge de 12 ans, l'enfant apprend les règles compliquées qui lui permettront d'étendre et de développer la délicate danse des relations sociales. Il apprend qu'il sera entouré toute sa vie d'une épaisse couche de relations interpersonnelles à tous les niveaux. Il apprend aussi à accorder son langage, son comportement et ses sens à un ensemble infiniment complexe d'attentes et de responsabilités. Il est façonné avec soin, comme un arbre délicat.

La période entre 14 et 21 ans est à certains égards la plus intéressante. C'est à ce moment-là que les Occidentaux doivent renoncer au monde enchanté de l'enfance, que les certitudes en noir et blanc laissent place à toutes les nuances de gris, ce qui ne semble pas être le cas au Japon. Le monde social et intellectuel reste largement unifié. Au Japon, les adultes aussi vivent dans un monde intégré. Nul besoin, dans ces conditions, de tirer les adolescents de l'enfance pour les lancer dans une autre existence, adulte, plus froide mais plus rationnelle.

Toshiko et Kenichi nous ont dit que la Chine et le Japon ont des conceptions très différentes sur l'éducation des enfants. Il n'y a pas, au

Japon, de patriarcat au sens chinois. Comparant l'apprentissage de l'obéissance en Occident et au Japon, Hara Hiroko constate que les adultes occidentaux se tiennent face aux enfants pour les instruire avec solennité, leur dire quoi faire et les punir s'ils font mal. Les parents japonais se tiennent derrière et observent leurs enfants, qu'ils guident et protègent comme un berger son troupeau.

Shing-Jen Chen, un spécialiste du développement de l'enfant, a expliqué que si nous concevons le passage de l'enfance à l'âge adulte comme semblable à la traversée d'une rivière, il existe une différence fondamentale dans la façon d'opérer en Occident et au Japon. En Occident, les parents ont déjà traversé et crient des instructions à leurs enfants pour leur expliquer comment traverser le courant impétueux, mais les laissent agir seuls. Les parents japonais, au contraire, reviennent sur leurs pas et aident leurs enfants à traverser la rivière. Ils se mettent littéralement au niveau de l'enfant dans leurs gestes et leurs paroles, ils grandissent à ses côtés. Quand une mère occidentale donne à manger à son bébé, elle s'assoit généralement en face de lui, sa tête largement au-dessus de la sienne, tandis qu'une mère japonaise s'assoit à côté de son bébé, avec les yeux à la même hauteur que les siens. Quand une femme est avec son enfant, elle adapte sa personnalité ; si elle construit le monde par le langage, c'est essentiellement du point de vue de l'enfant.

Quand un bébé de six mois mange des aliments solides et veut toucher les couverts, le parent occidental éloigne sa main en disant : « C'est trop tôt. Je sais le faire, laisse-moi t'aider, on mange pour se nourrir. » La mère japonaise donne la cuiller au bébé, lui tient la main et l'aide à se nourrir lui-même, comme pour lui signifier : « Tout ce que tu veux faire a de la valeur. Je ne conteste pas ton désir bien enfantin ; c'est ce que tu veux et je le comprends, faisons-le ensemble. » On nous a dit que les parents considéraient assez souvent leurs enfants comme leur ombre ; ils revivent à travers eux les débuts de leur propre vie.

En Occident, la division entre le monde mental de l'enfant et celui de l'adulte est souvent très grande : le monde de l'enfant est enchanté, peuplé de fées et de magie ; le monde adulte est censé reposer sur la raison, le bon sens et la logique. Grandir, c'est passer de l'enchantement au désenchantement. Cette opposition est moins prononcée au Japon.

Puisque les enfants sont une extension ou une ombre de leurs parents, il n'y a pas de châtiments corporels au Japon (peut-être une claque à l'occasion). Nos amis ont été choqués par les romans anglais qui décrivaient les cruelles punitions physiques infligées dans le passé. Un proverbe japonais dit que les enfants sont des trésors ou des dons du Ciel. Autrefois, les jeunes enfants étaient considérés comme fragiles, en danger de mort ; ils continuaient à appartenir au monde des esprits, et non à celui des humains. Ils n'étaient pas des adultes miniatures, mais des êtres à demi-sauvages, guidés par des impératifs et une moralité bien différents de ceux du monde humain dans lequel ils seraient peu à peu domestiqués.

Aujourd'hui comme autrefois, les parents ont pour but de faire de leurs enfants des adultes en bonne santé, heureux, honnêtes, respectueux de la loi et dotés d'une conscience sociale. Si les enfants n'atteignent pas ces objectifs, les parents ont échoué. Pour une personne convenable, élever des enfants est à la fois un fardeau et une bénédiction.

Les enfants commencent leur vie libres et sont progressivement guidés le long d'un chemin qui devient de plus en plus étroit. On les considère comme adultes très tard. Bien que l'âge de la responsabilité pénale soit aujourd'hui de 18 ans, Toshiko pense qu'un enfant de 15 ans n'est qu'à moitié adulte, qu'à 20 ans il l'est à 80 %, mais qu'il ne devient pleinement responsable que vers 28 ans.

Quand l'enfant grandit, la protection tissée autour de lui est facilitée par le système des classes d'âge. Dans de nombreuses sociétés tribales où l'on passe sa vie au même endroit, et où tous les déplacements se font en groupe, les individus de la même génération restent particulièrement proches. Les enfants qui partageaient leurs jeux à l'époque où ils apprenaient le monde ont grandi ensemble et forment naturellement un groupe d'amis sans prétention au milieu desquels chacun se sent à jamais jeune et innocent. Les compagnons d'enfance deviennent les membres d'une classe d'âge où les relations sont cimentées par l'apprentissage et l'initiation subis, puis par l'expérience d'être chefs de famille et parents, et enfin par la vieillesse.

Les Japonais modernes ne sont pas tout à fait ainsi : ils ont tendance à déménager plusieurs fois au cours de leur vie. Mais on a noté que les camarades d'école et d'université conservaient des liens extrêmement forts. Une fois qu'ils ont fait l'effort de se mêler à d'autres personnes, de s'ouvrir et d'apprendre à apprécier l'autre, de se construire un répertoire d'expériences et de souvenirs partagés, ils n'abandonnent pas volontiers cette proximité. Le cercle de chaleur ainsi formé les entoure leur vie entière.

La période pleinement adulte est courte, car atteinte très tard. Elle débute au milieu de la vingtaine pour s'achever quelque trente années plus tard par un retour en arrière dans la douce existence enfantine de l'irresponsabilité grand-parentale. À 60 ans, après avoir traversé cinq des cycles de douze années de vie, les Japonais prennent leur retraite et redeviennent des enfants avec toute la liberté que cela implique. Ils peuvent même choisir de célébrer leur nouvelle naissance en manteau et chapeau rouge, puisqu'ils recommencent à zéro. Tout se passe comme si la période entre enfance et troisième âge n'avait été qu'une parenthèse, un semblant d'âge adulte.

Prendre sa retraite, c'est passer le pouvoir à la jeune génération. L'aînée de la maison confiait par tradition les questions d'argent à sa belle-fille. Les parents étaient marginalisés, même si leurs successeurs avaient le devoir de les consulter. Les personnes âgées sont encore aujourd'hui respectées pour leur expérience, leur sagesse et leur maturité, au sein de la famille et de diverses organisations ; toutefois, le nombre important de personnes âgées et l'évolution de la structure familiale posent de graves problèmes au Japon.

Les descriptions de la situation actuelle présentent d'intéressantes ressemblances avec des récits antérieurs. À la fin du XVIIe siècle, Saikaku établissait des divisions entre les âges de la vie :

> Un homme, prétend-on, manque totalement de discernement avant l'âge de 13 ans ; puis il doit se conformer, jusqu'à l'âge de 24 ou 25 ans, à l'autorité de ses parents ; il doit ensuite gagner sa vie par ses propres efforts, sous sa propre responsabilité et si, à l'âge de 45 ans, il a fermement établi de son vivant les fondations de la prospérité de son propre foyer, il peut alors prendre du temps pour le plaisir[4].

Et Kenichi de résumer en ces termes la situation actuelle : « L'enfance est libre, sauvage ; l'âge moyen est réservé, mesuré et désintéressé. Dans la vieillesse et la retraite, vous redevenez libre et indépendant. »

Occidentaux et Japonais traitent le cycle de vie de manières différentes qui reflètent leurs conceptions respectives de la nature humaine. L'enfant japonais, qui naît au monde sauvage et sans péché, doit être progressivement domestiqué et formé avec douceur. Dans une grande partie de l'Occident, l'héritage de la vision chrétienne est encore fort, même chez les non-pratiquants. L'enfant est une personne responsable, mais son âme est entachée par le péché et des tendances mauvaises qui doivent être réprimées. À partir de là, le cycle de vie évolue dans la direction opposée par

4. Ihara Saikaku, *Histoires de marchands*, Paris, Publications orientalistes de France, 1990, trad. René Sieffert. *(NdT)*

rapport à celui du Japon. L'Occident commence par une sévérité modérée (l'enfant est assez vite tenu à distance de ses parents et soumis de diverses manières à leur autorité) qui se renforce à l'adolescence, jusqu'au moment où l'enfant devenu indépendant passe à l'âge adulte.

On m'a dit que le but de mon apprentissage était de « m'endurcir », de me rendre indépendant et capable de me débrouiller seul, de m'apprendre à contrôler les tentations et les faiblesses de mon esprit et de ma chair corrompus. C'est à ce prix que je deviendrais libre et indépendant pour le reste de ma vie. Les Japonais pensent, quant à eux, que les enfants sont charmants, innocents et à peine humains. Ils doivent apprendre à s'attacher fortement à leurs parents et à d'autres adultes, puis à étendre cette dépendance à d'autres. Quand ils deviennent adultes, à la moitié de leur vie, ils peuvent être obligés de se débrouiller seuls, en partie, mais ils retournent à l'enfance une fois retraités.

Cette éducation à la japonaise et l'étroitesse des liens entre parents et enfants produisent sur la personnalité des Japonais des effets qui ont inspiré une vaste littérature. Sans aller trop loin dans les différentes théories, il semble que l'une des clés de cette société fondamentalement bienveillante et optimiste se trouve dans l'expérience partagée d'une enfance pleine d'amour et de chaleur. Les enfants sentent qu'il y aura toujours quelqu'un pour les comprendre.

Hommes et femmes

Les Européens qui ont visité le Japon au XIXe siècle se sont étonnés de l'apparente égalité entre hommes et femmes. Siebold écrit : « Les femmes japonaises ne sont soumises à aucune réclusion jalouse, tiennent équitablement leur place dans la société et participent à toutes les innocentes récréations de leur père et de leur mari. Leur fidélité et leur pureté sont ainsi confiées à leur propre sens de l'honneur [...]. » Et d'ajouter : « L'esprit des femmes est cultivé avec le même soin que celui des hommes ; parmi les historiens, moralistes et poètes japonais les plus admirés, on trouve plusieurs noms de femmes. » Charles Macfarlane était du même avis : « La condition de la femme – baromètre certain de la véritable civilisation – est incomparablement meilleure et plus élevée au Japon que dans tout autre pays d'Orient. »

L'une des descriptions les plus perspicaces de la condition féminine au Japon a été écrite par Alice Bacon à la fin du XIXe siècle. Elle a remarqué le rôle essentiel joué par les femmes japonaises dans l'agriculture et la production domestique. Elle a découvert que les femmes étaient les égales des hommes dans des domaines aussi divers que l'élevage des chevaux de bât, les hôtels et les pavillons de thé, les plantations de thé et l'importante industrie de la soie... L'image qu'elle donne des femmes du Japon, incroyablement résistantes et dures au travail, associant grossesse, éducation des enfants, obligations domestiques et travail dans les champs et les forêts, me rappelle beaucoup ce que j'ai vu dans le monde relativement égalitaire des hauts plateaux du Népal. Mais elle a aussi noté les différences et l'inégalité structurelle : les femmes évoluaient dans la sphère de la maison, dépendant étroitement des hommes. Enfin, elle a observé que l'inégalité tendait à augmenter avec le rang social.

Les relations entre les sexes ont énormément changé au cours des trente dernières années, mais mes impressions font écho à cette vision à double tranchant. Le Japon est par certains aspects la société la plus unisexe que je connaisse, avec quelques fluctuations selon l'époque et la situation. Nos amis nous ont appris que vêtements et styles de vie étaient moins différenciés par le passé. À partir des années 1960, l'augmentation de la richesse et l'influence d'une attitude occidentale envers la femme, encouragée après la guerre par les Américains, ont confiné les femmes à la maison, les séparant des hommes ; vêtements et métiers masculins et féminins sont devenus plus distincts. Nous avons récemment remarqué dans les grands magasins une mixité plus générale dans le style vestimentaire des jeunes : les hommes adoptent des tenues voyantes et colorées tandis que les femmes portent de stricts costumes sombres. On assiste apparemment à un nouveau mélange des genres.

De même, les célèbres différences entre langage masculin et féminin ne sont pas exactement ce qu'elles paraissent. Ainsi, le langage simplifié employé par dame Murasaki pour écrire *Le Dit du Genji* était aussi employé par les hommes du XIe siècle qui écrivaient un journal. De nos jours, les femmes qui font des métiers d'hommes – entraîneuses de boxe, par exemple (il y en a), ou directrices d'une « écurie » de *sumo* – utilisent un langage d'homme. Tout semble relationnel : le langage et le costume ne sont pas fixes, mais s'adaptent au contexte social. Dans les pièces de *kabuki*, ce sont des femmes qui tenaient à l'origine les rôles d'hommes ; aujourd'hui, ce sont les hommes qui jouent des rôles féminins.

Certes, les différences sont accentuées dans le cadre de certains rituels, spectacles ou styles vestimentaires. Mais d'après ce que j'ai observé des jeunes et des adultes japonais, j'ai l'impression que les différences de sexe ne donnent lieu ni à opposition ni à accentuation dans la majeure partie de la vie quotidienne. Le langage est spécifique au contexte, plutôt qu'au sexe, et si le rôle social et le statut des hommes et des femmes se différencient par certains aspects, il y a aussi beaucoup de chevauchements en matière de pouvoir, de responsabilité, d'habillement et de style de vie.

J'ai croisé peu de manifestations d'une sorte de moralité ou de mentalité machiste de type « honneur et honte », que ce soit dans les romans, la peinture, les lois ou les descriptions de la vie domestique. Le monde unisexe actuel des écoles et des universités japonaises ressemble fort à un héritage du passé.

Hommes et femmes travaillaient jadis côte à côte, les femmes ne prenaient pas soin de dissimuler leur corps et ne vivaient pas recluses, exception faite de celles qui appartenaient aux couches supérieures de la société. Elles n'avaient pas les pieds bandés, n'étaient pas exclues des pratiques religieuses publiques, et devenaient artistes, écrivains, voire *samurai* si la situation l'exigeait.

On pourrait avancer que le sexe est minimisé au Japon. On n'y rencontre pas les oppositions binaires qui existent dans beaucoup d'autres sociétés : l'homme comparé au soleil et à la lumière, la femme à la lune et à l'obscurité ; l'homme étant la droite, la femme la gauche ; l'homme prédateur, la femme proie.

Pourtant, essayer d'assimiler les relations entre les sexes au Japon à celles qui prévalent en Occident, c'est oblitérer certaines différences bien réelles. Les femmes doivent généralement veiller à la blancheur de leur visage avant de sortir dans le monde. Elles servaient autrefois les hommes dans le « monde flottant » du commerce du sexe, et certaines continuent à le faire dans des contextes particuliers. Les femmes doivent encore user envers les hommes d'un langage déférent. Elles sont traditionnellement considérées comme inférieures aux hommes, et différentes d'eux d'un point de vue psychologique ou culturel. Beaucoup de gens (notamment les hommes et l'ancienne génération) croient probablement que les hommes sont en haut et les femmes en bas. La relation entre hommes et femmes est davantage une alliance entre inégaux – comme la relation entre frère aîné et cadet, par exemple – qu'entre deux parties intrinsèquement inégales.

Au Japon, certes, ce sont les femmes qui maintiennent l'unité de la famille et de la société par leurs talents d'organisatrices et de travailleuses. Aujourd'hui, ce sont les jeunes femmes qui décident de ne pas se marier et laissent les hommes en plan. C'est la belle-mère, et non le beau-père, qui détient le pouvoir dans la plupart des familles.

La position des femmes japonaises est difficile à évaluer. Nous avons discuté avec une jeune mariée sur le point de s'installer avec son mari. Elle allait abandonner son travail et diriger la maison, ce qui lui laisserait beaucoup de temps libre pour ses loisirs avant la naissance d'enfants. Elle serait la banquière de la famille et gérerait entièrement le salaire de son mari. Il ignorerait probablement le montant de ses revenus. Au Japon, le rôle de femme au foyer est beaucoup plus estimé et important que dans certains pays occidentaux.

Nous sommes donc en présence d'une situation hybride, un mélange particulier d'égalité et d'inégalité, qui évolue avec le temps, l'appartenance sociale et l'occupation professionnelle. Les modèles occidentaux ont été très influents jusqu'aux années 1990, non seulement sur la question des rôles respectifs du mari et de la femme, mais aussi en ce qui concerne le féminisme et l'affirmation de l'indépendance féminine. Mais il semble désormais que le Japon retourne à quelque chose de plus conforme à ses vieux modèles indigènes d'interdépendance. Les Japonais, une fois de plus, absorbent les aspects du modèle occidental qui leur conviennent le mieux.

Hiérarchie et égalité

Nous avons vu que la propension proverbiale des Japonais au labeur résultait en partie de l'écologie difficile de leur pays et de l'utilisation traditionnelle de technologies à facteur travail élevé. Mais la nécessité n'est pas seule en cause. Aujourd'hui encore, malgré l'abondance, beaucoup de gens, notamment dans les grandes entreprises, semblent trouver toute satisfaction dans leur travail. « Un emploi au Japon n'est pas un simple arrangement contractuel pour un salaire, écrit Edwin Reischauer, mais une identification avec une entité plus grande – en d'autres termes, le sentiment satisfaisant de faire partie intégrante de quelque chose de grand et de signifiant. » Plus l'usine ou l'organisation est importante, plus les employés paraissent heureux dans leur travail. Travailler, comme appartenir à un orchestre ou à une équipe de football, c'est entretenir une collaboration qui procure une satisfaction mutuelle d'un ordre élevé.

L'attitude japonaise se rapproche de l'éthique du travail protestante, avec des différences essentielles cependant. Elle implique sacrifice et autodiscipline ; il s'agit de prouver quelque chose aux autres, ce qui représente une anxiété de tous les instants, une dette éternelle qui doit être remboursée. On peut se demander quel est l'intérêt de ce sacrifice. Pourquoi y a-t-il dette ? Pour la plupart des Japonais, il n'y a pas de Dieu. Il n'y a ni vie après la mort ni croyance au paradis et à l'enfer. L'homme, qui ne naît pas pécheur, n'a pas besoin de se racheter aux yeux sévères d'un Père immortel. Seule existe cette vie.

C'est ici que nous rencontrons le concept du *on*, qui signifie approximativement « la dette ou obligation envers tous les autres humains, particulièrement envers ceux qui vous ont manifesté de la bonté ». Le *on* suprême est dû aux parents et correspond, au niveau humain, à ce qu'est la dette chrétienne envers le Christ : elle ne peut jamais être intégralement acquittée. Les gens passent leur vie à essayer de rembourser à leurs parents le don de la vie et la bonté dont ils ont fait preuve pendant leur enfance. On dit souvent au Japon que les obligations envers les parents sont « plus hautes que le ciel et plus profondes que la mer ».

Mais le concept de dette est beaucoup plus large ; le *on*, à un degré plus ou moins élevé, se contracte chaque fois que l'on rencontre quelqu'un. Le seul fait de ne pas attaquer ou insulter l'autre déclenche une obligation. Évidemment, dès que vous recevez une aide quelconque, vous êtes profondément endetté. Chacun est un débiteur perpétuel qui ne doit pas oublier un seul instant que chaque effort pour rembourser la bonté d'autrui est voué à n'être qu'un « dix-millième » de ce qu'il a reçu. Chaque remboursement ne fait qu'entraîner d'autres manifestations de bonté mutuelle, non seulement à cause de la générosité de celui qui reçoit l'offrande, mais des incitations supplémentaires à rendre cette bonté. Les obligations mutuelles rebondissent ainsi de l'un à l'autre, creusant au fur et à mesure le gouffre émotionnel de la dette.

Dans la plupart des cultures, celui qui reçoit un cadeau emballé l'ouvre, l'admire et en remercie le donateur. Au Japon, une telle façon d'agir serait considérée comme grossière. Si vous recevez un cadeau, vous devez le mettre de côté sans l'ouvrir, presque sans le remarquer, afin de ne pas créer une situation embarrassante, à la fois pour vous-même et pour la personne qui vous l'a offert… Après le départ de celle-ci, et seulement à ce moment-là, vous ouvrez le cadeau et vous vous retrouvez confronté à l'universel problème qui consiste à retourner le don de manière encore plus généreuse, de sorte que la relation puisse continuer avec le mouvement de bascule qui lui est propre.

Les Japonais sont des miroirs face à d'autres miroirs. Comment réussir au mieux à faire plaisir à leur patron, à leurs collègues et à leur famille ? Ils le peuvent en menant une existence de labeur honnête, qui produira accessoirement de la richesse matérielle, mais ils doivent, plus fondamentalement, montrer leur intention sérieuse de faire aussi bien que possible.

Le protestant qui cherche à plaire et remercie un « autre » dans le but d'éviter l'angoisse de la damnation et le Japonais qui cherche à plaire aux autres de peur d'offenser et de perdre la face produisent tous les deux des efforts sans limites possibles. Plus vous faites d'efforts, plus vous devez en faire. C'est comme répondre à vos courriers sur Internet : plus vous envoyez de réponses, plus on vous écrit et ainsi de suite.

Certains signes montrent que le Japon était, et n'a pas cessé d'être, l'une des civilisations les plus inégalitaires et hiérarchiques au monde. Les experts nous disent que les relations sur un pied d'égalité y sont impossibles. Le Japon est depuis toujours une société « verticale ». Chaque relation place les intéressés dans une position soit inférieure soit supérieure. Cette inégalité est inscrite dans le langage, dans l'étiquette et dans le moindre aspect de la vie.

Herbert Passin a expliqué l'importance des termes *oyabun* et *kobun* : le premier signifie littéralement « le rôle du père », autrement dit « seigneur, maître, patron, chef, employeur, propriétaire terrien, protecteur, parrain et mécène », tandis que le second désigne « le rôle de l'enfant », c'est-à-dire « subalterne, subordonné, homme de main, filleul, vassal, dépendant, protégé, ouvrier, employé, locataire, domestique et client ». Toute organisation, de la famille à l'entreprise, est fondée sur ces relations qui mêlent loyauté, obéissance, affection et déférence d'une manière peu familière aux non-Japonais. Les relations sont personnelles et déséquilibrées. Il est impossible d'avoir deux maîtres dans une organisation, chaque membre ne rend de comptes qu'à un seul individu placé au-dessus de lui.

Ainsi mes étudiants-chercheurs japonais continuent-ils à me donner du *sensei* alors que je ne suis plus leur professeur. Le mot même de *sensei*, qui exprime le caractère vertical de tous les métiers et les arts (dont l'éducation), est en réalité intraduisible. D'après D. J. Enright, c'est « un mot magique, et cependant très équivoque. *Sensei* signifie "professeur" plus "érudit" plus "maître bien-aimé" ; il signifie intellect, érudition, culture, goût ; il signifie Chine, *tanka*, *haiku*, théâtre *no*, poterie, *zen* ». Le *sensei* est à parts égales gourou au sens religieux, maître (dans le sens de « titulaire d'une maîtrise »), mécène et père.

Tout porte à croire que la société japonaise est faite d'un empilement de supériorités et d'infériorités entre individus, de liens de loyauté entre statuts élevé et bas. Les hommes, encore de nos jours, sont traditionnellement considérés comme supérieurs aux femmes. Les frères aînés sont intrinsèquement supérieurs aux cadets. Les parents sont supérieurs aux enfants, les patrons aux employés, les professeurs à leurs élèves, à vie.

Cette inégalité intrinsèque est inscrite au cœur de la langue japonaise. Toutes les désinences verbales doivent dénoter un rang relatif. Même si deux personnes sont exactement égales en termes d'âge, de statut social et de sexe, elles sont obligées de se parler comme si l'une était inférieure, et l'autre supérieure.

Avant de conclure que le Japon est une société purement et simplement hiérarchique, sachons qu'il est possible de soutenir le contraire : le Japon est peut-être la plus égalitaire des grandes civilisations, et l'égalité y est inscrite jusque dans le système supérieur-inférieur. Le processus de prise de décision par consensus, ou *ringi*, dont nous avons été témoins lors de notre visite de l'usine Toshiba au nord de Tokyo, en est une bonne illustration. Nous avons vu là-bas des boîtes à suggestions, et l'on nous a dit que les ouvriers des ateliers transmettaient en permanence des idées d'innovations jusqu'au sommet de la hiérarchie, par l'intermédiaire de leur supérieur immédiat. Tous les échelons dépendent donc inévitablement les uns des autres.

Maruyama Masao cite un autre exemple relatif à la Seconde Guerre mondiale, expliquant que « les hommes qui détenaient le pouvoir suprême au Japon étaient en réalité de simples robots manipulés par leurs subordonnés, à leur tour manipulés par les officiers qui servaient sur le continent ». En d'autres termes, le système impérial était maintenu en équilibre non seulement par « rapetissement du pouvoir » – transfert de l'oppression de l'empereur vers le bas de l'échelle – mais aussi par la « domination du plus haut par le plus bas ».

Les raisons de penser que nous n'avons pas affaire à une stricte organisation hiérarchique tiennent à la structure de la société japonaise. Le Japon possède un système éducatif au mérite qui l'ouvre davantage à l'égalité des chances que la Grande-Bretagne ou l'Amérique. Certes, il y a des élites nourries par les universités idoines, dans la mesure où les parents fortunés d'aujourd'hui peuvent aider leurs enfants à intégrer ces institutions. Mais ce n'est pas une tendance significative par comparaison avec ce qui se passe dans la plupart des sociétés occidentales.

Quant à savoir si la redistribution de la richesse est plus équitable au Japon, c'est une question souvent débattue. Il y a eu des fluctuations en fonction des époques. Jusqu'à la fin du XIXe siècle, la distribution de la richesse semble avoir été plus égale au Japon que dans la plupart des pays du monde. Au cours des quarante années qui ont débouché sur la Seconde Guerre mondiale, elle est devenue aussi inégale que dans beaucoup de pays européens. Les trente années qui ont suivi la guerre ont penché vers l'égalitarisme. À l'heure actuelle, on voit des signes d'augmentation des inégalités : certains analystes ont affirmé que les inégalités de revenus sont aussi importantes que dans beaucoup de pays occidentaux, alors que d'autres pensent qu'il ne s'agit que d'un écart temporaire.

La société japonaise semble depuis des siècles étonnamment égalitaire en termes de différences de statut. Les Japonais pensaient que tous devaient bénéficier d'une relative égalité des chances et de richesse bien avant que l'Occident n'adopte cette idée à la fin du XVIIIe siècle. Le Japon n'a eu aucun système institutionnalisé d'esclavage, même si, contrairement à bien des sociétés (exception faite de l'Angleterre), il employait beaucoup de domestiques. Le Japon est aux antipodes du système de différences basé sur la naissance que nous appelons castes, et rien n'indique qu'elles y aient jamais existé. Le pays n'a jamais vraiment connu de classes économiques ni même de rangs héréditaires très marqués.

Dans la mesure où certains regroupements par « rang » existaient autrefois, ils étaient originaux et sans équivalent dans d'autres cultures. Les civilisations européenne et indienne se composaient traditionnellement de quatre « états » ou rangs qui s'alignaient sur quatre groupements professionnels : nobles, clergé, commerçants, enfin artisans et paysans. La société japonaise était, elle aussi, divisée en quatre catégories rudimentaires : nobles, paysans, commerçants et artisans. Notez l'absence du clergé, le rang élevé attribué à la paysannerie et les deux ordres de métiers du commerce.

Quand les ordres féodaux ont été dissous, le Japon n'a pas évolué vers une société de classes, contrairement à l'Angleterre. Les historiens ont reconnu l'existence de considérables possibilités de mobilité sociale dans le Japon des siècles passés. La littérature japonaise abonde en récits d'ascension « de la cabane en rondins jusqu'au palais ». Les différentes couches sociales n'étaient pas hermétiques et l'on pouvait passer de l'une à l'autre sur la base du talent et de la bonne fortune.

Si le statut est important, le sentiment de classe et d'antagonisme de classe est faible. Presque tous les récents sondages montrent que 90 % des Japonais se perçoivent comme appartenant à la classe moyenne, ce qui corrobore mon impression. Dans la majorité de ses aspects essentiels, le Japon actuel est une société très égalitaire, davantage que les États-Unis et que beaucoup de pays européens. On trouve peu de cette richesse héritée et de cette pauvreté dégradante qui caractérisent les civilisations soi-disant « égalitaires » de la Grande-Bretagne ou de l'Amérique, pour ne citer qu'elles. Et ceci même à l'époque où le Japon était plus pauvre qu'aujourd'hui : Alice Bacon écrivait que « s'il y a beaucoup de pauvreté, il y a peu, voire pas, de mendiants au Japon, car les forts comme les faibles peuvent trouver une activité qui leur procure le maigre salaire nécessaire à la bonne marche du corps et de l'âme, et donne à tous suffisamment pour les rendre aimables, gais, et même heureux ». Certes, j'ai vu des « sans-abri » à Tokyo, mais ils sont rares au Japon ; un récent séjour suggère d'ailleurs que leur nombre, déjà limité, est en diminution.

En termes de distribution des revenus, le Japon se classe beaucoup mieux que les autres grands pays industrialisés, y compris les pays communistes ou ex-communistes. La majorité de la population n'est ni très riche ni très pauvre. Kenichi m'a expliqué que le groupe le plus nombreux était celui du milieu, l'équivalent de ce que nous aurions autrefois appelé la petite et moyenne bourgeoisie : ouvriers d'usine, employés de bureau et de magasin, et autres professions non libérales. Ce sont eux qui détiennent le pouvoir. Il me semble donc que le Japon occupe une place à part : il est en même temps la plus et la moins égalitaire des sociétés.

Communauté et association, statut et contrat

Le concept de *giri* est essentiel pour les Japonais ; on pourrait le traduire approximativement par « accomplissement des relations contractuelles ». En y regardant de plus près, ce mot possède un faisceau de significations typiquement japonaises, sans équivalent dans aucun système de pensée, qu'il soit bouddhiste, confucianiste ou autre. Les spécialistes n'ont pas réussi à décider s'il appartient au domaine de la communauté ou de l'association.

Une relation de type *giri* a une forme, ou nature externe, qui la rapproche de la relation durable, affective, engagée et totale propre à la communauté. Elle implique l'obligation permanente de se conduire de façon particulière envers des individus sélectionnés. Elle possède la force morale, la profondeur affective et la durabilité qui l'associeraient immédiatement à la communauté dans l'esprit des spécialistes occidentaux.

D'un autre côté, certains signes au moins aussi convaincants indiquent que le *giri* est contractuel, au sens où il implique un acte individuel de volonté ou de choix, une décision consciente et délibérée de s'engager dans la relation. Il ne s'agit ni de sang ni de géographie. Ainsi, accomplir dans le cadre du mariage les relations « contractuelles » choisies envers ses beaux-parents se dit « travailler pour le *giri* ». Nous parlons ici d'un sentiment de devoir dû non seulement aux parents par le sang, ou aux habitants du même village, mais aussi aux beaux-parents, aux supérieurs et même aux inférieurs dépendants, bref à tous ceux qui croisent notre chemin. Ce sentiment possède un élément contractuel, ou associatif. Il se situe à la frontière exacte entre deux types de relations.

Le parfum inhabituel et particulier du *giri* se retrouve dans son histoire. La notion de « justice abstraite » *(gi)* et de « raison » *(ri)* exprimée par les deux idéogrammes chinois qui composent le terme *giri* a été transformée lors de son importation au Japon, de sorte qu'elle ne se réfère plus à la « justice » ou à la « raison » universelles de son origine chinoise, mais aux obligations entre personnes. Vos obligations envers les autres sont plus importantes que vos opinions privées. Le *giri* a pour objet les relations correctes avec autrui.

On nous a constamment répété que le *giri* n'était pas un contrat. Nos amis nous ont par ailleurs dit : « Nous n'avons pas de contrats entre êtres humains. » Les contrats avec les choses sont possibles, mais pas avec les gens. « Nous ne pouvons être nous-mêmes l'objet d'un contrat. » Il arrive que les relations de personne à personne soient reconnues par des documents, mais ces derniers ne font qu'exprimer la relation, sans la constituer. « Nous ressemblons peut-être à une société contractuelle moderne, mais nous enregistrons à contrecœur mariages, actes de propriété et ainsi de suite. Nous n'aimons guère cela. » Aujourd'hui encore, il n'existe pas de contrats fermes au sens occidental. « Nous nous croyons modernes et nous signons des contrats, mais en réalité nous ne sommes pas contractuels. Quand nous achetons ou empruntons, la relation humaine est plus importante que le contrat. »

Voilà pourquoi les litiges civils sont rares. Ainsi les divorces sont-ils généralement réglés par les couples eux-mêmes, parfois avec l'aide d'amis, les avocats n'intervenant qu'en dernier recours. « Nous autres Japonais n'avons jamais compris le concept occidental de contrat », m'a expliqué un ami professeur. Les gens et les choses sont très différents. Si les relations avec les choses peuvent prendre la forme unidimensionnelle d'un « contrat » abstrait, celles qui impliquent des personnes présentent plusieurs niveaux fondés sur le « statut » (âge relatif, sexe, situation sociale de l'individu, etc.).

Les Japonais usent dans ce contexte d'un autre terme, *ninjo*, lui aussi à la frontière entre deux acceptions. D'après l'encyclopédie Kodansha, ce terme « se réfère au sens large à des sentiments universels d'amour, d'affection, de pitié, de sympathie ou de chagrin, "naturellement" ressentis envers les autres, par exemple dans les relations entre parent et enfant, ou entre amants ». C'est le sentiment que nous associons à la communauté.

Pourtant, *ninjo* est aussi le sentiment qu'il convient d'avoir, ou au moins de rechercher, dans les relations de type *giri*. Les relations humaines teintées de *ninjo* deviennent alors vivantes et signifiantes. Cela peut créer une tension, rendue par l'expression japonaise « coincé entre *giri* et *ninjo* » ; cette contradiction est souvent explorée dans les tragédies de Chikamatsu Monzaemon, le Shakespeare japonais.

En étudiant la perception japonaise de la famille, nous constatons que nous avons affaire à quelque chose qui refuse d'être catalogué – ni statut ni contrat. Cette observation est due à l'anthropologue Francis Hsu, frappé par la différence entre la notion de parenté au Japon et celle de Chine natale. Il s'est trouvé dans l'obligation d'inventer un nouveau terme, une combinaison de type « paren-trat » pour rendre compte de cette particularité.

La caractéristique fondamentale de la relation *oyabun-kobun* est contractuelle, car il s'agit d'un rapport suzerain-vassal. Cependant, elle est ouverte aux parents comme aux étrangers, de sorte qu'un membre de la famille proche peut être simultanément engagé dans une relation par le sang (statut) et une relation suzerain-vassal (contractuelle). Ce qui est monnaie courante au Japon.

Les auteurs japonais ont souligné que le concept de contrat existe au cœur de la plus communautaire des institutions, autrement dit la famille. La relation parent-enfant relève purement de la communauté, mais toutes les autres relations possèdent un élément de ce que l'on nomme *tanin*, ce qui signifie littéralement « personnes sans relation par le sang ». Les relations entre frères et sœurs, entre mari et femme, ont un élément de *tanin*. D'où le proverbe japonais : « Le frère est le début de l'étranger. »

Cette double nature reflète le fait que le *ie*, considéré par beaucoup comme le groupe de parenté élargie, et souvent traduit par « lignée » ou « lignage », n'est pas véritablement un groupe de parenté au sens propre. On pourrait traduire le mot *ie* par « association mi-parenté mi-étrangers ». Il se fonde à la fois sur la communauté et sur l'association.

Tous les grands anthropologues japonais ont noté cette ambivalence. Le système de lignage, ou *ie*, est modelé sur un ensemble de rôles de parenté ; il ressemble à une relation de parenté. Les relations à l'intérieur du *ie* ont la nature des relations parent-enfant. Il est en apparence totalement différent d'une association bureaucratique moderne. Pourtant, il ressemble aussi à une entreprise, en ce sens que « la parenté biologique doit être sacrifiée, si nécessaire, à l'intérêt de l'entreprise », note Takie Lebra. Le groupe familial est donc aux antipodes des groupes de descendance tels qu'on les rencontre en Inde, en Chine et ailleurs.

L'existence d'une relation associant l'engagement affectif de la communauté à la flexibilité de recrutement de l'association produit des effets d'une portée considérable. Un Occidental ne peut espérer les comprendre qu'en pensant à un bon mariage. Le mariage est un engagement volontaire ; il se base sur un contrat mutuel. Une fois célébré, cependant, il lie le couple qui devient « un seul sang et un seul cœur » pour la vie. Il forme une véritable communauté. Ce genre de contrat ne s'applique pas dans les mêmes proportions au mariage japonais, mais il concerne de nombreuses relations de type non familial et non conjugal.

Ce mélange d'engagement et de flexibilité que Ronald Dore appelle « rigidités flexibles » est l'une des raisons avancées pour expliquer le succès phénoménal des entreprises japonaises. Le monde des affaires n'est dominé ni par les principes de marché contractuels à l'état pur, ni par la pure hiérarchie des relations de statut. C'est une chose que beaucoup d'Occidentaux ont du mal à comprendre, d'où l'invention d'un nouveau terme pour désigner cet hybride : le « contrat relationnel ». Une entreprise japonaise est une sorte de « famille » dont les employés passent leurs soirées ensemble, partageant une vie particulièrement intense et émotionnelle, de préférence pendant toute leur carrière.

Il semble que les niveaux d'engagement et d'implication soient particulièrement élevés au Japon dans les petits groupes aux relations interpersonnelles profondément entrecroisées. Pourtant, ces unités ne doivent rien à la naissance, à la géographie ou même au sang. Elles se fondent sur le recrutement, sur un contrat initial (comme dans un serment féodal, une embauche, une adoption dans un *ie* ou le choix de « l'héritier »). Cet hybride complexe formé de l'intersection entre deux bases d'interaction sociale normalement distinctes, qu'on pourrait croire incompatibles, est l'un des nombreux éléments qui font du Japon un pays étonnant, mystérieux et puissant.

Tout se passe comme si les Japonais vivaient dans un réseau de communautés en perpétuel mouvement. Ils naissent dans une communauté où ils sont élevés dans la chaleur et la sécurité. Ils apprennent ensuite à perpétuer cette chaleur et cet engagement dans un certain nombre de cadres différents – école, université, emploi. Quand ils amorcent la période médiane, les émotions, toujours présentes, sont à leur niveau le moins intense. Les relations avec l'entourage sont « totales » et exhaustives. C'est comme passer toute sa vie dans une série de villages différents.

Quand je suis arrivé au Japon, je pensais en termes d'oppositions, d'échelle sur laquelle classer le Japon par rapport à d'autres civilisations. Je m'imaginais des combinaisons de contraires : individu-groupe, familial-contractuel, mariage arrangé-mariage d'amour, égalitaire-hiérarchique, liens de la naissance et du sang-liens contractuels. J'ai découvert que le Japon est effectivement tout cela et, en même temps, rien de cela. Il ne s'accorde à aucun continuum. Je reste perplexe. Mais puisque toutes les relations semblent contenir un élément de pouvoir, nous trouverons peut-être d'autres indices dans la « politique » au sens large.

5. POUVOIR, POLITIQUE ET ORDRE SOCIAL

Féodalité, système impérial et démocratie

Jusqu'à la fin de la Seconde Guerre mondiale, le Japon pouvait passer, aux yeux d'observateurs un peu pressés, voire négligents, pour un empire absolutiste, une sorte de Chine en miniature. L'empereur associait dans sa personne divinité et pouvoir temporel, lequel émanait de sa cour. Le Japon avait tout l'air d'un système impérial centralisé, exigeant l'obéissance inconditionnelle de ses sujets et soumis à peu de contrôles et de contre-pouvoirs.

En réalité, ce type de système n'a existé que pendant une très courte période, et uniquement sur l'île centrale d'Honshu, entre le VIIIe et le XIe siècle. Contrairement à la Chine, le pouvoir était largement délégué à des ministres et autres subalternes. Le système impérial fut dissous par une sorte de dédoublement du pouvoir – l'aspect cérémoniel demeura à Kyoto, avec la famille impériale, tandis que le domaine militaire et politique tombait entre les mains du général en chef, ou *shogun*. Entre le XIIe et le XVIe siècle, une forme de distribution du pouvoir souvent appelée féodalité émergea au Japon. Elle ressemblait fort au système féodal de l'Angleterre, tout en s'éloignant radicalement du système centralisé de la Chine.

Le Japon connut alors son « Moyen Âge ». La société était morcelée. Un grand nombre d'institutions puissantes dotées chacune de son propre gouvernement – cour de l'empereur, grands temples, sanctuaires, maisons nobles et seigneurs locaux, ou *daimyo* – dominaient la vie publique. La situation était assez confuse. Les villageois s'assuraient souvent une protection en faisant don de leurs terres à quelque institution prestigieuse – puissante famille ou temple local – qui leur accordait en retour le bénéfice de son soutien. Pour renforcer le système, ils apportaient leurs productions à Kyoto, où résidaient leurs riches protecteurs. La puissance publique était aussi faible que le patronage important.

Le système du *ie* prit le dessus à la fin du Moyen Âge, lorsque le shogunat d'Edo importa de Chine une idéologie néo-confucianiste destinée à l'élite gouvernante, qui consistait à fonder les loyautés politiques sur la famille. La féodalité japonaise choisit de s'appuyer sur des postulats différents, privilégiant la loyauté au seigneur. La politique l'emporta ainsi sur la parenté, de la même manière qu'elle en vint à supplanter l'économie et la religion. Cette situation, quoiqu'inhabituelle, est assez proche de ce qui s'est passé en Angleterre. Les relations contractuelles établies par le service féodal ou le paiement d'un dû y sont devenues plus importantes que les liens du sang basés sur la naissance.

Lorsque les *shogun* Tokugawa unifièrent le Japon à la fin du XVIe siècle, le pays connut un phénomène comparable à l'unification de l'Angleterre sous les Tudor, notamment l'établissement d'une nouvelle forme de gouvernement : la « féodalité centralisée ». Cependant, contrairement à l'Angleterre, on n'assista pas à l'émergence d'un système parlementaire basé sur les classes moyennes. L'empereur resta pratiquement privé de pouvoir, tandis que le *shogun* renforçait le sien. Le *shogun* était en théorie le premier parmi les égaux, mais c'est lui, dans la pratique, qui contrôlait le pays grâce aux accords passés avec les divers seigneurs locaux.

Au milieu du XIXe siècle, sir Rutherford Alcock commentait ainsi le système mis en place au cours des cinq cents années précédentes :

> Cette double machinerie qui allie, de génération en génération, un Souverain titulaire qui ne fait que régner, et un Lieutenant de l'empire qui ne fait que gouverner, mais *sans* régner, est assurément très curieuse ; elle semble avoir conduit, par une aussi longue existence, à un système double tel qu'il n'en existe dans aucune autre partie du monde, mis en œuvre jusque dans les moindres détails.

Les événements qui ont suivi la restauration de l'empereur Meiji en 1868, après la défaite du *shogun* et la fin de la division entre pouvoirs rituel et militaire, sont révélateurs des nombreuses particularités inhérentes à la relation entre politique et religion au Japon. N'oublions pas que le pays était alors confronté à l'énorme puissance coloniale des gouvernements occidentaux, déterminés à en forcer l'entrée pour s'y établir de la même manière qu'en Inde, en Chine et dans la plus grande partie du Pacifique.

En 1912, Basil Hall Chamberlain analysait dans un article intitulé « L'invention d'une nouvelle religion » ce qu'il appelait « culte du Mikado et culte du Japon » ; l'essai fut longtemps interdit au Japon, avant d'être publié en annexe de ses *Japanese Things*... Il y écrivait que « la religion japonaise de la loyauté et du patriotisme est relativement nouvelle pour le XXe siècle, car elle contient des idées préexistantes passées au tamis, modifiées, mélangées de frais, converties à de nouveaux usages, et qui ont trouvé un nouveau centre de gravité ». Cette tradition inventée était « encore en période d'assemblage conscient ou semi-conscient par la classe au pouvoir ». C'est dans ce but, continuait Chamberlain, que le « *shinto*, un culte primitif de la nature tombé en discrédit, a été sorti du placard et dépoussiéré ». Les autorités affirmaient que l'empereur descendait en droite ligne de la déesse japonaise du Soleil, et que toutes « les choses telles que lois et constitutions ne sont que des cadeaux gracieux de Sa part, et aucunement des droits du peuple ».

L'enseignement, en particulier, participait à la mise en œuvre du nouveau système. Les programmes d'histoire « fondaient tout sur le pouvoir impérial en diminuant autant que possible le contraste entre conditions anciennes et modernes ». Des pans entiers de l'histoire japonaise furent supprimés. Chamberlain notait que de nombreux empereurs avaient été déposés, assassinés ou exilés. Au XIVe siècle, des empereurs rivaux régnèrent pendant cinquante-huit ans ; après quoi, l'empereur ne fut plus qu'un pion aux mains des *shogun*.

Quant au code du guerrier censé étayer cette idéologie *shinto* de l'empereur, la fameuse « voie du guerrier », ou *bushido*, Chamberlain précise : « Le mot même n'apparaît dans aucun dictionnaire, japonais ou étranger, avant l'année 1900... Le *bushido*, en tant qu'institution ou code de règles, n'a jamais existé. Les explications qui en sont données ont été fabriquées de toutes pièces, principalement pour la consommation étrangère. » Il apparaît clairement que la religion de l'empereur et une bonne partie de l'idéologie qui a fondé l'effort de modernisation et d'industrialisation du Japon, ayant conduit irrésistiblement à son implication dans la Seconde Guerre mondiale, sont des croyances inventées.

J'ai réussi, après plusieurs discussions avec d'éminents politologues japonais, et à la lecture des résumés de leurs analyses récentes, à reconstituer la trame des événements. La mission Iwakura, qui a parcouru les États-Unis et l'Europe de 1871 à 1873, était chargée d'étudier l'organisation des sociétés occidentales afin d'en rapporter les meilleures idées au Japon. Au cours de leur tournée en Amérique, les futurs dirigeants du premier gouvernement Meiji passèrent beaucoup de temps à mettre au point une réponse destinée aux Occidentaux qui les interrogeraient sur leur religion. Ils se sentaient gênés de ne pas avoir « une religion » et irrités à l'avance des malentendus qui en résulteraient.

Le bouddhisme était essentiellement un instrument du pouvoir et la plupart des aspects religieux du *shinto* avaient été oubliés dès le milieu de la période Tokugawa, malgré la persistance de certains rites de façade. La société japonaise était tellement sécularisée à la fin de la période Edo que les membres de la mission furent à la fois choqués et embarrassés de découvrir que les Occidentaux croyaient réellement au christianisme. De leur point de vue, ce n'était qu'une superstition idiote. Ils se demandaient pourquoi des Occidentaux intelligents et civilisés avaient adopté la religion chrétienne ; il devait y avoir un secret. Ils supposèrent que les dirigeants occidentaux avaient inventé cette religion pour contrôler le peuple et faisaient juste semblant de croire.

À leur retour, en s'attelant à la rédaction de la Constitution Meiji, les futurs dirigeants approfondirent leurs réflexions et parvinrent à la conclusion que le Japon, pour assurer sa stabilité, avait besoin d'un équivalent fonctionnel de la religion, sans quoi le pays risquait de se disloquer. Ils décidèrent que le système *shinto* de la « famille loyale » était le plus approprié, mais que le rôle de l'empereur devait être souligné par une sorte de culte qui remplirait les mêmes fonctions que le christianisme. Voilà pourquoi on peut lire au chapitre I, paragraphe 1, de la Constitution Meiji que « le Japon est gouverné par le *Tenno* [empereur] dont la lignée des ancêtres est directe depuis les temps anciens jusqu'au présent ». Le « Rescrit de l'Éducation », que tous les élèves devaient apprendre par cœur, devint l'équivalent du « Notre Père » chrétien. Chaque école élémentaire fut dotée d'une petite chapelle ornée du portrait de l'empereur, où l'on faisait la lecture du Rescrit. Il était essentiel de s'incliner devant le portrait, et sacrilège de refuser de s'incliner suffisamment bas.

Les intellectuels japonais furent confrontés à un dilemme. Ils n'avaient jamais cru à la famille impériale, que tout le monde savait faible et fragile, et qui n'attirait guère. Ils ne croyaient pas plus aux origines mythiques de la famille du *Tenno*. Mais ils devaient faire semblant. Sans doute pensaient-ils que le mythe de l'empereur, pour idiot qu'il fût, l'était toujours moins que le christianisme.

Les Japonais ont d'une certaine manière adopté la stratégie prônée à peu près à la même époque par le sociologue français Émile Durkheim. Juif mais ayant perdu la foi, il se demandait quelle force pourrait maintenir l'unité de la société face à l'affaiblissement des liens du sang et de la religion officielle. Il trouva sa solution dans les formes élémentaires de religion pratiquées par les aborigènes australiens dans leurs rites totémiques : une société qui s'adorait elle-même, se projetait vers le haut, puis voyait dans son propre reflet un mandat extérieur sanctionnant l'ordre social.

Les intellectuels, sur la base d'un shintoïsme inventé, érigèrent l'empereur en dieu, en descendant chamanique des divinités anciennes. Avant la Seconde Guerre mondiale, beaucoup de gens parlaient de l'empereur comme s'il était organiquement lié aux dieux. L'école enseignait que toute la nation japonaise descendait de l'ancêtre du *Tenno*... Le système impérial était une sorte de religion qui influençait le moindre aspect de la vie. La religion du *Tenno* était associée à l'antique sanctuaire d'Ise. L'empereur était un centre d'affection, de chaleur et d'unité, qui suscitait un sentiment collectif et une authentique solidarité sociale. Cependant, les tentatives d'exportation du système dans les nouvelles colonies de Corée et de Mandchourie échouèrent lamentablement. Même au Japon, le culte de l'empereur finit par devenir une stratégie illusoire et désespérée, au moment où l'idéologie fasciste s'effondrait en Europe.

Nous avons demandé à un politologue reconnu si les gens ordinaires croyaient au mythe de l'empereur, et il nous a répondu que c'était très difficile à dire. Sa propre mère, interrogée sur le sujet, lui avait expliqué que sa tête était compartimentée : « ceci est ceci », et « cela est cela ». Elle se souvenait d'un trajet en tramway, à l'époque où elle était étudiante : quand le tramway passa devant le palais impérial, les voyageurs reçurent l'ordre de s'incliner. En baissant la tête, elle se dit que l'empereur était peut-être aux toilettes, ce qui rendait tout ce cérémonial un peu absurde. Mais elle ne pouvait évidemment pas en parler. Les Japonais se trouvaient peut-être, d'après le politologue, dans la même situation que le peuple russe sous le régime soviétique : sachant ce qu'il fallait dire, et réservant cynisme et doutes à la sphère privée.

Vu de loin, le Japon oscille entre deux extrêmes. Il possède certains éléments du système contractuel et féodal de distribution des pouvoirs qui prévalait dans l'Angleterre ou les cités-États italiennes du XVe siècle, combinés à des aspects relevant du modèle absolutiste de royauté divine – celui de la cour des empereurs chinois, des tsars russes ou des sultans ottomans. Le Japon penche d'un extrême à l'autre sans jamais devenir entièrement ni l'un ni l'autre. « La délégation se pratique à un tel degré, écrivait Kurt Singer, que la responsabilité ne peut être déterminée avec aucune certitude. Des éléments monarchiques, démocratiques et aristocratiques se mélangent avec une subtilité telle que le corps politique brille de toutes les couleurs de l'arc-en-ciel. » L'empereur japonais, non soumis au contrôle du mandat céleste, était en théorie infiniment plus absolutiste que l'empereur chinois. Dans la pratique, son pouvoir était limité : il constituait essentiellement le centre symbolique

– et vide – du système étroitement imbriqué et largement partagé des flux ascendants et descendants du pouvoir.

Le style étonnant du système politique contemporain du Japon, avec son vernis d'idées démocratiques imposées par l'Occident sur des profondeurs qui semblent relever d'un autre monde, s'explique en partie par cette tension. Ozaki Yukio écrivait en 1917 :

> Les coutumes et autres usages des temps féodaux sont si profondément imprimés dans l'esprit des hommes d'ici que l'idée même de partis politiques, lorsqu'elle pénètre le cerveau de nos compatriotes, est influencée par des notions féodales. Voilà pourquoi même les partis politiques, qui devraient être fondés et dissous en vertu de principes et de visions politiques, sont en réalité affaires de relations et de sentiments personnels, et les liens entre chef et membres d'un parti restent en tout point semblables à ceux qui existaient entre seigneur féodal et vassaux.

Parmi les spécialistes qui étudient la domination de l'unipartisme sur le Japon des cinquante dernières années, beaucoup tomberaient d'accord avec l'anthropologue Fosco Maraini, pour qui « l'on s'aperçoit vite que la version japonaise de la démocratie est très différente de ce qui existe sous ce nom dans des pays à tradition britannique et américaine [...]. Le Japon, plutôt que de devenir authentiquement démocratique, a japonisé la démocratie ». Nos amis nous ont dit, par exemple, que la plupart des Japonais votent sur la base d'une connaissance et d'une compréhension très limitées, et sans réel intérêt pour l'idéologie politique. Il n'existe pas de fondement réel à la démocratie, car les partis d'opposition sont trop faibles et acceptent trop de compromis pour que le système soit véritablement démocratique. L'alternance des factions au sein du Parti libéral démocrate est ce qui ressemble le plus à un comportement démocratique ; si elle a changé le style du parti, elle n'a cependant pas, du moins jusque dans un passé récent, fourni de réelle alternative.

L'une des fonctions principales de la politique semble être de canaliser la vaste richesse du Japon du centre vers la périphérie dans le cadre d'un système électoraliste encore plus prononcé qu'en Amérique. « En échange d'un soutien électoral, commente Sugimoto Yoshio, les députés doivent apporter à leur circonscription projets de construction financés par le gouvernement, liaisons ferroviaires et grandes routes afin d'étendre leur *jiban* [bloc électoral solide]. »

Le système politique japonais ne rentre dans aucune de nos classifications. Sa conception, selon la définition de l'économiste moderne Robert Ozaki, « n'est ni dictatoriale, ni centralisée, ni décentralisée. Cela tient davantage du système d'assistance collective mutuelle ». Il fonctionne depuis la moitié du XXe siècle sur la base d'une démocratie à parti unique, ce qui est une contradiction dans les termes. La plupart des décisions sont prises par des responsables non élus, et la politique élaborée par le biais d'accords entre factions qui n'apparaissent jamais à découvert. Pourtant, le Japon n'est pas une dictature, et sa prospérité économique et sociale est dans une grande mesure redistribuée.

Le pouvoir politique est l'étai qui soutient la civilisation japonaise depuis un millénaire. Il rayonne depuis le centre comme une toile d'araignée tout en étant largement distribué aux niveaux inférieurs. Le Japon me rappelle parfois le fonctionnement politique des sociétés dépourvues de dirigeant ou de chef d'État officiel. Ces sociétés sont unies par des oppositions équilibrées entre unités constitutives, sur la base des liens de parenté. Le Japon est par tradition régi par un système généralement qualifié d'« anarchie ordonnée ». Un diplomate japonais expliquait ainsi à Kurt Singer : « À plus d'un titre, vous trouverez au Japon ce que je nommerais "unité dans le désordre". »

Les paradoxes ont surgi au cours des nombreuses discussions que j'ai eues avec Kenichi et Toshiko. Nous en avons conclu que le Japon ressemble à une société tribale fondée sur des relations quasi familiales. Il se compose de segments à l'organisation autonome. Le peuple trouvait son unité dans un même regard tourné vers l'empereur. Se détourner de lui était un signe de rébellion.

L'empereur occupait une position similaire à celle de Peau de Léopard, chef du peuple Nuer, décrit par l'anthropologue Edward Evans-Pritchard : officiellement sans pouvoir, mais investi de l'autorité. Avant le VIIe siècle, la famille de l'empereur n'était pas le clan le plus puissant du Japon. Elle en est pourtant devenue – d'ailleurs, en partie pour cette raison – le centre rituel et affectif. Assez paradoxalement, c'est la faiblesse de l'empereur qui garantissait l'unité du reste de l'édifice. Voilà pourquoi le shogunat n'a pas eu besoin de détruire le système impérial, dont il pouvait au contraire tirer profit en le laissant exister comme symbole d'unité parallèlement au système militaire. De même, le système impérial a-t-il été récupéré et manipulé par les politiciens des époques ultérieures dans le but de donner aux Japonais un point focal symbolique et affectif.

Karel Van Wolferen brosse dans *L'Énigme de la puissance japonaise* un portrait extrêmement critique de « l'état bureaucratique autoritaire ». Il décrit un système de pouvoir occulte insaisissable et pourtant omniprésent. Il n'existe pas de centre apparent ; le Japon est une « Nation sans État », affirme le sous-titre de son ouvrage. Le « système » contrôle avec efficacité, bien qu'assez indirectement, éducation, presse, télévision et de nombreux aspects de la vie. Pour Van Wolferen, il se situe au-dessus de la loi et de la politique démocratique, impose une grande conformité et étouffe toute dissension. Mais c'est précisément ce pouvoir diffus qui étaye les stupéfiantes réussites japonaises, dans la paix et la prospérité.

Introuvable bureaucratie

Comme je grelottais de froid dans ma maison « traditionnelle » de Tokyo, j'ai voulu emprunter un radiateur au bureau du département de mon université et j'ai été stupéfait d'apprendre qu'il me faudrait obtenir la permission, non pas du chef du département, mais d'un obscur bureaucrate de l'administration. J'ai appris que les professeurs et autres chefs de département ne jouissaient pas de pouvoirs délégués et autonomes. Ils étaient de simples fonctionnaires d'une université à l'organisation bureaucratique dont l'autonomie restait très limitée.

À l'occasion de diverses visites, on m'avait souvent conduit dans des pièces pleines de « responsables » occupés à tamponner et traiter des documents. Je ne connaissais rien de semblable à Cambridge, dirigée jusque récemment par une petite poignée d'administratifs et une nombreuse cohorte d'universitaires.

Il est désormais notoire que ce sont les puissants ministères et leur bureaucratie qui jouent un rôle essentiel au Japon. Le pays n'est pas tant une démocratie parlementaire qu'un système bureaucratique unipartite. Selon Chamberlain, qui écrivait au début du XXᵉ siècle, « considérés d'un point de vue anglo-saxon, les Japonais sont un peuple étroitement gouverné, les responsables officiels étant nombreux et leur autorité grande, et toutes sortes de choses laissées chez nous à l'initiative privée se trouvent ici entre les mains du gouvernement ».

La complexité de la bureaucratie reflète deux traits pérennes de l'histoire japonaise. D'abord, la manière dont le pouvoir est toujours divisé et contrebalancé : « La principale caractéristique du vieux système politique japonais était sa tendance au dualisme », écrivait William Griffis. « La division du peuple en soldats et paysans, des autorités en civiles et militaires [...] » ralentit tout, mais opère aussi comme un frein au pouvoir et à la corruption... Alcock l'explique :

> Chaque fonction est doublée ; chaque homme est tantôt observateur, tantôt observé. Non seulement toute la machinerie administrative est double, mais on élabore ici le plus sophistiqué des systèmes de vérification et contre-vérification, sur le principe machiavélien le plus éprouvé, avec une minutie et une perfection dans le détail d'abord difficiles à évaluer.

On y ajoutera une organisation verticale précocement renforcée par les liens féodaux de loyauté, laquelle implique que le pouvoir est délégué vers le bas avant de remonter par le biais des liens personnels qui unissent tous les membres d'une organisation. Toute décision est de préférence prise par un groupe ou une succession d'individus, selon un processus qui implique souvent beaucoup de bureaucratie – réunions, approbation et contre-approbation, négociation. Par certains aspects, notamment depuis l'incorporation d'une bonne partie de l'organisation allemande à la fin du XIXe siècle, le Japon peut passer pour la nation la plus bureaucratique du monde.

Pourtant, si nous nous intéressons à l'histoire du Japon plutôt qu'à son fonctionnement actuel, nous avons le sentiment de quelque chose de différent, beaucoup plus proche de l'expérience anglaise. Nous sommes en réalité confrontés à un système de diffusion féodale du pouvoir. Il n'existait au Japon ni bureaucrates professionnels, ni système d'examens confucéen, ni classe d'administrateurs. Le pouvoir était en théorie exercé par les guerriers, *daimyo* et *samurai*, qui associaient le statut de héros militaires et d'esthètes à une certaine dose de responsabilités administratives. Les décisions, essentiellement prises au niveau local, n'étaient pas imposées par une vaste bureaucratie centralisée.

La tentaculaire organisation des lettrés et autres titrés de la cour chinoise n'avait pas d'équivalent au Japon. Il est vrai que l'influence chinoise s'est exercée entre le VIIIe et le XIe siècle, et que certains récits anciens évoquent les prémices de ce genre de système – la création de ministères de la Gauche et de la Droite, par exemple –, mais le système bureaucratique impérial a été définitivement détruit dès le XIe siècle.

Ce phénomène se manifeste dans d'autres domaines, le système judiciaire par exemple, qui était en grande partie décentralisé jusqu'à la fin du

XIXe siècle. Ou encore dans l'économie, qui n'était pas planifiée ou dirigée comme en France ou en Chine. Ou même dans la religion, qui ne dépendait d'aucun bureau des Rites, d'aucune Église catholique visant à imposer un ensemble uniforme de croyances et de pratiques. La supervision indirecte était préférée au contrôle direct.

Pendant les trois quarts des douze derniers siècles de leur histoire, les Japonais ont représenté un exemple notable de déviation par rapport à la bureaucratie centralisée, comme l'Angleterre pendant à peu près le même laps de temps. Tout cela change rapidement, en Occident comme au Japon, mais il est impossible de comprendre les étonnantes synthèses britanniques, américaines et japonaises si nous ne percevons pas la spécificité des chemins qui les ont conduits jusqu'à l'époque actuelle, et qui les distinguent de la majorité des États centralisés.

Penseur du politique, Alexis de Tocqueville, considérant les avantages et les inconvénients de la centralisation bureaucratique, exprimait sa conviction qu'un pouvoir distribué et non bureaucratique permettait beaucoup plus d'innovation, de spontanéité, d'implication dans la prise de décision, de contrôles et de contrepoids face à la corruption. Il considérait l'évolution du système français comme un cauchemar d'uniformité et de gâchis à éviter à tout prix. Les effroyables bureaucraties de la Russie stalinienne et de la Chine maoïste l'auraient confirmé dans ses pires craintes.

Il est rafraîchissant, dans ce contexte, de rencontrer à l'autre bout du monde une civilisation qui s'est appuyée pendant des siècles sur une alternative aux systèmes bureaucratiques qui semblent avoir presque inéluctablement englouti tous les empires et toutes les nations continentales. La manière dont le système fonctionne est en elle-même différente car, écrivait Singer, « par rapport à ses homologues occidentales, la bureaucratie japonaise se caractérise par une plus grande liberté par rapport à la discipline mécanique, aux règles abstraites et universelles et à l'unification rigide. Chaque ministère semble fonctionner selon ses propres traditions et conserve une grande autonomie, presque digne d'une corporation médiévale ».

En termes d'éducation et de littérature, certaines réalisations remarquables placent le Japon soit dans le peloton de tête, soit dans celui des retardataires. Du côté des réussites, le taux d'alphabétisation et les niveaux de l'édition et de la lecture sont extrêmement élevés depuis le VIIe siècle au moins. Au XVIIIe siècle, le Japon caracolait devant des pays occidentaux tels que la France ou l'Angleterre : il possédait un réseau de bibliothèques publiques et une tradition littéraire fameuse.

Je me souviens d'avoir observé des enfants japonais jouant à un jeu de cartes dans lequel il fallait connaître pas mal de choses sur plusieurs dizaines de femmes écrivains du VIIIe au XIIe siècle. Combien de femmes écrivains connues de cette époque (ou des époques ultérieures) les enfants anglais ou français d'aujourd'hui sont-ils capables de citer ?

L'édition et la diffusion des livres étaient florissantes. Un dictionnaire compilé vers 1444 a été réimprimé près de huit cents fois entre la fin des XVIe et XVIIIe siècles. À la fin du XVIIe siècle, les libraires de Kyoto publiaient des catalogues de leurs ouvrages imprimés ; dans l'un d'eux, épais de 674 pages, figuraient 7 800 titres. En 1720, la seule ville de Kyoto comptait deux cents éditeurs. Il existait de nombreuses bibliothèques privées et des colporteurs arpentaient les rues, chargés d'énormes piles de livres qui les faisaient ressembler à des librairies ambulantes.

Les classes moyennes étaient avides de lecture. « On dit qu'il n'y a rien de plus banal au Japon, à la belle saison, qu'un groupe de dames et de messieurs assis près d'une eau fraîche ou à l'ombre d'un bosquet, avec chacun un livre à la main », écrivait Charles Macfarlane. La scolarisation était presque universelle dès le début du XIXe siècle. Macfarlane de continuer : « Chaque Japonais, du plus élevé au plus humble, est envoyé à l'école. On dit qu'il existe davantage d'écoles dans l'empire que dans tout autre pays du monde, et que tous les paysans et les pauvres savent au minimum lire. »

On ne s'étonnera donc guère des éminents talents littéraires déployés vers le milieu du XXe siècle, lorsque David Riesman rapportait que « quatre-vingts pour cent des Japonais, paysans et ouvriers inclus, écrivent des *haiku* [petits poèmes très brefs] ». Il est difficile d'imaginer, à la même époque ou même de nos jours, une autre société dont les quatre cinquièmes de la population écriraient régulièrement de la poésie.

Le plus extraordinaire, étant donné la proximité de la Chine, c'est que les Japonais n'ont pas utilisé ces talents pour asseoir un pouvoir administratif et politique. Le système confucéen de concours, qui faisait de l'écriture et de la lecture le critère de toute promotion dans le cadre du mandarinat, n'a jamais été importé au Japon.

La lecture et l'écriture, bien que généralement valorisées, n'étaient pas la marque distinctive d'une élite au pouvoir, par opposition aux mandarins, aux brahmanes indiens ou aux clercs de l'Europe médiévale. Le Japon, bien que dépositaire de l'une des plus riches traditions littéraires du monde et grand usager de la lecture et de l'écriture, restait une culture curieusement orale en matière de droit et d'administration, et où les élites dominantes affichaient volontiers un certain anti-intellectualisme…

L'absence d'universités au Japon est à la fois la cause et la conséquence de ce phénomène. Les universités ont été l'une des gloires de l'Europe médiévale, mais le Japon ne possédait rien d'équivalent. Une université administrée par le ministère des Cérémonials avait bien été fondée en 670 pour la formation des hauts responsables du gouvernement, mais sans jamais donner naissance à un système d'enseignement supérieur. Restaient, pour combler ces lacunes, quelques monastères bouddhistes, puis de petites écoles techniques à partir du XIXe siècle. Au milieu du XVIIIe siècle, un grand nombre de précepteurs dispensaient leurs cours à des groupes d'étudiants au centre de Tokyo, là où l'université se développera par la suite. Mais les institutions subventionnées et consacrées au savoir et à l'enseignement des jeunes adultes n'existaient pas. Rien au Japon de comparable à Bologne, Paris, Oxford ou Cambridge.

Lecture et écriture restaient confinées au domaine de la littérature. Les Japonais qui souhaitaient étudier les « arts libéraux » et les mathématiques, la médecine ou l'optique (parmi d'autres disciplines dont les universités occidentales faisaient alors des objets d'étude et d'enseignement privilégiés) devaient le faire individuellement. Aucune organisation systématique, aucun financement n'étaient prévus. Il fallut attendre la fin du XIXe siècle, avec la fondation par Fukuzawa de l'université Keio, premier établissement du genre, pour que se développe une éducation à l'occidentale.

Guerre et paix

Parmi les grandes civilisations, le Japon est l'une des plus pacifiques et non violentes. Les rites bouddhistes et shintoïstes n'exigent pas que l'on verse le sang et enseignent le respect et l'amour d'autrui, comme le confucianisme. Quand je rencontre un Japonais, je ressens beaucoup moins d'agressivité ou de menace que face aux représentants de beaucoup d'autres civilisations.

Les Japonais ont adopté les armes à feu des Portugais au XVIe siècle, mais leur utilisation a ensuite été limitée. Entre 1637 et 1837 environ, le Japon a été, de toutes les nations, la plus pacifique et la moins touchée par la guerre. Les États européens passaient leur temps à s'entre-déchirer dans des conflits presque perpétuels. Ils ont ensuite conquis la moitié de la planète par le feu et l'épée, exterminant dans la foulée la majorité des peuples tribaux survivants. Les Japonais, eux, n'ont connu aucune guerre, qu'elle soit civile ou étrangère.

Il est vrai qu'à cette époque, les *samurai* battaient la campagne, leurs deux sabres à la ceinture, et tous respectaient les codes martiaux. Mais la paix régnait. Les homicides par balle étaient jusqu'à ces dernières années pratiquement inconnus au Japon, où même les organisations criminelles interdisent généralement le port d'armes à feu. Le Japon a officiellement renoncé aux armes nucléaires. Sa Constitution interdit le développement d'une armée ou d'une marine offensive, ce qui n'empêche pas le pays de disposer d'une puissante force d'autodéfense.

Le voyageur américain Edward Morse a laissé un certain nombre de portraits du Japon au milieu du XIXe siècle :

> J'ai parcouru cent kilomètres dans une guimbarde cahotante sans rencontrer un seul spectacle ni un seul son qui ne fût paisible et raffiné : quelle gentillesse et quelle courtoisie chez les gens de la campagne, quelle économie, quelle frugalité et quelle simplicité ! J'avais une centaine de dollars en poche et je voyageais la nuit, traversant d'épais fourrés de bambous et quelques villages misérables, dans un *jinrikisha* [sorte de petit pousse-pousse] tiré par un seul homme, rencontrant d'autres voyageurs tantôt isolés, tantôt en groupe, et nul ne m'adressait jamais la parole. Je n'avais ni pistolet ni canne, et cependant je me sentais si assuré du caractère aimable de la population que je n'éprouvais pas la moindre appréhension.

Pourtant, nous savons tous que la médaille a son revers. Il existe un contraste saisissant entre la gentillesse générale et la sensibilité artistique des Japonais et les périodes bien connues de brutalité et de sadisme manifeste qui ont horrifié de nombreux peuples, en Asie et ailleurs. Les Japonais ont fait preuve de brutalité dès leurs premières expéditions. Lors de la guerre contre la Corée, à la fin du XVIe siècle, ils coupaient le nez de leurs ennemis et les conservaient dans le sel pour les soumettre à l'inspection de leurs généraux. Au XIXe siècle, quand ils se sont heurtés aux vaisseaux de guerre et à l'expansion impérialiste des puissances occidentales, ils ont réappris la leçon de la nécessaire dureté. Griffis a résumé la réaction des Japonais face aux visées expansionnistes de l'Occident : « Pour un pays appauvri et déchiré, pour les misères d'un peuple contraint par des étrangers, et pour leurs maudits dollars, à ouvrir son pays, quelle sympathie ? Pour leur choléra et leurs immondes maladies, leur dégradante immoralité, leur violence brutale, leur rhum, quels bénéfices en retour ? »

Les Japonais ont imité les Occidentaux, construisant des vaisseaux de guerre, des chars et des avions, et sont devenus l'une des nations guerrières les plus redoutables de l'histoire. Ils ont calqué leur armée sur la machine de guerre prussienne du XIXe siècle et appris d'autres leçons de l'Allemagne à partir des années 1930. Selon Singer,

> le fait que l'Allemagne nazie, qui a adopté les méthodes de terreur bolcheviques pour lutter contre les ennemis intérieurs et extérieurs, a formé les chefs de l'armée japonaise contribuerait à expliquer pourquoi les soldats japonais peuvent être accusés d'avoir commis des actes inhumains sur une échelle jusqu'alors inconnue dans les anciennes méthodes de guerre japonaises.

Ils ont aussi beaucoup appris de la Grande-Bretagne. Si les méthodes de combat japonaises se sont inspirées de l'Allemagne, la Marine royale britannique a servi de modèle à la construction de la flotte japonaise. Les Japonais ont employé du personnel britannique pour conseiller et former leurs marins, et un certain nombre de leurs premiers vaisseaux de guerre ont été construits dans des chantiers navals britanniques.

Quand les Japonais ont décidé d'annexer l'est de l'Asie pendant la guerre du Pacifique, beaucoup d'Occidentaux ont été victimes d'une brutalité que l'on peut considérer, en partie, comme un effet boomerang de la violence de l'Occident. Plusieurs de mes proches parents ont participé aux combats contre les troupes japonaises en Birmanie et en Assam au cours de la Seconde Guerre mondiale.

Au vu de cette expérience, il ne serait pas difficile de se persuader que le Japon est l'une des civilisations les plus guerrières de l'histoire, au noyau belliqueux et au redoutable bras armé. Il y a pourtant quelque chose de mystérieux dans la rapidité du passage de la gentillesse extrême à l'extrême violence. Ce contraste est fort bien saisi dans une description faite au début du XIXe siècle par un médecin du nom de William Willis :

> En réalité, la majorité des Japonais aiment la paix et n'ont aucune disposition à la violence, mais il arrive qu'une sorte de folie destructrice saisisse certains individus. J'ai vu la chose suivante : un homme paisible blesse soudain gravement son voisin, suite à une légère provocation [...] puis il découpe sa femme en morceaux, décapite à moitié son enfant et, pour finir, s'ouvre le ventre.

Il ne s'agit d'ailleurs pas entièrement d'une « sorte de folie destructrice », mais plutôt d'une tradition de dévotion totale à la tâche en cours, au prix de ce qui apparaît comme un degré extraordinaire d'absence de tout sentiment humain. Lafcadio Hearn écrit :

> Le *samurai*, avant de se lancer dans un combat sans espoir, tuait parfois femme et enfants afin de mieux oublier les trois choses dont aucun guerrier n'a le droit de se souvenir sur le champ de bataille : son foyer, les personnes aimées et son propre corps. Après cet acte de féroce héroïsme, le *samurai* était prêt pour le *shinimono-gurui*, ou heure de la « fureur mortelle », c'est-à-dire le combat sans quartier.

Les Japonais sont donc plus pacifiques et plus guerriers que presque toutes les autres grandes civilisations. Le regard que nous portons sur eux dépend du point de comparaison que nous choisissons. Il existe, par exemple, certaines similitudes avec la Chine : l'éthique confucéenne d'harmonie et d'amour, et la paix presque absolue qui a régné pendant de longues périodes sur de vastes territoires. Mais les deux pays ont une attitude différente par rapport à la guerre.

Les Chinois, qui lançaient leurs armées de centaines de milliers d'hommes dans de véritables batailles rangées, ont assurément été belliqueux pendant de longues périodes de leur histoire. Mais ils ont aussi tenté de contenir la guerre. Une fois accomplie la vaste expansion des Han, leurs ambitions impérialistes sont restées fort modestes. Certes, ils ont pillé leurs voisins et les peuples qu'ils considéraient comme subordonnés – Vietnam, Tibet et Corée en particulier. Mais la Chine est la seule civilisation au monde dont la société ne possède, à ma connaissance, pas de classe de guerriers. Il n'existe pas en Chine d'équivalent des *kshatrya* de l'Inde, des chevaliers d'Europe ou des *samurai* du Japon. À leur place, la classe désarmée des mandarins lettrés.

Vus de Chine, les Japonais paraissent belliqueux. Mesurée à l'aune de l'histoire violente et sanguinaire de l'Europe occidentale, cependant, celle du Japon semble relativement non violente et paisible.

J'en ai parlé avec des Japonais qui trouvent ce paradoxe aussi étonnant que nous. Ils savent que la colère les rend émotifs et irrationnels. Même en l'absence de colère, leur loyauté de fer et la certitude de l'excellence innée de leur civilisation peuvent les conduire à traiter les autres en inférieurs. Ils trouvent difficile de s'excuser pour des actes qui peuvent être profondément offensants. Puisque personne ne se sent personnellement responsable, les excuses n'ont aucun sens. Certains responsables du ministère de l'Éducation ont ainsi cherché à censurer dans les manuels scolaires les descriptions des atrocités japonaises commises pendant la Seconde Guerre mondiale. Cette question sensible oppose sérieusement les Japonais, apparemment peu conscients des effets de cette tentative d'effacer le passé, à leurs voisins. La situation a été aggravée par un récent Premier ministre qui continuait à se rendre au sanctuaire où beaucoup de criminels de guerre japonais sont encore honorés.

Maruyama Masao a montré de façon très convaincante comment, en vertu du système de responsabilité partagée, personne n'est prêt à assumer les décisions qui ont entraîné les horreurs de la Seconde Guerre mondiale :

> On avait préféré que le partage des responsabilités restât flou, de sorte que la responsabilité finale d'une décision ne pouvait être attribuée à personne. À l'évidence, la machine étatique du système impérial comportait un risque : elle pouvait se muer en un gigantesque système d'irresponsabilité.

Dans son excellent essai sur le tribunal des crimes de guerre, Maruyama cite de nombreux généraux et officiers supérieurs japonais qui ont déclaré savoir dès le départ que la guerre était une aventure hasardeuse et sans espoir, et que le Japon serait vaincu.

Robert Ozaki nous dit que « l'expression "la pénitence collective des cent millions de Japonais", sans doute responsables des crimes et de la tragédie de la guerre, circulait au Japon juste après la Seconde Guerre mondiale ». On considère également que la guerre était inévitable et, dans une certaine mesure, causée par des agents extérieurs. Van Wolferen cite l'*Asahi Shimbun*, le plus grand quotidien japonais, qui affirmait : « Heureusement, à la fin, le Japon parvint à s'échapper de la guerre. » Et de commenter : « Ainsi envisagée, la guerre est une "catastrophe naturelle" qui, au même titre qu'un tremblement de terre ou un typhon, vous prend au dépourvu. » Il cite un intellectuel japonais qui a écrit, à propos de la guerre contre la Chine : « De l'extérieur, un Japon animé d'intentions impérialistes semblait envahir la Chine. De l'intérieur cependant, la majorité des dirigeants politiques avaient le sentiment que le pays était entraîné dans le marais de la guerre par quelque processus inévitable. »

Tout indique, par ailleurs, l'existence d'une vision surprenante des raisons de l'invasion de la Chine par le Japon. Ainsi la déposition du général Iwane Matsui devant le tribunal des crimes de guerre, qui donne froid dans le dos :

> J'ai cru pendant toutes ces années que nous devions considérer ce combat comme un moyen d'obliger les Chinois à réfléchir sur eux-mêmes. Nous ne faisions pas cela parce que nous les haïssions, mais au contraire parce que nous

les aimions trop. C'est exactement la même chose que dans une famille où le frère aîné, qui a enduré aussi longtemps que possible la mauvaise conduite de son frère cadet, doit finalement le châtier pour l'amener à se conduire correctement.

Cette attitude d'une arrogante condescendance est sans doute typique des impérialistes de toutes les époques, et rappelle l'idée de « fardeau de l'homme blanc » et l'admonestation du professeur avant le fouet – « Cela me fait souffrir plus que toi ». On y trouve aussi, plus confusément, l'idée prêchée par certains nouveaux cultes japonais : il vaut mieux détruire quelqu'un plutôt que le laisser céder à un mauvais « karma ».

Les Japonais soulignent par ailleurs les ambivalences de l'histoire britannique, allemande, italienne ou espagnole du XXe siècle, où des périodes d'extrême sophistication ont alterné avec des périodes de militarisation et la création de camps de concentration. Ce que les Japonais savent pertinemment, c'est que l'homme n'est pas tout ou son contraire, qu'il n'est ni pacifique ni agressif de nature. Chacun de nous découvre dès l'enfance qu'un vernis de raison et de gentillesse peut recouvrir de profondes colères qui éclatent parfois au grand jour.

Les Japonais vivent dans un paysage où les bucoliques beautés des floraisons et de la lune peuvent brusquement céder la place au chaos et à la destruction : *tsunami*, éruption volcanique, séisme. Ces phénomènes appartiennent à leur histoire : de longues périodes de quiétude suivies d'un épisode meurtrier. Contemplation paisible et sérénité laissent du jour au lendemain la place aux armées en maraude qui coupent des nez coréens, au massacre de Nankin, aux atroces expériences de guerre bactérienne en Mandchourie, aux marches de la mort ou aux terribles camps de prisonniers de guerre. Mais les Japonais ont aussi vécu le lancement de deux bombes atomiques et les bombardements de Tokyo et d'autres villes avec une surprenante force d'âme et une absence étonnante de désir de vengeance.

À l'intérieur des sociétés tribales règne généralement la paix ; les membres de la tribu se comportent de manière pacifique les uns envers les autres. Mais pour survivre dans un monde privé d'État souverain, ils présentent aux tribus voisines un visage guerrier, voire féroce. Les Nagas d'Assam en sont un bon exemple. S'ils menaient une vie paisible dans leurs propres villages, ils étaient par tradition de féroces chasseurs de têtes, qui trouvaient souvent leurs victimes dans les villages voisins. De même les Japonais, pacifiques et doux chez eux, se montrent-ils irascibles et agressifs envers l'extérieur.

Beaucoup de sociétés tribales, quand elles se lancent dans une guerre contre des tribus étrangères, se considèrent elles-mêmes comme des êtres humains réels, à part entière, tandis qu'elles voient leurs ennemis comme par définition « non humains », extérieurs à leur tribu, incompréhensibles et, d'une certaine façon, dépourvus de véritable humanité. On connaît bien l'immense cruauté et les destructions associées aux tribus nomades des steppes centrales, Huns puis Mongols. La ville ou la vallée qui refusait de se rendre immédiatement subissait des ravages inimaginables. La guerre était totale, jusqu'à la mort. Il était exclu à la fois de faire preuve de clémence et de reconnaître que l'on tuait ou torturait des êtres humains.

Les Japonais semblent parfois s'être conduits de la même manière quand ils se sont aventurés loin de leurs îles. Au XIXe siècle, ils ont observé le comportement brutal, à leurs yeux hypocrite et cruel, des impérialistes occidentaux et conclu que la guerre n'était qu'une question de force. Le vainqueur emportait la mise. Les destructions étaient massives, et la reddition inconcevable. C'était ainsi, apparemment, que l'on faisait la guerre – et c'est ainsi qu'ils ont choisi de la faire. Ils ont « triché » en bombardant Pearl Harbor un dimanche, sans avertissement préalable. Ils ont laissé leurs prisonniers de guerre mourir de faim et ont passé les blessés au fil de la baïonnette dans les hôpitaux. Ils se sont conduits comme si le seul but de la guerre était la victoire, par n'importe quelle méthode.

Les Japonais ont attendu longtemps avant d'entrer en guerre, mais une fois la guerre commencée, elle se devait d'être totale. Ozaki écrit :

> En ce qui concerne notamment les guerres contre les États étrangers, l'expérience leur a presque totalement fait défaut pendant très longtemps... C'est la paix – et non la guerre – qui était la norme de l'histoire prémoderne du Japon. L'esprit japonais a acquis l'idée qu'une véritable guerre est une chose extraordinaire et anormale, une chose qui appelle le désespoir, la gravité extrême et la mort inévitable.

Autrement dit, nous ont expliqué nos amis, « pour les Japonais, la guerre est un dernier recours. Ils ne s'empressent pas de la déclarer, mais quand ils le font c'est pour livrer une guerre totale, sans merci. Pour les Occidentaux, la guerre est une sorte de jeu. Pour les Japonais, il n'y a pas de reddition possible. Ils n'ont pas compris la guerre limitée de l'Occident ». S'ils ont affamé et torturé leurs prisonniers, c'est aussi parce qu'ils pensaient que ceux qu'ils avaient capturés, surtout s'ils s'étaient rendus, avaient trahi leur honneur de guerrier. En n'empruntant pas le chemin de la mort, ils avaient renoncé à leur humanité et au droit d'être traités comme des êtres humains.

Toutefois, les Japonais n'ignoraient pas combien il était important de se conformer, en apparence du moins, aux conceptions occidentales en matière de traitement des prisonniers. Ils construisirent un camp modèle pour les prisonniers de guerre russes à Matsuyama et les traitèrent raisonnablement bien afin de suggérer aux diplomates occidentaux que le Japon était un pays civilisé, contrairement à la Russie. Mais dans un camp moins connu de Sakhaline, les conditions étaient effroyables.

Les Japonais ne comprenaient pas les distinctions, aussi subtiles que mouvantes, des méthodes de guerre occidentales, de la Convention de Genève, de l'idée que l'on pouvait écraser Dresde sous les bombes incendiaires ou massacrer des innocents par milliers tout en traitant les prisonniers avec un minimum d'humanité. Les Occidentaux qui prétendaient respecter les règles du jeu étaient dûment choqués de rencontrer, au XXe siècle, un autre peuple qui se conduisait comme les chrétiens avec les peuples qu'ils avaient asservis ou colonisés dans le passé, ou comme les Huns et les Mongols avant eux.

Nos interlocuteurs ont souvent insisté sur le thème de l'inexpérience par rapport aux nations impérialistes occidentales. Les Britanniques ont appris, au long de siècles de conflits et d'empire, à limiter et contenir la violence. Les Japonais qui ont débarqué sur le continent asiatique n'avaient aucune expérience. Ils ont essayé de forcer leurs nouveaux sujets à devenir japonais – en Corée, par exemple – et à adopter leur langue et leur culture, de même que leurs lois et leur politique. Ils se sont ainsi conduits comme les Espagnols ou les Portugais, puis les Français, au cours des siècles passés.

Les insulaires ont tendance à se considérer comme une race à part. C'est ainsi qu'ont réagi les Anglais, même si la présence du pays de Galles et de l'Écosse a quelque peu dilué cette insularité. Les Japonais, longtemps isolés et beaucoup plus nombreux, ont forgé eux-mêmes le mythe de leur exception.

Le Japon a vécu des siècles durant dans l'ombre de la Chine, dont il s'affirmait l'égal ; pourtant, la supériorité dans le domaine de l'invention, de la démographie et de la richesse ne faisait pas de doute. Les choses ont changé à la fin du XIXe siècle, lorsque les faiblesses et les divisions de la Chine, soumise aux pressions de la rapide expansion impérialiste et industrielle de l'Europe et de l'Amérique, se sont manifestées au grand jour.

Fukuzawa Yukichi, faisant écho aux catégories raciales de l'Occident, divisait à cette époque le monde en quatre « espèces ». Tout en bas de l'échelle se trouvaient les aborigènes d'Australie, de Nouvelle-Guinée et d'ailleurs. Venaient ensuite les peuples nomades, de Mongolie ou d'Arabie notamment. La troisième « espèce » comprenait les peuples des pays asiatiques – Chine, Turquie, Perse et Japon. En haut de l'échelle, les nations occidentales telles qu'Amérique, Angleterre, France et Allemagne, que le Japon devait chercher à imiter. Il opta quelques années plus tard pour un modèle à trois niveaux : « barbare », « demi-civilisé » et « civilisé ». Chinois et Japonais se trouvaient dans la catégorie intermédiaire.

Le classement fut modifié après les victoires du Japon sur la Chine, puis la Russie, au début du XXe siècle. Le Japon appartenait désormais à la catégorie supérieure, les autres civilisations lui étant inférieures. Les événements et la littérature de cette période montrent clairement que les Japonais, à l'instar des Anglais, fondaient leurs ambitions impérialistes sur la supériorité raciale, le « fardeau de l'homme jaune » consistant à apporter la civilisation aux peuples inférieurs d'Asie de l'Est.

Dans tous les empires basés sur des critères raciaux, les peuples barbares qui résistent aux réformes et aux progrès qu'on essaie de leur imposer ont toujours été traités avec brutalité. La réaction est évidemment plus dure en temps de guerre. Quand on doit tuer quelqu'un, il est préférable de considérer sa victime comme moins qu'humaine. Contrairement aux Français et aux Allemands qui pouvaient en théorie, parce qu'ils partageaient la même foi chrétienne, rester humains les uns envers les autres en temps de guerre, certains Japonais pouvaient se comporter comme si leurs ennemis étaient non humains, de la même manière que les Allemands à l'égard des Juifs. Les traitements différents infligés aux Occidentaux, aux Indiens ou aux Chinois dans les camps de prisonniers de guerre japonais illustrent ce racisme en action.

La distinction entre « humains » et « moins qu'humains » ne s'appliquait d'ailleurs pas uniquement aux peuples vivant en dehors du Japon. L'attitude envers les indigènes aïnous, envers la branche *hinin* des *burakumin* [exclus], et même à un degré considérable envers les immigrés coréens, se caractérisait par toute une gamme de divisions sociales fortement marquées.

Certains vieux Japonais qui ont vécu la Seconde Guerre mondiale s'inquiètent du fait que beaucoup de leurs jeunes compatriotes semblent avoir oublié ce qui s'est passé. Ils notent les arguments de plus en plus audibles de ceux qui souhaitent augmenter la capacité militaire offensive ou réviser les accords pacifistes de l'après-guerre. Mais ils soulignent également que la Constitution japonaise est encore l'une des plus pacifiques au monde, et estiment peu probable une agression japonaise extérieure, du moins dans un futur proche.

Droit et criminalité

Quand on compare les systèmes juridiques occidentaux du droit anglo-saxon, basés sur la confrontation, avec les procédés de conciliation qui existent dans de nombreuses sociétés tribales, le Japon se trouve assurément du côté tribal, « non moderne », de la réconciliation et de la réintégration en fonction du contexte. Les individus n'y jouissent pas traditionnellement de droits innés ; seules existent les obligations envers autrui. Selon l'historien contemporain George Sansom, « le concept de droits de l'individu était si peu familier que les écrits juridiques purement japonais ne possédaient aucun terme correspondant fidèlement au mot "droits" au sens d'une chose due, que l'on peut réclamer ». Voilà pourquoi, ajoute-t-il, les Japonais ont été obligés d'inventer un nouveau mot pour essayer de s'approcher de l'idée occidentale de « droits » : « le mot composé *kenri*, formé de *ken*, "pouvoir" ou "influence", et *ri*, "intérêt" ».

Réconciliation, médiation et arbitrage sont davantage prisés au Japon que les décisions de justice. Le but est l'harmonie, et non la rupture des relations. Le droit, comme l'économie, s'enracine dans la continuité des relations sociales. Singer écrit :

> Le droit n'a pas encore émergé du courant de la vie normale en tant que sphère à part entière... Aucune ligne de démarcation rigide ne sépare loi et coutume, habitude et convention, ordre de la nature et ordre de la raison, inclination naturelle et devoir social. Tout continue à dépendre des circonstances et reste sujet à transition rapide.

On évite autant que possible les litiges, au pénal comme au civil. Le petit nombre d'avocats, le nombre relativement bas d'affaires civiles et pénales, les années d'attente avant les décisions des juges, tout cela est très différent de l'Occident, en particulier des États-Unis. Le système juridique japonais est fondé sur la confiance, les relations à tous les étages, et les différences de statut. Ce n'est pas une compétition entre égaux devant un juge. Cela tient plus du rite que du combat de boxe, de l'union que de la séparation.

Une fois de plus, les apparences suggèrent un système juridique anglo-américain alors que la situation est en fait très différente. Des milliers de jeunes Japonais sont formés chaque année dans les facultés de droit. Mais la répugnance pour les procès est telle qu'ils n'auraient rien à faire s'ils obtenaient leur diplôme. Voilà pourquoi 90 % des étudiants environ échouent à l'examen du barreau et ne peuvent s'installer. Ce n'est pas la fin de leur carrière pour autant, car bien d'autres emplois s'offrent à eux. Mais on n'a pas besoin d'eux, comme en Occident, pour tempérer le système compétitif et conflictuel dont nous sommes familiers. La capacité à gérer l'une des économies de marché industrielles les plus sophistiquées au monde avec un niveau étonnamment bas de poursuites judiciaires est un exploit tout à fait singulier.

S'il vous arrive de vous faire arrêter par un policier japonais, que vous soyez en tort ou non, confessez votre faute, ne discutez pas, et vous en serez probablement quitte pour un simple avertissement. Et si vous sentez que vos droits individuels ont été foulés aux pieds, inclinez-vous et n'allez pas en justice. Harmonie et déférence sont plus importantes que les idées abstraites de culpabilité et d'innocence.

Le Japon est aujourd'hui l'un des principaux pays capitalistes et industriels au monde. Cette nouvelle domination en Asie est généralement considérée comme un miracle économique. Mais ce miracle n'a pas entraîné les deux fléaux qui frappent presque toutes les autres sociétés industrielles avancées : une criminalité de plus en plus élevée et une épidémie d'actions en justice.

Pour commencer par l'énigme de la criminalité au Japon, la situation est bien résumée par Lawrence Beer : « Le système japonais de justice pénale est efficace et rarement sévère. Le taux de criminalité est très bas et le Japon est un pays où l'on peut vivre en toute sécurité. » Il est vrai que les chiffres comparatifs sont impressionnants. Ainsi, les données comparables montrent que dans les années 1980 le Japon comptait environ 1,3 vol pour 100 000 habitants, contre 233 aux États-Unis et 65 en Angleterre. Le taux de criminalité japonais était de 1 meurtre pour 100 000 habitants, contre plus de 8 aux États-Unis. Depuis 1960, le taux de criminalité et de violences a augmenté partout dans le monde industrialisé, sauf au Japon où il a diminué jusqu'en 1990 environ. Il a ensuite augmenté pour diminuer à nouveau à partir de 2003.

On pourrait évidemment expliquer ces chiffres surprenants en suggérant qu'un grand nombre de cas ne sont pas signalés. Mais il semble que non. Un certain nombre d'enquêtes ont montré que si de nombreux délits, notamment mineurs, ne sont pas signalés à la police, la marge d'erreur des chiffres officiels n'est généralement pas plus importante au Japon qu'aux États-Unis. Les taux relativement bas du Japon ne sont pas une illusion statistique.

Les témoignages qualitatifs corroborent les chiffres. Quand J. H. Wigmore, un avocat américain, a visité le Japon dans les années 1930, il a découvert une société généralement paisible et heureuse : « On voit à New York en une seule nuit plus de manifestations de violence, de tapage et de mépris pour la loi qu'en une année entière à Tokyo. » En 1990, lors de notre premier séjour au Japon, le British Council m'a envoyé un bref résumé de ce que tout voyageur doit savoir. On nous disait, parmi d'autres choses, que « les villes japonaises, Tokyo incluse, sont absolument sans danger et l'on peut y marcher seul à toute heure du jour et de la nuit ». Nous avons pu le vérifier à chacune de nos visites.

D'autres signes indiquent une relative tranquillité. De nombreuses études locales menées dans tout le Japon montrent une absence de criminalité. Dans les années 1980, moins de vingt crimes par an impliquaient l'usage d'armes à feu à Tokyo. Les seules armes de poing légalement autorisées, hormis celles de la police, étaient en possession des membres de l'équipe olympique de tir. La consommation de drogues dures est un problème mineur, en déclin depuis de nombreuses années.

Ce taux de criminalité très bas n'est pas facile à expliquer. Il ne procède plus d'une peur des châtiments sévères, sans doute moins férocement cruels que dans le passé. Par rapport aux États-Unis, les condamnations sont plus légères au Japon pour toutes les catégories de crimes, sauf l'homicide pour lequel la peine capitale reste possible (environ trois condamnés sont exécutés chaque année).

Les condamnations avec sursis sont très répandues, de même que les faibles amendes acquittées après avertissement. Peu de condamnés aboutissent en prison ou dans des centres d'éducation surveillée. John Haley écrit que, dans les années 1980, « moins de 2 % de toutes les personnes condamnées étaient incarcérées au Japon, contre plus de 45 % aux États-Unis ». Les peines de prison sont d'ailleurs très courtes : les condamnations inférieures ou égales à un an représentent presque la moitié des cas, contre seulement 4 % en Amérique. Il n'est donc guère surprenant de constater que la population carcérale japonaise, déjà basse, diminue régulièrement.

Ce faible effectif ne s'explique pas non plus par l'inefficacité de la police japonaise ou du système judiciaire. Les chiffres sont remarquables dans les deux domaines. Une enquête citée par Haley en 1992 suggérait que la police japonaise résout 57 % des affaires signalées, contre 20 % pour la police américaine, et que le taux d'élucidation des crimes avec violence est de 92 % au Japon, contre 43,7 % aux États-Unis. Une fois les criminels arrêtés, le taux de condamnation de ceux qui sont jugés est extraordinaire. Il est diversement estimé à 99 % des affaires qui vont en justice, même si les méthodes musclées de la police y sont parfois pour beaucoup.

Mais une personne incarcérée pour un délit grave est automatiquement exclue de la société. On ne considère pas la prison comme une institution corrective. Nos amis ont été stupéfaits d'apprendre que les détenus anglais pouvaient préparer des diplômes ou regarder la télévision. Les conditions de vie dans les prisons japonaises sont sévères, la discipline stricte et le travail obligatoire.

Peut-être l'absence générale de crimes au Japon a-t-elle un rapport avec le système de surveillance mutuelle élaboré au cours des siècles. Il a été décrit par nombre de visiteurs européens, tels que Philipp von Siebold, au début du XIXe siècle :

> Nul ne peut changer de résidence sans un certificat de bonne conduite signé par les habitants du voisinage qu'il souhaite quitter, et sans la permission de s'installer parmi ceux qui vivent dans la rue où il désire établir son foyer. On affirme que le résultat de cette organisation minutieusement ramifiée est que, aucune région de l'empire ne fournissant de repaire au criminel, il n'existe aucun pays au monde où se commettent aussi peu de crimes contre la propriété, et que l'on peut laisser les portes non verrouillées sans craindre le vol.

À cette époque, la population était organisée en groupes de cinq foyers mutuellement responsables ; si une personne commettait un délit, tous les membres des autres foyers étaient punis.

Le système est beaucoup moins rigoureux de nos jours, mais la coopération entre population et police reste généralisée, comme le raconte Sugimoto Yoshio :

> Plus d'un demi-million de foyers, soit un sur cinquante, sont organisés en « foyers pour la prévention de la criminalité » et étroitement associés aux commissariats de police. Environ 40 % des policiers japonais travaillent dans de petits commissariats de communauté appelés *koban*, ou des postes secondaires appelés *chuzaisho*. [...] Chaque policier d'un *koban* ou d'un *chuzaisho* rend des visites de routine aux foyers et aux entreprises de sa juridiction afin d'obtenir des informations et de s'enquérir de l'éventuelle présence de « personnes suspectes » dans le voisinage.

La police délivre à chaque foyer une carte de liaison sur laquelle doit figurer son numéro de téléphone, la date de son installation dans le quartier, et d'autres détails du même genre. Bien que cette collecte d'informations relève officiellement du volontariat, presque tous les foyers y participent.

La curieuse nature des organisations criminelles japonaises est une autre explication, certes assez surprenante, de ces faibles taux de criminalité ; elle procède d'ailleurs de la même idée de surveillance mutuelle. On pourrait en effet avancer que les *yakuza*, sorte d'équivalent de la mafia ou des triades, constituent une institution qui contribue à contenir la criminalité, ou du moins la violence.

L'État japonais n'a pas la stupidité d'interdire les jeux, les services sexuels et les activités liées à l'alcool. Comme tous les gouvernements, cependant, il rencontre d'énormes difficultés pour les contrôler et les taxer. La police ordinaire, comme dans beaucoup d'autres parties du monde, cède vite à la corruption ; les policiers peuvent devenir des agents rémunérés et des protecteurs de gangs, accepter d'eux argent, femmes, drogue ou alcool. Mais l'État ne peut se permettre de laisser ces activités sans contrôle. Pour autant que je sache, le Japon est la seule grande civilisation qui a réussi à contenir ce problème délicat en faisant d'une organisation semi-criminelle une agence officiellement reconnue et partiellement acceptée de l'État. La mafia est officiellement interdite ; les *yakuza* sont autorisés à exister.

En Japonais, *yakuza* signifie « 8-9-3 », une combinaison néfaste dans le jargon des joueurs. L'organisation est apparue dans le monde du jeu avant de se développer dans d'autres domaines. Selon le dictionnaire *Heibonsha*, le mot s'applique aux

> organisations criminelles qui possèdent des caractéristiques similaires à celles des organisations de joueurs traditionnelles, telles qu'organisation verticale de type familial, pouvoir absolu des supérieurs et sujétion absolue des inférieurs, ritualisation extrême des salutations et des comportements en réunion et respect d'un code de conduite et d'éthique particulier.

D'après cette définition, seul un nombre limité d'organisations criminelles japonaises appartient à cette catégorie.

Pour se protéger, les Japonais ont mis en place un ensemble de « pare-feu », notamment la police, qui reçoit des instructions sur la meilleure manière de traiter avec les *yakuza*. Certains commissariats disposent d'une liste de tous les *yakuza* locaux, avec lesquels ils établissent et entretiennent des contacts. Une section spéciale de la police est spécifiquement formée pour ce travail. C'est la police, par exemple, qui prend parfois des dispositions pour accorder aux *yakuza* des permis de stationnement lors de leurs conventions officielles, où ils arrivent en limousines à rallonge, arborant leurs lunettes de soleil et leurs tatouages.

Les *yakuza* peuvent recruter ouvertement leurs membres. Je me souviens de ma surprise lorsque je suis entré par hasard dans l'un de leurs bureaux de recrutement, pensant avoir affaire à une station de taxis de nuit. Mes amis m'ont précipitamment suggéré de ranger mon appareil photo et de m'éloigner.

Généralement, les *yakuza* n'ont guère recours à la violence physique. À quelques rares exceptions près, ils ne portent jamais d'arme à feu. Je me rappelle l'énorme scandale qui a éclaté le jour où un revolver et des munitions détenus illégalement ont été découverts dans la chambre d'hôtel d'un gros bonnet de l'organisation. En général, les *yakuza* de l'ancienne école ne font pas dans les drogues dures. Ils essaient d'écarter les triades chinoises, plus violentes, et leurs dealers. Ils possèdent de nombreuses entreprises parfaitement légales – chaînes d'hôtels et agences immobilières, par exemple – qui leur permettent de blanchir leurs profits. Mais ils sont clairement impliqués dans de graves délits, et on ne saurait les excuser en les considérant comme une branche un peu excentrique de la police, un groupe de gentils voyous.

Avec les *yakuza*, comme avec la criminalité japonaise en général, nous éprouvons une fois encore ce sentiment double de familiarité et d'étrangeté. En surface, les schémas ressemblent à ceux de n'importe quelle société industrielle – criminalité, gangs, police et tribunaux. Mais une étude plus poussée montre que motivations, organisations, niveaux de criminalité et réactions diffèrent de ce que la plupart des gens connaissent en dehors du Japon. Nos catégories ne fonctionnent pas.

Ma réflexion sur le pouvoir s'est toujours faite en termes de possibilités binaires : absolutiste ou limité, impérialiste ou équilibré, bureaucratique ou non bureaucratique, centralisé ou décentralisé, pacifique ou belliqueux. Le Japon semble posséder toutes ces caractéristiques à la fois. Nous pouvons en prouver l'existence aussi bien que l'absence. Le pouvoir est partout et nulle part en particulier, il s'exerce de la manière la plus féroce et la plus paisible, la plus officiellement bureaucratique et la moins stricte qui soit. Si la politique y tient une place énorme, elle semble n'être qu'une facette supplémentaire du mystère, qui demande en soi une explication. La clé se trouve peut-être dans des catégories mentales et des mécanismes de pensée propres aux Japonais, qui leur permettraient de dépasser ce que nous percevons comme des oppositions ou des contradictions.

6. UNE CERTAINE MANIÈRE D'ÊTRE AU MONDE

Espace, temps, histoire

Les Japonais vivent dans un monde complexe, hautement mobile, fluide et intensément peuplé ; ils ont élaboré, afin de mieux classer par ordre l'ensemble des relations qui s'y jouent, une opposition entre ce qui est intérieur, interne, privé *(uchi)*, et ce qui est extérieur, externe, public *(soto)*. Cette opposition flexible et contextuelle, qui change de sens en fonction de la personne et de l'occasion, n'est pas une grille de lecture abstraite et figée. Elle se rattache à d'autres oppositions de la même veine, entre surface *(omote)* et profondeur *(ura)*, devant *(tatemae)* et derrière *(honne)*. Une bonne part de la signification et de l'étiquette de la vie japonaise tourne autour de ces gradations, qui sont des différences non pas marquées – entre A et B, par exemple – mais tout en subtilité – entre A++, A+ ou A–.

Ainsi la maison, en particulier la pièce à vivre centrale, est-elle un espace sûr, propre et spécial d'où le danger, la saleté et la confusion du « dehors » sont totalement bannis. D'où l'obsédante obligation de ne pas porter à l'intérieur les chaussures et les vêtements d'extérieur, de se laver les mains et même la bouche en entrant dans la maison. Cela conduit à d'étranges renversements de situation. Ezra Vogel relevait qu'« une forme de punition relativement sévère au Japon consiste à enfermer un enfant en dehors de la maison en exigeant qu'il présente des excuses avant de pouvoir rentrer. En Amérique, une punition comparable consisterait à interdire à l'enfant de sortir. »

Le dictionnaire japonais *Kojien* donne au mot *uchi* au moins trois significations. Il a, tout d'abord, une dimension géographique et spatiale, celle de l'intérieur contre la périphérie. Ensuite, il renvoie à ce qui se trouve à l'intérieur de la frontière de la famille étendue – ma famille et mon foyer –, voire à certaines distinctions humain/non humain. Enfin, il évoque le noyau interne et caché – le cœur et l'affection que les autres ne peuvent ni voir ni percevoir ou observer de l'extérieur. Pour les Japonais, chaque strate de signification est clairement compréhensible bien que les imperceptibles nuances dépendant de différents contextes rendent parfois le mot ambigu.

De nombreux aspects de la vie sont perçus comme une série de cercles concentriques dont le centre possède la plus haute valeur ; plus les cercles s'élargissent, plus on rencontre danger, saleté et altérité. Les cercles intérieurs incluent Japonais et « humains » véritables, ceux de l'extérieur les divinités ainsi que les étrangers, barbares et autres intouchables. Assez étrangement, le centre est parfois vide. Comme si le mille, ou milieu, n'avait aucun contenu.

C'est le cas des sanctuaires japonais, vides de tout esprit, ou de la cérémonie du thé, simple procédure dépourvue de point focal. Il en va de même, commentait Roland Barthes, des villes japonaises : Tokyo, par exemple, « présente ce paradoxe précieux : elle possède bien un centre, mais ce centre est vide ». Barthes notait un trait similaire, étrange, dans la nourriture japonaise : « Aucun plat japonais n'est pourvu d'un centre [...], tout y est ornement d'un autre ornement [...], la nourriture n'est jamais qu'une collection de fragments. »

Autant d'indices pour suggérer ce qui occupe le cœur du concept japonais d'espace. Tout est relationnel, se réfère à autre chose ; l'intérieur se définit en relation avec la strate voisine, plus proche de l'extérieur. Il n'est question que d'hiatus, de vides, d'intervalles. Le sens se rencontre dans l'organisation des choses en relation avec d'autres choses et dans le degré exact de distance ou d'espace entre elles.

Ce système de construction souple aide les Japonais à ordonner leur paysage à la fois si violent et stratifié. Dans un monde où, d'ordinaire, l'argent, l'urbanisme, l'écrit et les technologies avancées détruisent les communications directes, les Japonais parviennent à communiquer de façon riche, précisément à travers ce minimalisme qui permet à l'autre de remplir les espaces avec ses propres significations. Toutes les options restent ouvertes en permanence.

En ce qui concerne les conceptions du temps, je pensais qu'une grande transformation avait eu lieu à un certain point de l'histoire japonaise. Je supposais que les vestiges de la vie tribale ou paysanne hérités du passé avaient désormais disparu et que le temps linéaire, mesurable, de la modernité, était devenu plus ou moins universel. Cela semble vrai au premier abord. Les Japonais fabriquent des montres fantastiques et leurs trains sont ponctuels à la seconde près. Les gens aussi sont ponctuels, en règle générale, et l'urbanité de leur vie s'effondrerait sans un fort sentiment du temps mécanique. Quand on fouille plus profond, cependant, surgit autre chose.

La langue japonaise elle-même, comme le chinois, ne possède pas de dimension temporelle. Elle utilise rarement les temps, de sorte que tout est simultanément passé, présent ou futur. Ce fonctionnement est en opposition complète avec la conception d'un temps linéaire recouvrant toutes les choses qui sont arrivées, arrivent, et arriveront peut-être, ou sûrement.

Ensuite, il existe peu de linéarité dans la philosophie. Sans vie dans l'au-delà, deuxième avènement ou fin du monde, sans dessein à la vie ni renaissance, il n'y a pas de but à l'histoire. Nous sommes dans une société parfaitement existentielle. Nous existons, point, et le moment est tout. Cette vision entraîne une certaine tristesse, car le présent s'évanouit sans cesse, le moment parfait de la pleine floraison, de la pleine lune ou de la vague sur la grève est toujours fugitif. Tout n'est que rêve momentané sitôt évaporé comme la rosée du matin.

Enfin, le cycle des cérémonies, des changements vestimentaires et alimentaires dont la télévision japonaise se fait aujourd'hui l'écho, avec ses thèmes saisonniers, rappelle aux Japonais le monde cyclique du printemps, de l'été, de l'automne et de l'hiver. Les rythmes abrupts des changements annuels se reflètent même dans la ville japonaise la plus encombrée ; la plupart des Japonais pensent d'ailleurs qu'il est très important de savoir les happer et les ressentir.

Le temps semble effectivement magique. Certaines périodes sont propices, d'autres à éviter. Griffis remarquait au XIXe siècle : « Même chez les *samurai* instruits [...] il y a beaucoup de périodes dangereuses pour les voyageurs, et le nombre de jours favorables et défavorables est trop grand pour être détaillé ici. » Le temps varie en qualité plutôt qu'en quantité. Il peut être ralenti ou accéléré ; voire entièrement oblitéré, comme dans la cérémonie du thé où les invités ôtent leur montre avant d'entrer dans un espace en dehors du temps. Le temps n'est pas mort, mais vivant. Loin de le subir, les Japonais le maîtrisent. Le temps possède au Japon une élasticité, ou relativité, qui est l'une des caractéristiques les plus frappantes de son calcul traditionnel. Comme dans les sociétés tribales, il se dilatait et se contractait au sens littéral. L'équivalent de la semaine n'existait pas. La longueur de l'heure était flexible et changeait au fil de l'année, en fonction de la saison. Si le nombre des heures était fixe, leur longueur n'était égale qu'au moment des équinoxes. L'introduction de la montre occidentale au Japon en fut grandement compliquée.

Enfin, n'oublions pas la question de la longueur des cycles du temps périodique. Les Japonais associent, dans ce domaine, une conception du temps mythique et cyclique – dans les mythes de l'origine du Japon et de l'empereur, par exemple – à une dimension linéaire qui équivaut à peu près à la durée. Le temps coule de manière cyclique tout en possédant une longueur. L'unité utilisée n'était pas le siècle fixe, mais l'ère, ou *nengo*, un dérivé chinois dont la durée pouvait varier d'un an à n'importe quel nombre d'années.

Les conceptions japonaises du temps sont stratifiées. Nous trouvons aujourd'hui en surface le temps occidental, mais le temps saisonnier, rythmique, magique, subsiste juste en dessous. Il a un sens ; il n'est pas mort. Mais comme tout le reste au Japon, il n'existe pas de manière indépendante. Les arbres, la lune, les vents et les herbes sont tous des horloges qui ralentissent ou accélèrent le temps. Chacun existe dans le moment présent, car l'individu n'a ni passé ni futur ; tous, bien sûr, sont pris dans le passé du peuple japonais, comme les feuilles innombrables d'une grande forêt.

Les Japonais ne sont pas esclaves du temps – ils l'apprécient, le savourent, le pleurent et l'utilisent. Ils en fabriquent suffisamment pour leurs besoins et semblent rarement en avoir trop (ennui) ou trop peu (angoisse et culpabilité). Le temps n'est ni une norme abstraite, ni l'œuvre de Dieu. Le temps en tant que tel, l'ici et maintenant qui se fondrait dans l'éternité, n'existe pas. Toutes choses sont niées dans la plus profonde des aspirations japonaises – le néant.

Il est difficile d'appréhender pleinement l'idée du passé qui découle de tout cela. L'absence, ou presque, de temps du passé et les fortes notions de circularité impliquent que le passé appartient au présent, comme dans beaucoup de sociétés tribales. J'ai parfois l'impression, à Cambridge, que Francis Bacon, Newton et Darwin déambulent encore sur les berges de la rivière ; de même, Kenichi cite souvent dans nos conversations des exemples qui remontent au XIIIe et au XIVe siècle japonais, comme si c'était hier. Le passé n'est pas un pays étranger. Les notions de prémoderne, moderne et postmoderne ne paraissent pas applicables à l'histoire japonaise.

Kenichi m'a écrit une note qui explique la simultanéité du temps et l'absence de « phases » permettant de découper l'histoire :

> Le sens japonais du futur est, d'une certaine manière, différent de notre sens du progrès unidimensionnel. Pour faire simple, disons que les esprits japonais vivent simultanément dans le prémoderne, le moderne et le postmoderne. Il est difficile d'appliquer la théorie des phases qui découpe l'histoire en morceaux tels que la période Kamakura (prémoderne), les périodes Edo et Meiji (modernes) et le Japon contemporain (postmoderne).

À l'inverse, le passé est entièrement passé : il ne faut pas s'y arrêter, mais le recouvrir. Le passé, comme les ancêtres, est une sorte d'amoncellement de simultanéités, non un chemin régulier qui s'allonge jusqu'au présent. Cela explique peut-être l'étrange attitude envers les victimes de guerre, les sanctuaires et l'histoire passée.

Les Japonais ont des techniques d'amnésie très au point, des méthodes pour oublier et pardonner. Ils sont très forts pour réorganiser le passé en harmonie avec le présent. Ainsi leur coutume de bâtir deux sanctuaires après une bataille, l'un pour les vainqueurs, l'autre pour les vaincus. Cela apaise les perdants, calme leur colère et leurs esprits troublés, atténue le côté négatif de l'événement.

Le passé ne donne guère lieu à récrimination. Lors de la restauration Meiji, par exemple, les vaincus n'ont pas été sévèrement punis, mais rapidement incorporés dans le nouvel ordre. Après la Seconde Guerre mondiale, la défaite a été immédiatement acceptée, sans amertume ni protestations. Kenichi pense que cette réaction s'explique en partie par la fréquence des catastrophes naturelles au Japon – typhons, tremblements de terre, éruptions volcaniques. Pour survivre, il était nécessaire d'oublier le passé et de reconstruire en prévision de l'avenir. Quelle qu'en soit la cause, elle a rendu assez rapidement possible l'oubli, puis le pardon.

Maruyama Masao s'est efforcé, dans un essai très controversé, de montrer que le Japon change constamment tout en conservant une structure qui modèle ces changements. Il a élaboré la théorie de la « note profonde » de l'histoire japonaise, se demandant « si les changements historiques, quels qu'ils soient, ont eu lieu non pas en dépit mais précisément à cause de certains facteurs de continuité fondamentaux qui sous-tendent l'expérience japonaise ». Et de développer son idée :

> En musique, le *basso ostinato* [...] est un schéma récurrent des notes basses. C'est un motif sous-jacent qui est indépendant de la partition des aigus, et si le thème principal apparaît dans les aigus, il subit inévitablement les modifications de ce *basso ostinato*. Cette métaphore peut être appliquée au développement historique de la pensée japonaise. La plupart des thèmes principaux ont été importés de l'étranger depuis les temps les plus anciens, à commencer par le confucianisme, le taoïsme, le bouddhisme, jusqu'aux idéologies modernes du libéralisme, du constitutionnalisme, de l'anarchisme, du socialisme, et ainsi de suite... Si nous étudions les circonstances dans lesquelles ces idéologies en provenance du continent asiatique ou de l'Occident ont subi des modifications après leur arrivée au Japon, on observe que certains modes de pensée comparables émergent dans chaque cas, qui apportent de subtils changements à

l'original. Ce sont ces modes de pensée récurrents que j'ai appelés *basso ostinato* de l'histoire intellectuelle japonaise.

Il détaille ensuite sa métaphore :

> Je ne présuppose pas de contradiction ou d'exclusivisme entre le facteur de changement et celui de continuité. [...] Ce que je veux souligner, c'est [...] qu'il existe le même schéma *dans le mode de changement*, et l'on peut entendre la phrase musicale répétitive dans le changement. [...] L'histoire japonaise des idées change diversement et rapidement *à cause* du schéma répétitif des idées et de la pensée.

Cette perspective est importante. Pour les Japonais, le temps n'est pas circulaire, mais il existe une certaine répétition ou similitude de forme. Je trouve cela facile à comprendre lorsque, en observant la Cambridge que je connais depuis trente-cinq ans, je découvre qu'elle a beaucoup changé tout en restant fondamentalement la même. Pour prendre une période de temps plus longue, le village anglais actuel d'Earls Colne, où je me rends régulièrement, semble très différent du village que j'ai appris à connaître par les chroniques rédigées il y a cinq cents ans ; il se situe néanmoins dans le droit fil d'une continuité.

Maruyama a perçu ce sentiment d'« identité changeante » placé au cœur d'une vieille civilisation comme celle du Japon. Il nous donne aussi le moyen de comprendre comment les Japonais ont réussi à préserver leur « altérité » spécifique face aux énormes pressions extérieures qui les poussaient à se conformer aux modèles philosophiques de la Chine et, plus récemment, de l'Occident. Idées et institutions peuvent changer et s'adapter très rapidement au Japon, comme en Angleterre, précisément parce qu'il existe un schéma répétitif sous-jacent. Le changement rapide est aussitôt absorbé, et ce qui est nouveau paraît vieux. Il y a un sentiment d'éternité qui, par l'invention de traditions et le prompt recouvrement du neuf, donne l'illusion que rien ne change.

Nous avons généralement de l'univers une conception qui reflète à sa manière la structure de la société dans laquelle nous vivons. Là où la structure sociale s'est fixée en schéma institutionnalisé, la cosmologie est à l'avenant, de sorte que ses membres sont attirés par un idéal de symétrie. Les chiffres de prédilection sont plutôt pairs, appariés ou multiples de pairs. Mais nous avons vu que, pour les Japonais, tout est partiel, dépendant, relationnel ; on ne s'étonnera donc pas de découvrir qu'ils ont opté pour des systèmes qui soulignent la dépendance, jamais spécifiée, par rapport à un élément qui comble le manque.

L'architecture japonaise évite la symétrie et l'équilibre, comme en témoignent les formes biscornues des temples et des pavillons de thé. La même recherche préside à l'arrangement des *tatami*, des plafonds ou des poutres. Singer expliquait qu'« un déploiement géométrique de lignes, d'idées ou de vertus éveille chez les Japonais le sentiment d'être coupés des sources de la vie. Ils se délectent dans l'asymétrie, dans ce qui semble fait à la va-comme-je-te-pousse [...] ». Il y a toujours quelque chose d'inachevé, une nostalgie de l'autre qui signifierait la fin – la mort – mais qui parachèverait aussi les choses. Les laisser inachevées permet la croissance.

Trois, et surtout cinq, sont les chiffres préférés au Japon. Le jour où l'on m'a offert des bols à thé, j'ai été fort surpris de n'en découvrir que cinq – d'autant plus surpris que nous essayons toujours d'inviter six personnes lorsque nous recevons. J'ai mieux compris en lisant, chez Chamberlain, que cette prédilection pour le cinq s'étendait jusqu'à la musique. Il explique comment, dans ce qu'il nomme échelle harmonique, la quarte et la septième sont délibérément omises, « parce que, de la même manière qu'il y a cinq couleurs reconnues, cinq planètes, cinq éléments, cinq viscères et ainsi de suite, il doit obligatoirement y avoir cinq notes en musique ».

Chamberlain constate que Chinois et Japonais adorent regrouper les choses en unités numériques, avec une préférence pour les chiffres impairs au Japon. On parle des « Trois vues » (les trois endroits les plus beaux de l'Empire), des « Trois capitales et cinq ports », des « Cinq festivals », des « Vingt et une grandes anthologies » et des « Cinquante-trois étapes » de la route Tokyo-Kyoto.

En guise de cerise sur le gâteau, les Japonais ajoutent aux nombres un qualificatif déterminé par la nature de ce qui est compté. Eliza Scidmore explique ainsi :

> Après avoir appris les nombres cardinaux et ordinaux, le néophyte doit se rappeler d'ajouter la syllabe *hiki* quand il s'agit d'un nombre d'animaux, *nin* pour les gens, *ken* pour les maisons, *so* pour les bateaux, *cho* pour les *jinrikisha*, *hai* pour les verres et les tasses destinés à n'importe quel liquide, *hon* pour les objets ronds et longs, *mai* pour les objets larges et plats, *tsu* pour les lettres ou les papiers, *satsu* pour les livres, *wa* pour les paquets ou les oiseaux.

Autre subtilité qui ajoute à la complexité de la vie : le regroupement des objets en une classification apparemment arbitraire et obscure aux yeux de l'observateur occidental. Sir Rutherford Alcock notait :

Il existe une classe pour tous les animaux – sauf les espèces qui volent et qui nagent, et les insectes. Une autre pour les oiseaux, dans laquelle sont néanmoins inclus lièvres et lapins ! Une troisième pour les bateaux, jonques et barques ; une quatrième pour les liquides que l'on boit dans un verre, eau, vin, thé, etc. ; une cinquième pour les choses qui ont une longueur, arbres, crayons, bâtons, mâts, poutres, radis, carottes, doigts, balais, tuyaux, etc., et ainsi de suite...

Le japonais, une langue contextuelle et relationnelle

Ceux qui ont étudié la langue japonaise ne savent pas exactement où la placer. Elle a peu de liens avec les langues chinoises ou sino-tibétaines voisines, quelques similitudes avec les langues altaïques (mongoles et turques), et de rares affinités avec le groupe finno-ougrien. Mais les linguistes ne s'accordent pas sur une éventuelle origine géographique. Si le japonais est similaire au coréen en termes de grammaire, cela ne suffit pas à prouver une relation génétique. Le vocabulaire n'a pas de racine commune, et les ressemblances grammaticales résultent peut-être du pur hasard.

Il est important de distinguer ici langue et discours. Le japonais possède une grammaire riche et complexe, une vaste gamme de pronoms personnels, différentes manières d'indiquer le temps, l'affirmation et la négation, la fonction d'un mot ou d'un groupe de mots dans la proposition (sujet, objet, etc.) – bref, tous les éléments nécessaires à la communication claire et directe. Pourtant, en étudiant les ressources utilisées, la façon de communiquer en langage parlé, nous constatons que la plupart des Japonais évitent soigneusement d'utiliser une grande partie des richesses à leur disposition pour créer comme délibérément une forme de discours limitée, ambiguë et indirecte.

Quand j'ai demandé à Kenichi comment cela fonctionnait, il m'a expliqué :

> L'ordre de la phrase japonaise suit le mécanisme de la pensée japonaise. Le locuteur essaie d'abord de définir le champ (comme en physique dans la théorie des champs), la date, l'espace, les relations, avant d'en venir au mouvement de l'agent. Le verbe et l'auxiliaire viennent à la fin. Le sujet explicite n'est pas nécessaire, puisqu'il a déjà été impliqué par la description du champ. Ce mode de pensée rend les penseurs structuralistes tels que Foucault et Merleau-Ponty, parmi d'autres, très populaires au Japon. La situation est donc définie en premier, puis l'action du sujet. C'est un reflet fidèle du mode de pensée japonais, dans lequel la réflexion s'applique d'abord au champ.

Dans une autre analyse, qui concerne cette fois la langue de la période du *Genji* (XIe siècle), Ivan Morris explique que le locuteur n'est pratiquement jamais indiqué ; le sujet de la phrase doit être deviné et peut d'ailleurs changer à mi-phrase, sans avertissement. Il ajoute :

> Les catégories mutuellement exclusives que nous considérons comme allant de soi dans les langues européennes – temps passé et présent, affirmation et interrogation, singulier et pluriel, masculin et féminin (tels qu'identifiés par des noms et pronoms personnels), doute et certitude – n'ont aucune pertinence en japonais de l'époque Heian ; il est parfois difficile de savoir si la phrase est affirmative ou négative[1].

Arthur Koestler notait que le texte « décrit des événements qui semblent flotter vainement en l'air, sans indication du sujet, du genre, de la personne ni du nombre ». Chamberlain expliquait, quant à lui, que « les noms japonais n'ont ni genre ni nombre, les adjectifs japonais aucun degré de comparaison, les verbes japonais pas de personne ».

Il m'est difficile d'imaginer comment parler sans utiliser temps, sujet et objet ou degrés de comparaison. En japonais, la complexité s'accroît du fait que les mots peuvent avoir de multiples sens. Le langage parlé possède de nombreux mots aux sonorités similaires, mais au sens totalement différent, et les caractères écrits peuvent être lus de manière à signifier des choses différentes en fonction du contexte. Fukuzawa en donne un bel exemple dans son analyse d'un *haiku* : « Puisque le premier vers peut signifier soit *gourde*, soit *guerre*, que le second exprime l'idée de commencement et que le troisième peut aussi bien être pris pour *froid* ou *missile*, on peut lire le poème de deux façons : soit "La première gorgée de la gourde, nous la buvons froide", soit "Le premier tir de la guerre, nous le faisons avec un missile." » Cette ambiguïté fait du japonais une langue fabuleuse pour les devinettes et les jeux de mots, les allusions et autres doubles sens.

Le discours japonais est profondément contextuel ; il change selon la relation entre locuteurs. C'est un trait particulièrement marqué de cette société hautement hiérarchique, même s'il se retrouve, à un certain degré, dans toutes les sociétés. « Le niveau choisi par chaque locuteur, qui est obligé de faire un choix avant d'exprimer une forme verbale, se base sur une évaluation de la distance sociale essentiellement envisagée en termes

1. Ivan Morris, *La Vie de cour de l'ancien Japon au temps du prince Genji*, Paris, Gallimard, 1980, trad. Madeleine Charvet. *(NdT)*

d'association complexe de l'âge, du sexe, de la position sociale, de la nature des interactions précédentes et du contexte », écrit Robert Smith. Ainsi les hommes ont-ils tendance à parler aux femmes comme à des inférieures, et les jeunes utilisent-ils des termes honorifiques pour s'adresser aux personnes âgées ou à leur patron. On note aujourd'hui quelques changements – moins d'attention accordée à la hiérarchie, par exemple –, mais l'essentiel demeure.

Le discours semble sacrifier la solidité objective à la subtilité subjective, comme le relève Maraini :

> Les langues indo-européennes possèdent une logique objective : elles font grand cas des variations d'être, du nombre et (souvent) du genre, de qui fait quoi à qui, et quand. La langue japonaise ne pourrait pas s'en préoccuper moins. *Ikimasu* peut signifier une bonne dizaine de choses différentes : je vais, mais aussi je viens ; il, elle, ça, va ou vient, ils vont ou viennent ; il est en train d'aller ; je veux y aller ; je dois y aller, et ainsi de suite.

Il existe en réalité deux mots distincts pour « venir » et « aller », et toutes les subtilités que Maraini trouvait inexistantes pourraient être spécifiées. Mais comme souvent, distinctions et variations sont omises dans le flot du discours.

Prenons l'exemple d'une phrase apparemment dépourvue de sujet, de telle sorte que nous nous demandons qui accomplit l'action ; le sujet est en réalité contenu dans le verbe honorifique utilisé, lequel nous dit qu'« une personne honorable fait quelque chose ». Cela indique que le sujet n'est pas le locuteur (qui ne se glorifierait jamais en utilisant un tel verbe).

Il n'y a, en conséquence, aucune confrontation, aucun échange abstrait, mais plutôt un lien qui se noue. La communication ne devrait jamais conduire à la confrontation ou au désaccord. L'harmonie interpersonnelle est essentielle, dispute ou débat sont évités. J'ai trouvé cela déconcertant quand j'enseignais à l'université de Tokyo, car je ne pouvais jamais amener mes étudiants à argumenter ou me contredire. Contrairement à mes étudiants anglais, ces doctorants restaient tranquillement assis, refusant d'exprimer opinions ou désaccord, voire de poser des questions.

De fait, la pensée binaire est généralement considérée comme une abomination, en particulier quand elle a le pouvoir potentiel de polariser l'opinion. L'absence de la forme affirmative et de la forme négative dans le discours japonais, pour nous des plus fascinantes, se situe dans le droit fil de ce principe. Nous avons vu que la grammaire possède des moyens pour indiquer l'affirmation et la négation, mais ils sont rarement utilisés dans la pratique, sauf par des personnes très proches depuis fort longtemps.

Suite à une de mes premières discussions avec nos amis, j'avais noté :

> Le mot *hai*, qui signifie « oui » au Japon, peut être pris au sens de « oui », mais il peut aussi signifier n'importe quel degré compris entre « oui » et peut-être « non ». En réalité, il reflète les mots et les intentions de l'autre, et signifie « c'est vous qui savez » ou « c'est vous qui décidez ». On ne doit jamais dire « non » directement au Japon. On doit laisser à l'autre le soin d'identifier les signaux négatifs qui sous-tendent un « oui ». Le mot « non » est beaucoup plus fort qu'en Occident. On ne peut dire « non » qu'à des amis très proches. Avec les autres, ce n'est possible que très occasionnellement. En disant « non », on écarte toute intimité et communication futures ; cela équivaut à une déclaration de guerre.

D'où l'importance d'éviter toute distinction véritable entre affirmatif et négatif, ce qui est et ce qui n'est pas. En vertu de la nature relationnelle de la pensée japonaise, beaucoup de choses sont simultanément « ceci » et « cela » d'une manière que ne permet pas la logique binaire de l'Occident. Les Japonais ont toujours évité la contradiction. On peut vraiment dire, pour paraphraser Lewis Carroll, que cela leur permet de croire six choses impossibles avant le petit déjeuner.

Voilà pourquoi les Japonais éprouvent souvent des difficultés à comprendre parfaitement un texte ou à communiquer sans ambiguïté les uns avec les autres. Avant mon premier séjour au Japon, une amie japonaise de notre fille nous a offert un « cheval porte-bonheur » avec une notice contenant quelques lignes d'explication à propos de son histoire. Je lui ai demandé ce qu'elles disaient. À ma grande stupéfaction, elle a eu l'air perplexe et m'a répondu que la notice était difficile à lire et qu'il lui faudrait plusieurs jours avant de pouvoir m'en expliquer le sens. Peut-être la calligraphie était-elle inhabituelle, ou obsolète. Mais j'ai souvent rencontré des gens incapables de traduire des textes sans effort et sans l'aide de dictionnaires.

Je suis allé un beau jour dans un restaurant japonais avec un groupe d'amis. Notre interprète japonais a passé vingt bonnes minutes à décrypter le menu avec la serveuse, essayant de comprendre la composition des plats avant que nous fassions notre choix. Ce qui est arrivé sur la table n'avait aucun rapport avec ce que nous pensions avoir commandé.

L'apprentissage du japonais écrit demande davantage de temps et d'effort que celui de n'importe quelle autre langue. Les spécialistes estiment qu'il faut de douze à trente ans pour le maîtriser ; à l'école, les petits Japonais doivent assimiler les deux à trois mille caractères chinois et les deux écritures phonétiques indispensables à une instruction minimum. La maîtrise de la langue parlée et écrite est à certains égards un art aussi noble que la cérémonie du thé, la calligraphie ou la méditation *zen*.

Pourtant, après cette somme d'efforts, la langue est reléguée à une forme amputée de communication. « Dans son essence, le plaisir de la conversation n'est pas d'ordre logique mais affectif », note Nakane Chie. Ce n'est pas la voix qui communique, mais le corps tout entier – yeux, sourire, cheveux, gestes et vêtements inclus.

L'objectif est d'utiliser la langue pour parvenir à une communication parfaite avec le minimum de signes, comme dans les mini-poèmes en vers appelés *haiku*. Pour Kenichi, la forme de communication la plus achevée était le *renga*, une chaîne de poèmes qui permettait un échange émotionnel intense, une sorte d'unité ou d'empathie extatique. L'idéal est le silence. D'après un proverbe japonais, tout langage est une barrière à la profondeur de l'échange véritable. Car on peut lire ce que l'autre désire dans le silence, comme on peut lire ce que l'on veut dans le vide d'un sanctuaire ou la méditation *zen*. L'Anglais, individualiste, considéré parfois comme discret et réservé, peut comprendre cela, du moins en partie. Il partage souvent un silence de bonne compagnie. Les Japonais poussent cet art à ses limites.

Les Japonais écoutent les pauses dans le discours, les silences entre les mots, le non-dit de préférence au dit. « Nous préférons la voix douce, l'euphémisme, commente Tanizaki. Le plus important, ce sont les pauses. » Le silence est d'autant plus grand que le contenu de la communication est profond. « Dans les relations les plus intimes, écrit Herbert Passin, la parole explicite n'est pas nécessaire : le mode habituel est la compréhension muette ; petits mots et fragments de phrases peuvent servir d'indications, mais un étranger à la conversation les trouverait totalement incompréhensibles. » Pour Nitobe Inazo, « la parole est souvent pour nous, comme diraient les Français, "l'art de dissimuler la pensée" ». « Nous autres Japonais pensons mieux exprimer nos sentiments par le silence », telle fut l'explication donnée à Hearn. Ce qui est indubitablement vrai dans certaines situations, mais n'oublions pas qu'au Japon comme ailleurs, on peut voir des gens bavarder aimablement, établir et entretenir des contacts par la parole.

Le vocabulaire, associé à l'usage sélectif des outils grammaticaux et syntaxiques, permet au discours d'agir comme une sorte de liant entre les individus, quels qu'ils soient, dans n'importe quelle situation. Il devient un miroir du statut relatif, des intentions et des désirs de l'autre, un moyen riche d'ambiguïté, de nuance et d'hybridité, d'esquiver les oppositions. Les Japonais semblent comprendre la signification des signes parce qu'ils savent déjà ce que l'autre va dire avant qu'il (ou elle) ouvre la bouche. Ce langage entièrement relationnel leur permet d'habiter leur monde interconnecté. Il possède peu de significations intrinsèques, mais une grande subtilité ouverte à l'interprétation des auditeurs.

Il faut encore souligner que beaucoup d'autres langues ont des traits communs avec le japonais. Le thaï possède des pronoms qui reflètent les différences sociales, et de nombreuses langues asiatiques observent le même ordre des mots dans la phrase. Le coréen utilise des formes honorifiques similaires à celles du japonais. Il est donc difficile de mettre l'ensemble des subtilités du discours de tous les jours sur le compte de la langue seule. Le modèle de communication importe plus que la structure de la langue.

D'après l'hypothèse linguistique de Sapir-Whorf, c'est le langage qui donne forme à la pensée. Au Japon, c'est un peu le contraire : le langage permet de penser et de dire beaucoup de choses, mais les Japonais, qui répugnent toujours à jeter quoi que ce soit, conservent dans leur grammaire toute une panoplie d'outils linguistiques dont ils ne se servent que rarement. Ce sont les relations sociales qui déterminent l'utilisation du langage et la conception du monde, pas l'inverse.

Le japonais possède d'excellentes manières de distinguer entre voix active et passive, entre l'agent qui fait une action et l'élément passif d'un processus, celui à qui les choses arrivent. La grammaire permet de dire « je fais ». Dans la pratique, néanmoins, on préfère les formes passives. L'anglais est, paraît-il, une langue du « faire » – les agents y font les choses –, tandis que le japonais est une langue du « devenir », qui décrit des mécanismes et des changements sans agent ni point focal. Ainsi une Anglaise dira-t-elle à son patron : « J'ai décidé de me marier », là où une Japonaise dirait : « Les choses ont évolué de telle manière qu'un mariage va avoir lieu. »

Ce mode de discours indirect peut avoir un impact significatif lorsqu'il s'agit d'établir une responsabilité personnelle. Après 1946, les Japonais ne disaient pas : « Nous avons choisi la démocratie », mais plutôt : « C'est devenu le monde de la démocratie. » Beaucoup de criminels de guerre ont nié, lors de leur procès, avoir joué un rôle actif dans le conflit. Alors que les généraux allemands ont assumé la décision de déclarer la guerre, leurs homologues japonais ont décrit les événements comme une série de faits extérieurs dont le déroulement progressif les a balayés sans qu'ils puissent les contrôler. Ils étaient convaincus d'avoir autant subi que commis.

Le refus des distinctions binaires

Avant de me pencher sur la logique japonaise, je dois souligner que je ne suggère pas, loin de là, que les Japonais sont prélogiques ou non logiques. Je ne crois pas non plus qu'ils ne s'intéressent pas au fonctionnement du monde réel. « Un auteur disparu », cité par un Morse approbateur, soulignait ainsi : « Aucun peuple sur Terre ne cherche la connaissance exacte avec autant d'acharnement. [...] Aucun peuple sur Terre ne surpasse les Japonais en clarté ou en subtilité de la pensée logique. » C'est que les procédures logiques sont différentes.

Cette autre logique consiste notamment à éviter la pensée absolue et binaire. Les oppositions profondément enracinées dans les systèmes monothéistes et dérivés de la Grèce antique ne trouvent guère d'écho. Nous l'avons déjà vu à propos de « oui » et « non ». Voici comment Maraini résume l'approche japonaise :

> On est rarement confronté au Japon à ces dualismes séparateurs qui caractérisent la pensée occidentale : Dieu et homme, créateur et créature, esprit et matière, corps et âme, bien et mal, nature et réalité surnaturelle, sacré et profane. Dans le *shinto*, les hommes, le monde et les divinités appartiennent tous à ce qui est par essence un continuum vital unique.

Le but ultime ne réside pas dans les distinctions, mais dans la synthèse et l'harmonie. « L'harmonie consiste à ne pas faire de distinctions ; si l'on peut faire une distinction entre bien et mal, il n'y a pas de *wa* [d'harmonie]. »

De nombreux auteurs ont noté qu'au Japon le contexte est plus important qu'un ensemble abstrait ou absolu de lois logiques. Matsumoto explique que la situation a priorité sur la raison – ce que les Japonais nomment « raison au-delà de la raison » *(rigai no ri)*. « Les Japonais ne semblent pas posséder de principes, si le mot "principe" est défini dans une perspective logique occidentale », commente-t-il. « La logique est considérée comme "froide" ou "non émotionnelle" au Japon, et certainement comme non identique à la vérité. »

Les relations sociales, comme dans beaucoup de mondes non divisés, viennent en premier. Les Japonais sont encouragés à mettre la cohérence sociale avant les observations universalistes et sceptiques. Rationalité et perception individuelles du monde sont modelées par la structure sociale. Les relations sociales sont plus importantes que la vérité cognitive objective. Rien n'est absolu. Tout est flexible et dépendant des relations.

Si deux idées se heurtent ou se contredisent conformément à la stricte logique, on peut très bien ne pas en tenir compte, car la raison est non seulement faillible, mais inférieure à l'émotion et à l'intuition. Un Japonais est capable de soutenir sans conflit des points de vue contradictoires. Le philosophe Nakamura Hajime remarque « une tendance à l'absence de pensée théorique ou systématique, parallèlement à un accent mis sur une orientation esthétique, intuitive et concrète plutôt que strictement logique ». Si les parties se heurtent parfois, l'ensemble continue à fonctionner, comme dans une œuvre d'art dont les irrégularités et les imperfections deviennent un tout qui contribue à la synthèse finale.

Conséquence de cette attitude, les Japonais se sont abstenus de toute métaphysique et du genre de spéculation associée à la religion dont l'Occident est si friand. Ils ne posent pas de questions commençant par « pourquoi », car une situation existe telle qu'elle est, et cela ne sert à rien de demander pourquoi. Émotion et intuition prennent le pas sur la raison. La relation sociale est plus importante que les principes abstraits, ce qui va de soi dans une société hiérarchique. Les contradictions logiques ne sont pas une menace pour le système. Les outils performants qui permettent de construire des chaînes causales basées sur l'induction ou la déduction ne les intéressent pas.

Pour les Japonais, ce sont les Occidentaux qui sont irrationnels, à deux titres. D'abord, les Occidentaux laissent constamment des vérités « religieuses » de nature non vérifiable s'immiscer dans leur métaphysique ; ils croient en un Dieu créateur, à l'existence de règles et autres « lois » cachées derrière les phénomènes impossibles à prouver, aux miracles parmi d'autres actes de foi. Les Japonais pensent que nous sommes très superstitieux, que nous avons une pensée presque magique.

Deuxièmement, nous nous efforçons d'atteindre à la cohérence logique à l'intérieur de nos sphères d'activité, par exemple dans le cadre d'une économie dirigée par les règles du marché, selon l'hypothèse improbable que nous avons une connaissance parfaite de nos choix. Mais le prix à payer est une forme d'irrationalité encore plus élevée, car nous devons prétendre qu'il existe réellement des séparations là où nous en avons nous-mêmes érigé pour notre propre convenance. Dans la vie réelle, les diverses parties de notre monde ne sont pas séparées ainsi, et tout est interconnecté.

Les Japonais se comportent d'une manière proche des codes du droit commun anglais ; autrement dit, ils ne cherchent pas à imposer règles et lois détaillées de nature universelle, forcément appelées à devenir rigides et inapplicables au fil des changements de contexte. Ils préfèrent un système *ad hoc*, sans principe directeur, souple, sur la base du cas par cas, du « bon sens » ou de l'« intuition », dont les raisons sont au-delà de la raison. Peut-être les Japonais sont-ils incapables d'expliquer comment leur système fonctionne, mais ils apprennent à l'utiliser instinctivement, comme on apprend à faire de la bicyclette.

Les Japonais se trouvent fréquemment dans la situation du pasteur anglais invité à petit-déjeuner chez l'évêque. L'épouse de ce dernier lui demande si son œuf à la coque est bon : en l'occurrence, l'œuf est pourri, mais l'ecclésiastique ne peut le dire sans risquer de voir sa carrière sérieusement compromise par le mécontentement qu'il causera à la maisonnée de l'évêque. S'il ment, c'est son âme immortelle qu'il met en danger. Alors, il répond : « Plus ou moins... » – réponse illogique, mais échappatoire socialement et spirituellement acceptable. Les Japonais vivent ce cas de conscience du matin au soir, à cause de l'enchevêtrement de la structure sociale et des relations de pouvoir. Leur langue et leur logique sont pleines de « plus ou moins ».

Langage du corps et code de comportement

Les Japonais communiquent leurs idées par les manières autant que par le langage. L'autodiscipline, la raideur et la réserve extrêmes manifestées dans le monde de l'étiquette japonaise sont remarquables. Personne (sauf les très jeunes bébés) ne se singularise par des gestes démonstratifs adressés à un autre adulte, ou même un enfant. Maris, femmes et amoureux ne s'embrassent jamais en public, bien que les habitudes changent, notamment chez les jeunes. Les parents n'embrassent et ne câlinent plus leurs enfants au-delà de l'âge de 6 ans. Il est vrai que les bébés restent en contact physique étroit avec leurs parents, qui les portent, dorment avec eux et les touchent fréquemment. Dès l'âge de 6 ou 7 ans, cependant, ils sont physiquement et littéralement tenus à distance. Les signes extérieurs de favoritisme ou d'intimité sont donc rares. Tout le monde, ou presque, est traité avec le même respect.

Je suis frappé par la ritualisation extrême de l'étiquette qui régit les relations interpersonnelles ; ainsi les profonds saluts qui mobilisent le corps tout entier pour communiquer dans une société où le langage corporel est, par ailleurs, plutôt limité. Les Japonais n'agitent guère les bras, par exemple, et je ne me rappelle pas avoir jamais vu un Japonais faire un clin d'œil – peut-être n'ai-je pas suffisamment observé. Le comportement est généralement plein de déférence, voire défensif et obséquieux ; on évite soigneusement la moindre manifestation d'agression tout en cherchant à entrer dans les bonnes grâces de l'autre. Les relations sont très « collantes » et complexes dès lors que les gens deviennent proches, précautionneuses jusqu'à l'excès.

L'étiquette qui préside aux salutations semble essentiellement un moyen d'unir des étrangers dans le cadre d'une relation de reconnaissance et de dépendance mutuelles. Harmonie temporaire, confiance, mise en relation, conciliation réciproque, désir de plaire sont des objectifs avoués. Le corps tout entier devient symbole, par son inclinaison, de l'intention profonde de nouer une relation sincère et sûre. Ce protocole s'accorde avec l'idée d'une société qui minimise différences et divisions pour insister sur le respect mutuel, la confiance et le conformisme.

La confrontation directe entre personnes n'existe donc pratiquement pas. Les gestes sont minimaux et les signes fortement positifs ou négatifs très rares, ce qui permet de se faire remarquer le moins possible. Les Japonais, avec la prudence des danseurs de salon, s'efforcent de ne pas se marcher mutuellement sur les pieds. Ils font tout ce qui est en leur pouvoir pour taire le ton affectif des interactions. Voilà pourquoi le visiteur qui emprunte le métro – bondé – ou marche dans les rues pleines de monde d'une grande ville japonaise se sent en sécurité, détendu et pratiquement seul. Harmonie, intégration, adaptation prudente et conscience de l'autre semblent essentielles.

L'apprentissage du code complexe qui régit chaque geste et chaque mot commence tôt, dès que l'enfant est capable de parler ; à l'âge de 10 ans, il sait presque tout ce qu'il faut savoir. Le but est d'absorber les règles de la contenance et du sang-froid, de faire taire et de contrôler ses sentiments. Le jeune Fukuzawa parlait au nom de nombreux Japonais quand il écrivait : « Un jour que je lisais un livre chinois, je suis tombé sur ces mots vénérables : "Ne montre jamais ni joie ni colère sur ton visage." Ces mots m'ont procuré un frisson de soulagement, comme si j'avais appris une nouvelle philosophie de la vie. » L'expression des visages japonais est notoirement neutre ; on y lit rarement l'excitation et la passion, sauf, parfois, quand ils sont détendus par l'alcool et, de nos jours, devant un match de base-ball ou de football.

Politesse et étiquette viennent avant la morale et la loi, puisque les relations interpersonnelles sont plus importantes que les abstractions de nature religieuse ou légale. Il est plus important d'être poli que de dire la vérité. C'est une vision des choses à laquelle la plupart d'entre nous souscrivent en partie quand nous nous abstenons de faire à nos amis des remarques franches qui pourraient les blesser. Elle est poussée jusqu'à ses extrêmes limites au Japon, au point où politesse et courtoisie deviennent une forme d'amour.

On nous a expliqué comment se négocie une relation respectueuse et confiante dans une civilisation où tout, ou presque, est affaire d'harmonie interpersonnelle. Au début d'une conversation, les premières remarques ont un caractère très général. On commence par utiliser les mots qui expriment un degré supérieur de distance ou de rang, une politesse extrême : « Je ne suis qu'une humble et pauvre personne », « Je connais très peu de chose sur ce sujet », et ainsi de suite. Mais la langue devient progressivement moins humble et moins formelle. Maintenir le discours distancié du début signifie que l'on n'apprécie pas son interlocuteur et que l'on ne veut pas aller plus avant dans la relation. Il faut parfois trente minutes de conversation pour négocier le niveau correct.

Tout ce comportement élaboré met une pression énorme sur l'individu, puisqu'il est très compliqué de négocier, en particulier avec des étrangers. Quand je parle avec des Japonais, y compris des personnes que je connais bien, je m'aperçois souvent que notre conversation crée en eux une tension qui les met littéralement en sueur... On dirait qu'ils sont constamment sur leurs gardes, non seulement parce qu'ils essaient d'éviter les signes embarrassants d'un manque de contrôle corporel, mais plus profondément parce qu'ils se surveillent attentivement afin de protéger le bonheur et l'estime de soi de l'autre.

En conséquence, ils passent leur vie à éviter de dire ou de faire quoi que ce soit de déviant, de trop immédiatement différent, critique ou compétitif. Cette situation est rendue plus tolérable par des inversions assez fréquentes – des moments qui autorisent et encouragent ce qui est ridicule, direct et conflictuel. Ils appartiennent souvent au domaine de l'imaginaire – les jeux télévisés et leurs exhibitions de « mauvaise conduite » regardés par des millions de spectateurs, les bandes dessinées ou les films populaires.

Le monde imaginaire des Japonais est abondamment nourri par la disponibilité et l'utilisation généralisées de l'imagerie visuelle. Plus des neuf dixièmes des Japonais regardent la télévision trois heures et demie en moyenne chaque jour. La catégorie générique du *manga*, littéralement « images dérisoires », recouvre les dessins animés, les bandes dessinées et les caricatures, et représente presque 40 % des publications au Japon, une proportion beaucoup plus élevée que dans les autres sociétés du monde. Les *manga* sont récemment devenus très populaires en dehors du Japon ; au Japon même, ils ont donné naissance depuis trois ans à un nouveau phénomène, le *manga-kissa*, ou café *manga*. C'est un mélange d'hôtel capsule, de café, de salon de thé self-service, de vidéoclub, de cybercafé et de librairie spécialisée.

Parce qu'il est si difficile de surmonter la distance et l'étiquette des rapports normaux, les moments passés à boire en compagnie sont très importants au Japon. Ils créent une sorte d'espace sacré et d'intervalle de détente, où « ce qui est impoli est correct ». On peut y révéler ses sentiments véritables ; un agent de service peut, par exemple, parler franchement de son patron, voire le critiquer. Le tout avec un sentiment d'impunité. Ainsi les professeurs, par exemple, sortiront-ils parfois avec leurs étudiants ; en buvant ensemble du *sake*, ils établiront une sorte de « communauté cérémonielle » par la boisson.

Silence et non-communication constituent les formes les plus abouties de soulagement de la tension causée par l'exigence extrême des normes de comportement. Les Japonais se drapent dans le sommeil à la moindre occasion. Voyager dans le train ou le métro avec une foule de voyageurs endormis, leurs clés et leur portable innocemment posés sur les genoux ou une tablette voisine, est une expérience particulièrement étrange.

Les salles de *pachinko*, où plus de vingt millions de Japonais, noyés dans le vacarme du hard rock et le tintamarre de millions de billes de métal, se retrouvent seuls à seuls, libres de refuser parole ou interaction, sont encore plus extraordinaires. Cet engouement est né à Nagoya après la Seconde Guerre mondiale : les nombreux industriels de l'aviation militaire cherchaient un moyen profitable d'écouler les millions de roulements à billes qui leur restaient sur les bras. Une salle de *pachinko* peut ressembler à une forme extrême du club anglais réservé aux messieurs de la classe moyenne ; un autre genre de peuple réservé et hyperdisciplinré, caché derrière son journal, y cherchait aussi la paix loin des incessantes et épuisantes manœuvres des relations interpersonnelles.

Les Japonais apparaissent comme le peuple le plus poli et cérémonieux de notre planète, même si ces caractéristiques sont très répandues en Asie de l'Est. Leur réserve est proverbiale. Quel est le but de tout cela ? Peut-être s'agit-il de se débrouiller dans un monde d'où sont absents les mécanismes sociaux structurants tels que classe ou caste, et où toutes les relations sont potentiellement très profondes.

Ce soin immense apporté à la préservation des liens amicaux et non conflictuels existe aussi chez les Gurungs du Népal, que j'ai observés. Les Gurungs s'appliquent à la courtoisie et aux égards, et pratiquent la danse sociale avec beaucoup de soin. On ne doit pas s'aliéner des gens avec lesquels on peut avoir une relation permanente et durable. Les autres villageois sont traités comme des êtres moraux et des fins en soi, pas de simples moyens. La relation ne peut être uniquement économique, sociale, religieuse ou politique ; elle opère à tous les niveaux, dans l'indivision d'un monde villageois.

Il en va de même au Japon, mais la situation y est encore plus difficile pour ses habitants : les relations potentiellement multistratifiées s'y nouent, en effet, dans une société moderne haletante, industrieuse et hautement mobile. La plupart du temps, il n'y a pas d'interaction avec les autres membres d'une foule. Mais quand une rencontre signifiante et nécessaire a lieu, on ne peut la traiter avec la désinvolture familière en Occident. Elle devient un cérémonial élaboré qui engage la personne tout entière.

Il est difficile pour un Occidental de comprendre le poids de ce formalisme. Il devient plus accessible quand on sait qu'au Japon cent vingt millions de personnes vivent dans une communauté imaginaire qui ressemble fondamentalement à un petit village. Certaines parties du « village » – camarades d'école, collègues, voisins – sont clairement démarquées et investies d'une grande importance ; les relations multistratifiées avec ces contacts proches ne sont pas trop difficiles. Mais ces havres de paix sont constamment envahis. Chaque nouvelle rencontre doit être négociée avec soin, sans heurter les sensibilités de l'autre, de telle sorte que le « moi » de chacun, dans toute sa fluidité, soit à son tour honorablement réfléchi et respecté.

Le propre et le sale, le pur et l'impur

Saleté et propreté, avec les frontières qui les séparent, sont des catégories importantes au Japon. Je me rappelle parfaitement à quel point j'ai été étonné de voir que la moindre allumette jetée sur le quai d'une gare était instantanément balayée, tandis que même les vitres des trains étaient d'une propreté immaculée. Si la saleté est « déplacée », les Japonais consacrent d'énormes efforts à la séparer et à la confiner de manière à la mettre en lieu sûr, là où elle peut être contenue.

Nous avons remarqué lors de notre première visite que les ordures sont soigneusement triées, ramassées et recyclées. Le monde de l'extérieur et celui de l'intérieur sont rigoureusement séparés, et porter ses chaussures d'extérieur dans la maison est un manquement grave à l'étiquette. Il existe des chaussons spéciaux pour se rendre aux toilettes. Une grande partie des cérémonies et des activités de loisir comportent un élément de purification, comme le sel jeté dans le cercle du *sumo* avant un combat ou le nettoyage et l'essuyage soigneux de tous les ustensiles de la cérémonie du thé.

Rien de tout cela n'est nouveau. D'après les descriptions du Japon faites lors des premiers contacts européens, il est clair que les Japonais étaient beaucoup plus propres que les Hollandais mêmes – pourtant considérés comme les plus propres des Européens, ce qui n'empêchait pas les Japonais de les trouver répugnants de saleté.

Tout visiteur comprend peu à peu qu'au Japon la vie est faite de frontières, d'espaces, de temps et de choses qui doivent être séparés les uns des autres ou nettoyés. La toilette du corps, le bain, le rasage de la tête et des sourcils, même le nettoyage des yeux, sont autant d'obsessions traditionnelles. On installe dans les toilettes des fleurs pour rafraîchir l'atmosphère, du papier pour s'essuyer, et des systèmes qui chassent fréquemment les eaux sales. Les toilettes de nombreux hôtels et appartements sont aujourd'hui équipées d'un éventail de gadgets pour chauffer le siège et laver diverses parties du corps. Ils fonctionnent grâce à un tableau de contrôle impressionnant, qui est un vrai danger pour le non-initié.

Une telle obsession de la propreté pourrait à première vue sembler liée à la religion et à des concepts de pollution rituelle. Le Japon ne surprendra pas ceux qui connaissent bien les systèmes de croyance mettant l'accent sur la pureté, avec une distinction nette entre ce qui est sale et ce qui est propre – le judaïsme ou, sous une forme plus extrême, l'hindouisme, dont les concepts de saleté et de contamination sont intrinsèques au système de castes...

Il existe clairement une association profonde entre la pureté et les anciens rites *shinto*. Izanagi, divinité créatrice et fondatrice du Japon, prend un bain de purification dès la première page de l'histoire mythique du *Kojiki*. Les Japonais ont toujours mêlé religion et propreté. « Dès l'époque la plus reculée, le *shinto* exigea une propreté scrupuleuse. L'impureté physique était tenue pour égale à l'impureté morale ; elle était intolérable aux dieux », écrivait Hearn.

Il semble que la pureté possède une dimension à la fois physique et éthique ; il existe donc un lien, au moins indirect, entre environnement propre et pensées et émotions propres. D'après Maraini :

> L'expression éthique de la pureté était la sincérité *(makoto)*, vertu cardinale au Japon depuis des siècles, encore très admirée de nos jours. On peut définir la sincérité comme la manifestation extérieure d'une pureté intérieure... La sincérité est l'antithèse de la duplicité et de la ruse. Elle a pour symbole le miroir, qui ne contient rien par lui-même. Comme il réfléchit tous les phénomènes sans égoïsme du cœur, les formes du juste et de l'inique, du bien et du mal, ne manquent jamais de se manifester à tout moment.

Cette connexion ressemble fort à celle du puritanisme occidental, qui associait à un niveau souvent implicite dévotion, simplicité, propreté et ordre.

Dans les sanctuaires *shinto*, la propreté est d'une extrême importance, car les *kami*, ou esprits, n'entreront pas si la purification n'a pas été parfaitement accomplie. Les maisons, de même, doivent être nettoyées pour ne pas déplaire aux entités qui vivent dans leurs divers sanctuaires ou sur leurs étagères réservées. Pourtant, quelque chose de différent est en jeu. Celui qui garde ses chaussures à l'intérieur ou ne prend pas de bain ne risque aucun châtiment surnaturel. En franchissant l'une de ces frontières, il ne viole pas un tabou au sens strict. Il ne libère aucune force vengeresse qui provoquera maladie ou mort. Il ne met pas en péril son bien-être spirituel. Il n'existe donc pas, ou presque, de rite de purification spécifique.

Le jour où nous avons par inadvertance oublié d'ôter nos chaussures pour assister à la danse d'une jeune *geisha* à Kyoto, nos amis se sont montrés scandalisés et peinés. Mais ils ne nous ont prescrit aucun rite de purification, et ils nous auraient crus fous si nous avions suggéré que les dieux courroucés allaient nous punir d'une manière quelconque. La menace se joue au niveau temporel : c'est le manquement aux normes sociales, au respect de soi, au fait d'être une personne humaine correcte.

On retrouve dans cette attitude un peu de la préoccupation des classes moyennes anglaises et néerlandaises pour la propreté du corps, parente de la propreté de l'âme. Il est donc possible de comprendre en partie le dégoût et la désapprobation. Mais il y a davantage qu'une obsession pour l'époussetage, le nettoyage et l'astiquage. La vie japonaise me rappelle à certains égards le poème d'A. A. Milne où des ours surgissent quand on marche par inadvertance sur les lignes entre les carrés[2]. On dirait qu'il existe une immense grille qui divise le monde en compartiments invisibles, à travers lesquels les Japonais se frayent prudemment et nerveusement un chemin en tâchant d'éviter de réveiller les ours.

---

2. Poème intitulé « Lines and Squares ». *(NdT)*

Lors de ma première visite au Japon, un professeur anglais qui avait fait ses études dans le pays, où il résidait et dont il parlait couramment la langue, m'a parlé des innombrables frontières qui cernent la vie. Il avait une collection de fiches sur lesquelles il notait les occasions où il avait empiété sur l'une de ces lignes, entraînant la menace d'un ours. Et d'affirmer qu'il ajoutait chaque jour une fiche ou deux, même après toutes ces années au Japon.

Puisque nous sommes au Japon, les choses ne sont évidemment pas si simples. En règle générale, personne n'est considéré comme impur, à une exception près : un groupe pratiquement invisible, car on n'en parle jamais, porte la marque d'une souillure. Ce sont les *burakumin*, qui exercent certaines professions spécifiques.

D'après les estimations, il existe six mille communautés *buraku* au Japon, qui représentent une population totale de trois millions de personnes environ. Il y a deux types de *burakumin*. D'abord, ceux qu'on appelle *eta*, ce qui signifie littéralement les « pollués » ou « hautement contaminés ». Cette catégorie comprend des gens autrefois associés à la boucherie et au travail du cuir, peut-être stigmatisés après l'introduction du bouddhisme. La deuxième catégorie, ou *hinin*, inclut fossoyeurs, mendiants et bourreaux.

Lorsque j'ai découvert leur existence (et après avoir lu des romans comme *La Transgression*, de Toson Shimazaki), je les ai immédiatement assimilés à une caste indienne. On les considérait comme impurs parce qu'ils travaillaient dans le sang, tuaient des animaux et tannaient le cuir. Autrefois, ils ne se mariaient pas en dehors de leur groupe. Ils vivaient dans des hameaux séparés, loin du reste de la population, victimes de discrimination en matière d'emploi et d'éducation. Leur taux d'alphabétisation était nettement inférieur à celui des autres Japonais.

Pourtant, certains *burakumin*, appelés *yase no doji*, portaient l'empereur (la personne la plus pure du Japon) lors d'une cérémonie de la plus haute importance, ses funérailles. Ils devenaient alors sacrés. On m'a dit que les groupes de *burakumin* vivaient parfois aux abords des villages, dont ils guidaient les habitants lors des processions. Peut-être parce qu'ils avaient un talent particulier pour la purification et pour apaiser les esprits de la terre au bénéfice du reste de la population.

Étrange encore, le fait qu'ils paraissent invisibles même à leurs propres yeux. En visitant l'un des centres des *burakumin*, près de la ville où vivait Toson, nous avons rencontré un groupe de femmes qui nous ont parlé de la discrimination dont elles souffraient et des divers moyens de la surmonter.

Une femme, dont le mariage avait été arrangé, était venue vivre dans cette ville avec son mari. Croyant épouser un Japonais ordinaire, elle avait fréquenté pendant des années les habitants du coin sans s'apercevoir que quelque chose clochait. Un beau jour, sa fille de 8 ans revint de l'école en se plaignant que les autres enfants l'injuriaient et l'appelaient d'un nom étrange. Elle interrogea son mari et apprit alors qu'elle avait épousé un *burakumin.*

La stigmatisation a été très forte, mais elle diminue à présent. Les mariages intercommunautaires ont augmenté, de sorte que la moitié des *burakumin* âgés de moins de 30 ans épousent aujourd'hui des femmes n'appartenant pas à leur groupe ; la discrimination est également en voie de disparition sur les lieux de travail.

Un cas particulier de marginalisation raciale concerne les peuples aïnous du nord du Japon. « Aïnou » signifie « homme », « être humain » ou « masculin » dans la langue aïnou. Les origines et les liens des Aïnous avec d'autres groupes raciaux font l'objet d'âpres débats. Certains affirment que leur taille, la forme de leurs yeux et surtout leur abondante pilosité, qui les distingue des autres Japonais, suggèrent des racines caucasoïdes ou australoïdes. Pour d'autres, ils ont de fortes affinités avec les peuples tungus, altaïques et ouraliques du nord de la Russie. La langue aïnou est très différente du japonais, et difficile à situer.

Les Aïnous occupaient à l'origine la majeure partie de l'île d'Honshu ainsi qu'Hokkaido et les îles Kouriles. Les luttes pour la terre les ont chassés d'Honshu vers le nord. En 1807, il ne restait plus que 27 000 Aïnous au Japon, et leur nombre est passé à 16 000 en 1931 à cause des maladies et des persécutions. On estime qu'ils sont aujourd'hui 25 000, mais seulement quelques dizaines d'individus seraient de « race pure ». Sept mille foyers aïnous vivent à Hokkaido.

Les Aïnous étaient un groupe de chasseurs-cueilleurs au riche folklore et à la mythologie complexe. Ils pratiquaient une religion chamanique et adoraient notamment l'ours. Leur système de parenté est très différent de celui des Japonais ; la lignée se transmet séparément par les hommes et par les femmes, ce qui crée des clans masculins et féminins. De nos jours, la plupart des Aïnous ont abandonné leur langue et leurs anciennes croyances pour adopter un style de vie essentiellement japonais.

L'histoire de leur marginalisation, certes pas aussi extrême que la destruction des Tasmaniens par les colons britanniques, n'en est pas moins tristement familière. Le gouvernement national et les Japonais d'Hokkaido ont longtemps considéré les Aïnous comme un peuple barbare et inférieur ; une grande partie de leur culture a donc été détruite. Il y a eu des changements au XXe siècle, mais les Aïnous n'ont obtenu que très récemment une protection totale contre la discrimination.

Nous avons vu que les Japonais se préoccupent beaucoup de leur propreté. C'est une obsession plutôt liée au désir d'ordre qu'à un savoir médical. On apprend aux jeunes enfants à craindre la saleté, qui est « mauvaise ». On leur apprend le sens du mot *batchii* (« sale ») en leur montrant des objets, les chaussures par exemple, considérés comme antihygiéniques. On leur signale les endroits sales et dangereux, d'une manière qui existe dans d'autres cultures, mais que la culture japonaise accentue particulièrement.

À l'extérieur de la maison se trouvent toutes sortes de « saletés des gens », considérées comme dangereuses pour de vagues raisons. Emiko Ohnuki-Tierney décrit comment, « quand les enfants reviennent de dehors après leurs jeux, la mère les accueille souvent sur le seuil avec une bassine d'eau pour leur laver les pieds ». Mais nous devrions aussi nous rappeler que les Japonais ont été des paysans pendant la majeure partie de leur histoire ; parents et enfants étaient en contact permanent avec le sol, sans aucune implication de souillure. De nos jours, les Japonais pensent que la nourriture ne doit pas être touchée directement, même après un lavage répété des mains.

Enfin, il est utile de se rappeler que cette préoccupation pointilleuse à l'égard du monde extérieur et intérieur s'étend à l'ensemble de l'expérience japonaise. Elle s'applique aux personnes autant qu'aux choses. Nous l'avons vu à propos des invisibles *burakumin*, mais ils ne sont pas les seuls.

Les Japonais, en tant qu'insulaires, voient souvent leur pays comme un refuge sûr dans un monde impur et hostile. Ceux qui sortaient, ou partaient à l'étranger, étaient traditionnellement considérés comme dangereux à leur retour, contaminés par diverses espèces de « saletés ». Les tentatives étrangères d'infiltration du pays – des Portugais et Hollandais, par exemple – étaient très soigneusement réglementées par une quarantaine stricte sur l'île de Deshima, dans la baie de Nagasaki. Environ 1,7 million de résidents étrangers vivaient au Japon en 2001 ; bien que tolérés et laissés en paix, ils sont plus ou moins invisibles.

On peut se demander comment les contradictions apparentes de la société japonaise, considérées d'un point de vue occidental, peuvent passer inaperçues. Une des façons de les résoudre consiste à les approcher dans une perspective japonaise en gardant à l'esprit que tous les aspects du monde ont une surface et une profondeur, une vérité de couverture et une vérité intérieure. Les désirs personnels, réels, naturels et intérieurs sont une chose, les règles et principes extérieurs en sont une autre, entièrement différente ; d'où la nécessité d'établir entre elles des distinctions prudentes. Les individus montrent à leurs intimes et leurs proches associés un côté de leur personne, et un autre aux inconnus. Je parle d'un trait commun à toutes les sociétés, d'une certaine manière, mais que les Japonais poussent à ses extrêmes.

Une autre approche consiste à considérer qu'au Japon toutes les choses, pensées, actions et objets sont soigneusement préparés et emballés de telle sorte qu'une enveloppe protectrice dissimule leur véritable nature. On attache beaucoup d'attention à l'emballage, car il permet à l'évidence de garder les options ouvertes – signification extérieure et signification intérieure. Ce phénomène est lié au thème de la dissimulation, des masques, des silences, des absences, qui est particulièrement fort dans la culture japonaise. Il est présent dans de nombreux romans ainsi que dans le théâtre *no*, avec son obscurité, son secret, ses masques.

Paradoxalement, la dissimulation n'empêche pas l'insistance sur les sentiments honorables, sincères et profonds. Les actes importent moins que les mobiles, le « cœur véritable », la sincérité, l'honnêteté avec soi-même. La vertu morale suprême est la « sincérité ». Mais qu'entend-on exactement par « sincérité » ? En Occident, elle est synonyme de loyauté, d'honnêteté, de franchise. Pas au Japon. « Un homme peut mentir et rester "sincère" si sa façon de mentir se conforme à l'étiquette, relève Arthur Koestler, et c'est un "manque de sincérité" que d'être trop franc et trop direct. » Le sens du mot est donc plus proche de « se comporter avec courtoisie et empathie ».

Une dernière façon de comprendre le Japon consiste à dépasser la distinction occidentale entre réalité et invention, fait et fiction. Nous savons que l'art, la religion, les jeux et les idées peuvent être « vrais » d'une autre façon que la vérité scientifique démontrable ; les Japonais, de même, vivent depuis longtemps dans un monde où imaginaire et réalité ne sont pas des sphères séparées. Kenichi m'a expliqué comment, en brouillant la frontière entre ces deux mondes, les Japonais réussissent à conserver un équilibre entre des pressions contradictoires :

> Chaque fois que j'utilise l'expression « prétendent être modernes », vous pourriez penser que nous vous trompons et que nous suivons les voies de la

> démocratie, du capitalisme et de la modernité superficiellement, pour la forme, mais pas dans la réalité. C'est vrai et faux à la fois. Il est vrai que les Japonais considèrent ces institutions importées comme des fabrications au même titre que les vêtements ou les jouets. Mais il est aussi vrai que vêtements et jouets sont des parties essentielles (substantielles) du corps. Sans eux, le système auquel nous appartenons n'est ni viable ni complet. Les Japonais devraient donc, d'après le professeur Maruyama, choisir la démocratie comme une « fiction essentielle » sur laquelle lui-même est prêt à parier. Il est difficile pour un Japonais de sentir l'opposition entre identité et authenticité d'un côté, faux et fiction de l'autre.

En matière de concepts et de catégories, j'avais supposé qu'une société moderne se trouvait d'un côté de certains fossés : le temps y est linéaire plutôt que cyclique, l'espace uniforme plutôt que qualitativement différencié, la langue décontextualisée et stable plutôt qu'enchâssée, la raison logique supérieure à l'émotion intuitive. Mais les Japonais ne se trouvent ni d'un côté ni de l'autre. Ils ne sont pas pré-, anti- ou non logiques. Leur langue peut tout exprimer, même si leur discours a souvent peu de contenu. Leur corps communique souvent plus d'informations que les sons qui sortent de leur bouche. Mes catégories familières, inversées, interverties, me deviennent inconnues. Qu'y a-t-il derrière tout cela, derrière l'absence de ces divisions familières dans la culture japonaise ? Notre insaisissable proie semble trouver refuge dans ce qui est apparemment le cœur du labyrinthe, ce que l'on nomme souvent « religion ».

7. CROYANCES ET SENTIMENTS RELIGIEUX

L'omniprésence de la « religion » ?

Même en ce début de XXIe siècle, un séjour au Japon laisse l'impression d'une société imprégnée de religion. Toutes les villes, petites ou grandes, possèdent des temples et des sanctuaires dont la popularité augmente chaque année, et qui attirent les visiteurs par millions. Les sanctuaires *shinto* et bouddhistes sont remplis de symboles religieux – autels, gongs, encens, nombreuses effigies de dieux et prêtres en robes somptueuses. Ils se dressent au milieu d'un décor souvent spectaculaire, allées de sable ou de galets soigneusement ratissés, laques étincelants, collines boisées et ravissants jardins.

Les fidèles viennent en foule... Le pèlerinage à Ise, principal sanctuaire *shinto* du Japon, est essentiel. Les sanctuaires du shogunat, à Nikko, sont une autre destination privilégiée. Des hommes portent de petits sanctuaires *shinto (mikoshi)* à l'occasion des processions religieuses organisées lors des grandes fêtes. Les divinités du sanctuaire sont promenées en procession dans les rues, un peu comme les saints dans les pays catholiques.

L'activité religieuse ne se limite pas aux endroits publics. Beaucoup de familles ont chez elles de petits autels bouddhistes dédiés aux ancêtres *(butsudan)* où elles déposent des offrandes de nourriture et d'encens. Un certain nombre de sondages menés dans les années 1980 ont montré que 60 à 80 % des foyers ont une « étagère des dieux » *shinto* associée à Amaterasu, l'ancêtre impériale du Japon. En visitant les maisons du XIXe siècle reconstituées dans un musée de Tokyo, nous avons découvert qu'elles possédaient en moyenne quatre sanctuaires – un pour le « dieu de la chance », un autel ou une étagère *shinto*, un dieu non *shinto* de la cuisine et un *butsudan*.

Bien qu'un tiers seulement des Japonais aient affirmé avoir une « religion personnelle » dans un sondage datant de 1981, plus de la moitié des Japonais prient dans les moments difficiles et presque tous rendent visite aux tombes ancestrales. Une amie japonaise a fait une petite enquête auprès de ses étudiants qui avaient affirmé n'avoir aucun intérêt pour la religion ;

pourtant, neuf sur dix avaient récemment participé à une cérémonie religieuse.

Nous avons appris que chaque entreprise, chaque usine, chaque organisation ou même chaque « écurie » de *sumo* possède un autel ; même les *yakuza* ont des autels *shinto*. Dans les campagnes japonaises, le moindre site inhabituel ou particulier, gros rocher ou cascade par exemple, est souvent flanqué d'un sanctuaire ou d'un temple.

Pour la jeune amie japonaise avec qui j'en ai discuté, un dieu-enfant que seuls les enfants peuvent voir vit dans beaucoup de maisons, surtout les plus anciennes. Les habitants de la campagne, en particulier, cohabitent avec ce genre d'esprits. Elle n'en avait jamais vu dans son appartement moderne, mais certains de ses amis prétendaient en avoir fait l'expérience. « Je crois que nous sommes entourés de ces choses, même si nous ne pouvons pas les voir », m'a-t-elle affirmé. Tsue Takao, grand prêtre honoraire du sanctuaire Imamiya-Ebisu d'Osaka, affirme, quant à lui, dans un article de journal : « Montagnes, arbres, animaux, herbes [...] toute chose a en elle des esprits divins. [...] Dans le *shinto*, nous disons "*yaoyorosu*", ce qui signifie qu'il y a huit millions de dieux et déesses, mais ce n'est qu'une façon de parler. Il y en a peut-être beaucoup plus. » Ces croyances influencent l'œuvre du réalisateur Miyazaki Hayao, en particulier le film d'animation *Mon voisin Totoro*, qui met en scène des esprits locaux.

Presque toutes les activités, de la peinture à la consommation de thé en passant par le théâtre *no* et les combats de *sumo*, sont imprégnées de ce sentiment du « sacré » ; des prêtres *shinto* assistent souvent aux cérémonies d'inauguration de bâtiments ou de tunnels. Cette impression d'une religion vivante est plus forte au Japon que partout ailleurs, y compris dans les sociétés catholiques et hindouistes. Hearn semble avoir raison de souligner que « jamais on n'avait rien dit de plus illogique sur les Japonais, que lorsqu'on a affirmé leur indifférence en matière de religion. La religion est encore, comme elle l'a toujours été, la vie même du peuple – la raison et la force directrice de toutes ses actions ».

Pourtant, en poussant un peu plus avant, nous pénétrons en territoire inconnu. L'apparente religiosité du Japon ne se fonde ni sur le développement d'une théologie, ni sur des textes sacrés. Comme pour les premiers missionnaires au Japon, il nous est impossible de traduire l'idée occidentale d'un Dieu en japonais. Ils ont été obligés d'inventer un terme spécial : *Tenshu* (« Seigneur du Ciel »). Le mot *kami*, en effet, bien que parfois employé dans le sens de « dieux », est très différent du concept occidental monothéiste de « Dieu ».

Les *kami*, explique W. G. Aston, « sont supérieurs, braves, intelligents, riches, etc., mais pas immortels, omniscients ou dotés d'un pouvoir infini ». Un *kami* peut être bon ou mauvais, car aucune idée de moralité ne lui est attachée. L'étrange monde parallèle des *kami* n'est pas une sorte de « paradis », mais ici, là-bas et partout. Les *kami* sont à vos côtés quand quelque chose vous choque, vous surprend ou vous émeut profondément, quand vous éprouvez le sentiment du sublime. Une amie m'a dit avoir senti un *kami* le jour où elle a vu pour la première fois un tableau original de Léonard de Vinci. Et aussi le jour où elle a eu un accident de bicyclette. Un grand acteur de *kabuki* peut être un *kami*.

> Tout ce qui était au-delà de l'ordinaire, autre, puissant, terrible, était appelé *kami*, écrit Norinaga Motoori. Ainsi, l'empereur, les dragons, l'écho, les renards, les pêches, les montagnes et la mer étaient tous appelés *kami* parce qu'ils étaient mystérieux, pleins d'étrangeté et de puissance... Dans toutes ces choses transparaît, comme à travers une fine membrane, une incompréhensible altérité qui dénote la puissance.

Plusieurs années passées à travailler dans un village népalais m'avaient préparé à comprendre les modes alternatifs de conceptualisation de la religion. J'y avais appris, à ma grande surprise, que les fonctions de celle-ci – fournir une explication à la souffrance, un moyen de communiquer avec les dieux par le rituel et un code moral – pouvaient être séparées et traitées par différents praticiens rituels. Ce qui m'avait amené à remettre en question une grande partie de mes propres croyances, en particulier mes notions de péché, de paradis et d'enfer.

Au Népal, ce sont les chamans ou les lamas qui s'occupent des rites funéraires et des questions liées à l'au-delà. Les rites quotidiens de protection des récoltes, des animaux et des humains sont un mélange de chamanisme, de pujas[1] hindoues et de bouddhisme. L'éthique n'est pas influencée par des idées-forces telles que paradis, enfer et commandements religieux. La moralité se fonde davantage sur un amalgame de vagues concepts bouddhistes – le mérite gagné à accomplir de bonnes actions, et perdu à cause des mauvaises – associés au désir de « faire aux autres ce que l'on voudrait que les autres nous fassent » et une aspiration aux relations sociales harmonieuses. Mon expérience de cette approche « cocktail » ne me préparait pas, néanmoins, à l'énigmatique situation découverte au Japon.

---

1. Cérémonie d'offrandes à une divinité.

Comment comprendre, en effet, la jeune amie japonaise qui, interrogée sur son idée du paradis, m'a répondu n'en avoir aucune ? En ce qui concerne la religion, m'a-t-elle dit, « nous n'avons pas de religion ». Pourtant, ses amis et elle se rendaient dans les sanctuaires et pratiquaient certains rites pour soulager leurs angoisses ; mais elle ne croyait pas à leur efficacité. Je rapproche ces pratiques de certaines des nôtres : ne pas passer sous une échelle, instinctivement « toucher du bois » quand nous sentons une menace, éviter de renverser du sel ou de briser des miroirs. Rien de tout cela n'est explicitement lié à l'idée de dieu, unique ou pluriel, mais ces comportements montrent que nous ne sommes pas insensibles à tout sentiment de danger spirituel.

Il n'y a pas de dieu en tant que tel dans un sanctuaire *shinto*. « Ainsi, quand vous vous tenez debout devant le sanctuaire pour faire vos dévotions, écrit Nitobe, vous voyez votre propre image reflétée sur sa surface polie, et l'acte d'adoration est pareil à l'ancienne injonction delphique "Connais-toi toi-même". » « Tous les morts deviennent des dieux », a écrit le commentateur *shinto* Hirata. Dans le bouddhisme, il n'y a pas de Dieu. Kato écrivait au VIIe siècle : « Celui qui est honnête est lui-même un dieu *(kami)*, et s'il est clément, il est lui-même un bouddha *(hotoke)*. Sachez que l'homme dans sa nature essentielle est un avec Dieu et Bouddha. » Il n'y a pas de différence ; les humains sont des dieux, les dieux des humains.

À l'exception des quelques chrétiens et musulmans du Japon, personne ne semble y croire en Dieu. Il n'y a pas de dieux pour contrôler la vie des gens. Ni le bouddhisme ni le confucianisme ne mentionnent l'existence d'un ou de plusieurs dieux. Pas plus que de Démon ou de puissance diabolique. Le *shinto* a des *kami*, mais ce sont de capricieuses puissances non humaines avec lesquelles les prêtres ne peuvent négocier ; tout juste peuvent-ils espérer les accueillir et tenter de les amadouer.

Aucune croyance n'affirme que les humains possèdent une essence spirituelle intérieure donnée par Dieu. Il n'y a pas d'âme immortelle. Le souvenir des défunts persiste, auréolé de respect, mais leur esprit ne va nulle part et ils s'évanouissent progressivement dans le néant à mesure que ceux qui se souviennent d'eux meurent aussi.

Il n'y a pas de vie après la mort, pas de paradis ou d'enfer, bien que l'art bouddhique des XIIIe et XIVe siècles conserve des traces de ce type de croyance. Pas non plus d'opposition marquée entre Bien et Mal, pas de commandements religieux auxquels tous souscriraient pour réglementer la conduite. Le *shinto* n'est qu'un système cérémoniel. Un prêtre *shinto* m'a dit qu'il avait suivi un cours de philosophie occidentale et étudié Kant et Hegel afin de se faire une opinion sur l'éthique et la moralité.

Le confucianisme, ou la forme inversée du néo-confucianisme japonais, prescrit certains types de comportements sociaux corrects dans les actes, les manières et les relations interpersonnelles. Mais il ne fournit pas de code éthique à proprement parler. Il est impossible, par ailleurs, de trouver un code moral cohérent dans les multiples écoles du bouddhisme qui prêchent chacune un message partiel et contradictoire, allant jusqu'à nier, dans leurs formes les plus extrêmes, le Bouddha ou la réalité de l'existence.

Cet exposé risque fort de laisser perplexe le lecteur occidental, car les contours du domaine que nous appelons « religion » y sont peu familiers. Notons d'ailleurs que beaucoup de Japonais s'y perdent également. J'ai parlé à un ami qui avait fait ses études chez les jésuites. « En termes de religion, m'a-t-il dit, je fais moi-même beaucoup d'efforts pour comprendre la société, par exemple les millions de gens qui se rendent chaque année au sanctuaire Meiji, apparemment pour adorer l'empereur. La plupart des gens s'en moquent, mais ils y vont quand même. » De manière générale, il ne comprenait pas pourquoi les gens se rendaient dans les sanctuaires, et ne pouvait décider si les Japonais étaient religieux ou pas, croyaient ou non en Dieu ou aux dieux, non plus qu'aux âmes. Et de conclure : « Je ne suis pas sûr. »

Cette indécision est liée à plusieurs facteurs. La force du sentiment religieux a varié dans le temps. La seule période où l'on peut dire que les Japonais avaient des croyances sincères, ou du moins un intérêt considérable pour les esprits et la possibilité d'un au-delà, va du XIIe au XVe siècle. Cet intérêt a ensuite diminué sans pour autant disparaître complètement. D'après Kenichi, si l'on évalue la « religiosité » sur une échelle de un à dix, en donnant la valeur dix à « très religieux », les Japonais sont passés de six à deux. Les Européens, estime-t-il, sont passés de neuf ou dix à zéro (du moins les athées).

La multiplicité des voies possibles contribue beaucoup à la confusion. À la question « Le Japon est-il ou non religieux ? », une de mes sources a répondu qu'il existe une dépendance multiple : le *shinto* pour la vie, le bouddhisme pour la mort. Comme il n'y a pas de logique absolue, il n'y a pas d'opposition entre *shinto*, bouddhisme et confucianisme.

> On pourrait dire qu'il existe un système de partis multiples qui donne une certaine liberté, a-t-il expliqué. Nous avons un système pluriel et vague qui entretient l'animisme. C'est ce qui rend l'éthique japonaise si illogique, si

contraire à l'éthique logique de l'Occident. La nôtre est souple, contextuelle. L'affection est plus importante que la logique ou l'éthique. Se montrer trop logique, c'est détruire l'autre. Bouddhisme, *shinto* et confucianisme existaient conjointement. Si la logique avait prévalu, il y aurait eu des guerres de religion.

Le sens littéral de *shu-kyo*, un mot désignant la religion, est « secte » (sous-groupe) et « enseignement ». Le christianisme est donc un « enseignement sectaire ». De même qu'il existe de nombreuses écoles de cérémonie du thé, d'arrangement floral ou de calligraphie, nombreuses sont les voies liées aux rites de la vie ou aux explications de la mauvaise fortune.

Comment concilier ces deux visions – l'une prosaïque, laïque, matérialiste et de ce monde, l'autre enchantée, « religieuse » et pénétrée d'esprits en tout genre ? En acceptant les contradictions.

> Au Japon, la vision de l'au-delà est pétrie d'ambivalences, comme une pièce de moire de soie, écrit Carmen Blacker. Bougez-la à peine et ce que vous pensiez rouge est à présent bleu ; un autre froissement et les deux couleurs éclatent en même temps. C'est pareil avec l'au-delà [...] à peine en avons-nous aperçu les *kami*, dans leur monde à eux, qu'ils sont ici, dans le nôtre, invisibles derrière certaines formes suggestives.

Je pense avoir commis l'erreur, notamment, de croire que les *kami*, pareils aux fées qui s'immiscent dans le monde des humains, ressemblaient aux esprits occidentaux. C'est faux. Les *kami* sont des forces, des puissances. Ils sont dans l'éclair ou les tremblements de terre, dans les éruptions de la nature sur les humains, mais absolument pas de la même manière que les petits dieux, les elfes ou autres entités à forme humaine. Voilà qui résout un paradoxe ; ils existent hors de la dimension perceptible de la vie, mais pas dans un monde surnaturel. En décrivant les *kami* sous la forme abstraite de lumières dansantes dans *Princesse Mononoke*, Miyazaki a parfaitement saisi leur nature.

Les *kami* n'ont donc ni intentions ni moralité, et aucun rapport avec l'éthique ou le comportement humains. Ils appartiennent simplement au monde étrange et imprévisible dans lequel les humains vivent sans le comprendre. Leur forme et leur nature aident probablement à expliquer comment et pourquoi ils ont réussi à survivre à la sécularisation. On les classe à tort dans la catégorie occidentale de la religion ou de la spiritualité. Kenichi s'est interrogé sur une parenté possible avec le concept occidental du « sublime », mais ce n'est pas cela non plus. Ils sont l'*outré*[2] d'Edgar Allan Poe, et ne se fondent dans aucune catégorie.

Science et rationalité passent sans les voir, puisqu'ils ne sont pas sur le même plan. On ne peut pas plus les nier qu'on ne peut nier l'arc-en-ciel. Ils existent, et font des intrusions constantes dans notre monde. Curieuse synthèse entre le chamanisme du Nord et le *tabu* du Pacifique, ils constituent une catégorie à part.

Le phénomène le plus proche des *kami* est celui des ondes radio ou de l'électricité. Nous savons qu'elles existent et nous avons appris à les capturer pour notre usage, mais elles ne sont visibles que pour des appareils de mesure spéciaux. Les *kami* sont comme un gigantesque champ de force électrique dont les « foyers » temporaires sont les étagères et les sanctuaires qui émaillent le Japon et auxquels les Japonais accordent une attention inquiète tout en proclamant haut et fort leur incroyance. Les enfants peuvent les voir et les décrire, mais ils sont pour la plupart des gens une simple « rumeur d'anges », un récit de quelque chose de bizarre, d'inadéquat, de puissant et de dérangeant.

Les Japonais marchent non seulement dans un champ de mines social où ils doivent consacrer beaucoup d'énergie à apaiser les relations avec les autres humains, mais aussi dans un champ de mines magique, où une légion de forces hautement volatiles risque d'exploser au moindre contact. Il est très difficile de comprendre cela dans un contexte chrétien monothéiste, puisque nos distinctions entre naturel et surnaturel, esprit et matière, humain et divin ne s'appliquent pas.

Nous avons évoqué, dans une de nos premières conversations avec Kenichi et Toshiko, l'attitude par rapport aux châtiments des esprits ou des dieux. J'ai noté que l'idée de tels châtiments n'existait apparemment pas. Le « diable » japonais est plutôt ridicule, assez drôle et rien moins que diabolique. Les petits esprits que l'on chasse au Nouvel An, à l'occasion des rites de nettoyage de la maison, sont plus espiègles (ils volent nourriture et boisson) que mauvais ou dangereux.

En ce qui concerne la mauvaise fortune et la souffrance, l'une des explications consiste à dire qu'elles sont une punition pour un acte non charitable ou non éthique commis dans le passé. Ainsi la mauvaise action d'un parent peut-elle rejaillir sur son enfant. Mais je n'ai pas eu l'impression que

2. En français dans le texte.

l'on invoquait souvent cette explication, et la plupart des Japonais n'ont aucune idée de la nature de la force punitive.

On constate avec étonnement que les Japonais ont presque entièrement réussi à se passer de causes personnelles de nature humaine pour expliquer leur monde. Pour autant que je sache, c'est la seule civilisation qui ne possède aucune trace répertoriée de croyance en la sorcellerie. Contrairement à la Chine et à la Corée, elle se dispense largement d'ancêtres malveillants. Les parents défunts ne reviennent généralement pas affliger les vivants.

De plus, aucun groupe d'esprits ou de fées à forme humaine ne hante ou ne tourmente le monde des vivants. De fait, les soi-disant contes de fées du Japon, note Chamberlain, ne sont pas du tout des histoires de fées, mais plutôt d'animaux tels que renards, chats et blaireaux. Il existe de vagues croyances, fondées sur des racines historiques, à propos du « mauvais œil » ; von Siebold écrivait d'ailleurs au début du XIXe siècle que « les enfants japonais sont très pauvrement vêtus [...] afin, dit-on, de les protéger des effets désastreux de l'admiration que pourrait éveiller leur beauté s'ils étaient bien habillés [...] : le *mauvais œil* ». Quiconque assiste aujourd'hui dans les sanctuaires aux fréquents défilés d'enfants japonais magnifiquement vêtus s'aperçoit que ces croyances, si elles existent, sont tempérées par d'autres.

L'absence de grands phénomènes religieux n'est pas moins curieuse. On ne rencontre guère d'équivalent de l'idée de *karma* ou de destinée à la naissance qui existe à la fois dans l'hindouisme et, sous une forme un peu différente, dans l'idée calviniste de prédestination. Et il n'y a rien de comparable à l'idée hindoue de renaissance qui pourrait expliquer les problèmes d'un individu dans cette vie par les péchés commis dans une vie antérieure. L'idée même de péché, qui est au centre des religions monothéistes occidentales, semble absente. Dieu ne punit ni ne récompense. Confucius, Bouddha, les esprits *shinto* ne mettent pas les actions sur la balance avant de punir comme est censé le faire le Dieu chrétien ou judaïque.

Les Japonais se trouvent dans une situation qui semble curieuse. Ils n'utilisent presque aucune des explications habituelles à la souffrance invoquées dans les autres sociétés. Par conséquent, les techniques spirituelles pour éviter les souffrances futures, qui vont généralement de pair avec ces explications, n'existent pas. Les sorcières ne sont ni pourchassées ni tenues à l'écart par des grigris magiques. Les ancêtres ne reçoivent ni offrandes ni sacrifices ; on leur témoigne seulement gratitude et respect par un simple salut et un petit morceau symbolique de fruit, ou une fleur. Nul ne traite directement avec les esprits errants. Aucun Dieu, ou dieux, ne reçoit de sacrifice.

Les Japonais préfèrent se rendre dans les temples et les sanctuaires où ils accrochent d'humbles prières pour demander santé ou réussite aux examens ; ils répandent du sel sur le sol ou devant leur maison quand quelqu'un meurt, avec la vague idée de s'attirer la bonne fortune ou d'éviter la souffrance causée par une éventuelle puissance non spécifiée.

La magie existe, toutefois. « Astrologie, horoscopes, chiromancie, physiognomonie, divination par les rêves – toutes ces formes de superstition sont courantes au Japon, mais la plus populaire est la divination par les huit diagrammes de la Chine classique », écrit Chamberlain. Des devins officiels étaient jadis attachés à la plupart des grands cultes ; ils utilisaient les os, les oiseaux, le riz, les empreintes de pas et les baguettes, entre autres méthodes, autant de techniques de divination qui existent sans doute encore de nos jours.

Beaucoup de citadins instruits font bon usage des porte-bonheur, notamment l'*omamori*, sorte de petite amulette vendue dans les temples. J'ai discuté de leur utilité avec Kenichi.

> Notre attitude envers la religion s'exprime dans les amulettes, m'a-t-il expliqué. Elles ne sont pas importantes, mais c'est bon pour nous. Nous savons que le hasard est la cause de tout, mais les amulettes peuvent aider. Certaines choses échappent à mon contrôle. Je ne peux pas protéger seul ma famille. J'ai besoin de la force de la science du hasard.

Voilà pourquoi il achète souvent des porte-bonheur, quand ses enfants se présentent à un examen par exemple, ou quand un événement important se prépare dans la famille.

Cependant, il n'y a pas de système universellement accepté et chacun choisit un certain nombre de techniques auxquelles il croit à moitié. Quel genre d'explication cela donne-t-il ? À notre époque, les lois naturelles et la science peuvent expliquer pas mal de choses. Mais elles ne fournissaient guère d'explications solides avant le XIXe siècle. Que faisaient alors les Japonais ?

Ils acceptaient le caractère aléatoire, capricieux et vain de la souffrance, le rôle du hasard et de la fortune, d'une manière extraordinaire que je n'ai rencontrée nulle part ailleurs. L'instabilité de leur monde physique – avec ses tremblements de terre, ses raz de marée, ses volcans et ses inondations – était acceptée comme un phénomène naturel provoqué par des puissances non spirituelles à l'œuvre dans le monde matériel.

L'adaptation du comportement envers les autres peut dès lors s'avérer utile, mais la philosophie japonaise ressemble, au bout du compte, à celle des stoïciens de la Grèce antique. La vie est pleine de plaisirs et de souffrances aussi. Nous ne pouvons en blâmer ni les démons, ni les esprits, ni les ancêtres. Aucune règle inéluctable n'est écrite dans les étoiles. Nous ne sommes que des créatures sujettes au hasard et à l'effet des forces aveugles et immensément complexes qui s'agitent autour de nous. C'est une philosophie pratique, non mystique et très moderne à plus d'un titre. Elle remonte pourtant à des centaines d'années.

Les êtres humains observent un ensemble de comportements que les anthropologues nomment « rituels », autrement dit des comportements standardisés, répétitifs, formalisés et communicatifs. Le Japon est imprégné de ces rituels, depuis les salutations solennelles et les échanges de cartes de visite jusqu'aux nombreuses cérémonies et activités de loisir – la cérémonie du thé, par exemple. C'est sans doute la société la plus ritualisée au monde.

Pour être plus précis, le rituel a pour fonction de communiquer, pas uniquement ni même prioritairement avec les autres humains, mais avec les puissances divines ou surnaturelles. Par le sacrifice, l'incantation de mots puissants, l'utilisation de symboles, les humains peuvent passer de ce monde matériel à une autre dimension. Mais le Japon pose problème quand nous analysons ce genre de rituel. Il n'a pas plus de Dieu, ou de dieux, que de monde surnaturel. Avec quoi le rituel communique-t-il ? Quand des milliers de pèlerins se rendent au sanctuaire d'Ise ou dans d'autres temples et sanctuaires *shinto* ou bouddhistes, se lavent les mains, applaudissent en cadence, font de petites offrandes d'argent, écrivent leurs souhaits sur des bouts de papier qu'ils attachent aux branches des arbres, que font-ils donc ?

Ils essaient généralement de communiquer avec quelque chose de spirituel, en offrant des fruits ou du *sake*, en priant, psalmodiant, défilant en procession dans les rues, en s'abstenant de certaines choses. Mais il est difficile de savoir exactement ce qui se passe.

> Nous avons parlé rituel, ai-je noté après une conversation avec Kenichi et Toshiko, et j'ai expliqué la définition qu'en donne l'anthropologie. Ils n'ont pas trouvé de rituels au sens propre du mot dans la société japonaise. Ils attribuent cela en partie à l'absence de dualité entre l'homme et la nature. Il n'est donc pas nécessaire de s'introduire dans une dimension spirituelle par le rituel.

Plus concrètement, j'ai ajouté :

> Ils ont décrit une douzaine de rites annuels, pour les ancêtres, la chance, etc. Mais ils ont reconnu qu'ils n'en observaient que peu et qu'ils ignoraient

> l'origine exacte de la plupart d'entre eux. En outre, ne pas les respecter n'avait guère d'importance ; un mariage, par exemple, peut être aussi rituel, formel ou simple qu'on le souhaite. Chaque fois que nous avons vu quelqu'un accomplir un petit acte cérémoniel, ils ont dit que la frontière entre coutume formalisée et intercession auprès d'un autre pouvoir était floue. Ils m'ont expliqué qu'il n'y a pas d'au-delà, de sorte qu'il est impossible de s'imaginer que le comportement humain puisse fusionner deux mondes.

Peut-être doit-on se contenter de dire que le Japon, tout en étant hautement ritualisé, n'a pas de rituel. La moindre action, ou presque, possède de grandes implications symboliques. Mais tout existe dans l'ici et maintenant, dans un contexte non déiste où l'on ne peut se référer à rien de très concret. La pratique obéit davantage aux lois de l'esthétique – pureté, simplicité, équilibre, harmonie – qu'à celles du Bien et du Mal.

Les vivants et les morts

Les spécialistes du Japon s'accordent à dire que le concept de vie après la mort n'y est qu'assez vaguement développé. Les deux principales influences chinoises qui auraient pu déboucher sur des croyances en un au-delà furent modifiées au point d'avoir l'effet inverse. L'idée chinoise d'un Ciel comme entité transcendantale qui gouverne la destinée humaine, si importante dans le confucianisme, n'a jamais été développée au Japon. Dans la plupart des formes du bouddhisme japonais, les êtres humains ont ce monde et cette vie, point final. Pour Yamagata Banto, « il n'y a ni enfer ni paradis ni âme, juste l'homme et le monde matériel ». Pourtant, ceux qui connaissent le Japon se souviendront de la vénération que les Japonais sont censés éprouver pour leurs ancêtres – des sanctuaires, cimetières et autres *butsudan*. Comment résoudre ces apparentes contradictions ?

On pense que même en l'absence d'âme individuelle, quelque chose continue après la mort. Les tombes des personnes récemment décédées doivent être soigneusement entretenues et visitées chaque année. Mais celle d'une personne morte depuis un certain temps est souvent négligée. Les défunts sont d'abord honorés en tant que *hotoke*, ou esprits, mais leur esprit finit par se fondre dans celui des ancêtres en général. Voilà qui est un peu différent des récits classiques de culte des ancêtres.

J'ai demandé à une vieille dame où résidait l'esprit de son défunt mari, mais elle l'ignorait. Elle a interrogé un prêtre, qui a répondu : « il existe partout où vous priez » – l'implication étant qu'il n'existera plus quand elle l'oubliera, ou mourra à son tour, en sorte que l'esprit n'a pas d'existence en soi. Les esprits des personnes récemment décédées sont ramenés chez eux chaque été pendant la fête du *bon*, un équivalent du jour des Morts de notre calendrier chrétien. La vieille dame pensait que son mari revenait vraiment et qu'il la protégeait, elle et sa maison. Si elle n'aménageait pas un *butsudan* pour lui, son esprit serait libéré du devoir de la protéger. Ce sanctuaire n'était d'ailleurs pas « dédié aux ancêtres », autrement dit à une catégorie générale, insistait-elle, mais uniquement à son mari. Une tombe, au contraire, était « pour les ancêtres en général ».

L'esprit des parents proches est important. Les moines bouddhistes vendent aujourd'hui des noms pour les défunts – plus vous payez cher, plus les caractères sont précieux. Ils sont inscrits sur une tablette de bois ou de pierre que l'on dispose dans le *butsudan*. Le *butsudan* d'une amie contient des tablettes pour son père et les deux frères de celui-ci. Elle ne croit pas que leur esprit soit là, puisque « c'est normalement la tâche du fils aîné » de s'occuper d'eux. Lors d'un tremblement de terre, on est censé emporter les tablettes avec soi (au risque de sa vie) avant de s'enfuir ; mon amie doute pourtant de leur valeur. Pour elle, ce ne sont que des tablettes. Elle ne croit pas vraiment aux rites bouddhistes. La survie étant plus importante à ses yeux, elle conseille plutôt de prendre ses jambes à son cou.

Nous avons demandé à une jeune amie japonaise ce qui arrivait après la mort. Elle a évoqué une sorte de retour à la nature plutôt qu'une survie de l'esprit. Elle pensait que sa grand-mère, qui avait suivi le rite de la fête du *bon* dans le but de ramener l'esprit de son grand-père, agissait pour sa propre satisfaction ; d'après elle, les rites funéraires étaient destinés aux vivants, et non aux morts. Elle croyait que l'individualité d'une personne meurt tout entière et retourne simplement dans une sorte de masse. Et que l'au-delà n'existe pas. Certains croient que les esprits *shinto*, ou *kami*, ont un rapport avec les esprits des défunts ; d'autres que les esprits bouddhistes, ou *hotoke*, s'en vont dans un autre monde et habitent aussi dans les cimetières. Voilà pourquoi les tombes doivent être nettoyées et les esprits accueillis à leur sortie du cimetière lors de la fête du *bon*.

Nous voyons que beaucoup d'éléments entrent en jeu – des doutes, une croyance et certaines idées sur les ancêtres. Il existe clairement de grandes différences entre les gens, selon les différents stades de la vie d'une même personne, les groupes de personnes et même les régions du Japon. « Dans la plupart des communautés rurales, écrit Robert Smith, les gens disent que les esprits ancestraux sont passifs ou carrément impuissants, mais nous disposons de certains récits rapportant qu'en certains endroits, on les accuse régulièrement de porter malheur. » La fragmentation de la croyance au Japon est l'une de ses caractéristiques les plus flagrantes, qui rend très difficiles les généralisations. On peut aussi bien dire que les Japonais vénèrent les ancêtres, ou non ; qu'ils croient aux esprits des morts, ou qu'ils sont particulièrement sceptiques ; qu'ils ont peur des défunts, ou qu'ils ne s'en préoccupent pas. Tout cela est vrai.

Les relations avec les défunts, comme avec les vivants, sont formalisées, cérémonielles et contextualisées. Parce qu'ils établissent leurs origines familiales à la fois par les hommes et par les femmes, il est difficile aux Japonais de déterminer leur lignée ancestrale dominante comme en Chine et dans certaines parties de l'Afrique, où elles dépendent des hommes. Les défunts disparaissent vite dans une catégorie générale d'ancêtres et le passé se referme derrière les vivants. On ne leur accorde aucun intérêt particulier quand ils se fondent dans cet espace nébuleux où on ne les rencontrera plus jamais. Ils n'attendent pas quelque part, dans une sorte de paradis conforme à la vision du monothéisme occidental. Ils redeviennent partie intégrante de la nature et du néant. La poussière retourne à la poussière, les cendres aux cendres, mais il n'y a pas de résurrection quand sonne la trompette du Jugement dernier, et pas de retour à cette vie. Cette vie est tout ce que nous avons.

Par-delà le Bien et le Mal : une éthique situationnelle

Au Japon, il est impossible d'affirmer catégoriquement qu'une pensée ou une action particulière est toujours mauvaise ; tout dépend du contexte. Vérité et moralité sont des constructions sociales dépendant d'une situation spécifique. Actions et pensées sont pragmatiques, guidées par des réciprocités, des codes de beauté et de respect, l'idée que l'on doit agir envers les autres comme on voudrait qu'ils agissent envers nous. Esthétique et éthique sont étroitement liées au Japon.

Certains observateurs ont opposé les cultures de la « culpabilité » de l'Occident monothéiste à la culture de la « honte » du Japon. La culpabilité survient quand nous sentons la pression interne d'une force invisible (Dieu) qui surveille nos moindres pensées et nous contrôle grâce à notre peur de la damnation éternelle. C'est très différent d'une culture de la « honte » où seule la crainte de perdre « la face » ou le respect d'autrui guide nos actions.

Ce n'est en réalité qu'une demi-vérité, mais elle rend bien compte de la nature sociale de la pensée japonaise et de l'absence de culpabilité procédant de Dieu, en particulier celle qu'on trouve dans la forme extrême de certaines versions protestantes du christianisme. Cette opposition donne l'impression que les Japonais ne pèsent pas constamment leurs motifs et leurs actions en fonction de normes profondément intériorisées ; ce qui n'est pas tout à fait exact, au vu de la complexité de la situation.

Une distinction entre éthique et moralité semble plus pertinente. Les Japonais sont totalement absorbés par des normes éthiques, d'humain à humain. En l'absence de Dieu ou dieux transcendants, la moralité n'est pas un souci. Les différences internes et externes entre culpabilité et honte n'appartiennent pas au même domaine.

Chaque Japonais opère sous le poids très lourd d'obligations et de pressions pour agir conformément aux normes les plus élevées. Un échec, remarqué par d'autres ou non, est profondément ressenti. Ce n'est pas une simple question de « face ». Malgré l'absence d'un Dieu qui les observerait, beaucoup de Japonais éprouvent curieusement un fort sentiment d'angoisse intériorisée. Il ne s'agit pas de pécher envers Dieu, mais de ne pas réussir à combler les attentes d'autrui et nos propres attentes par la même occasion, puisque nous sommes le miroir des autres. C'est une forme de culpabilité, mais pas de nature religieuse. C'est une culpabilité humaine, non divine.

Dans un tel système éthique, qui n'a aucun rapport avec la religion, actions et pensées deviennent toutes relatives. Il n'y a pas d'absolus. Une Japonaise expliquait à David Riesman : « Il y a un manque de compréhension de la règle universaliste ; la justice est liée au statut et il n'y a ni bien ni mal, je veux dire par là aucun bien transcendantal, et pas d'attitudes rigides dans la religion. » Que ce soit une question de vérité, d'honneur, de vie, de mort, de cruauté, de gentillesse ou tout autre chose, toutes les conduites et les pensées deviennent fluides. Peut-être y aura-t-il lutte intérieure entre désir véritable *(honne)* et obligations morales envers les autres *(tatemae)*, mais pas entre désir humain et commandements divins.

Chrétiens, musulmans ou hindous, adeptes de la plupart des religions et membres de la plupart des civilisations, ont perpétré d'innombrables atrocités contre ceux qu'ils considéraient comme infidèles ou semi-humains. Allemands contre Juifs, Turcs contre Arméniens, Arabes contre Africains – les exemples sont trop nombreux pour distinguer les seuls Japonais ; dans tous les cas, la réalité des cruautés commises est toujours niée.

Pour comprendre le considérable contraste entre l'éthique courtoise, harmonieuse et pacifique d'une grande part de la vie japonaise et les moments de terrible brutalité et de perte manifeste de contrôle, nous pouvons faire appel aux caractéristiques de la moralité dite « situationnelle ». Dès lors que le comportement ne se fonde pas sur la notion d'âme immortelle, de normes absolues de conduite envers chaque humain, il s'ensuit des conséquences pour le moins inattendues.

Nous pourrions affirmer que le Japon est à la fois la plus hautement morale et la plus immorale des grandes civilisations. La vie tout entière y est un mélange de social, de morale et d'esthétique, sans aucune division. Les comportements économiques et politiques, souvent considérés comme extérieurs à la sphère morale en Occident, sont étroitement liés à la moralité au Japon. Mais il ne s'agit pas d'une moralité transcendantale et religieuse ; elle est à la fois partout et nulle part, à l'image de la religion.

Cette fusion universelle de la moralité avec tous les aspects de la vie est une caractéristique essentielle de certaines des sociétés tribales que j'ai étudiées. Chaque action, qu'elle soit économique, politique ou sociale, possède une dimension morale : en d'autres termes, elle modifie les relations humaines. Les échanges entre personnes et contacts sociaux sont autant moraux que pratiques. Les êtres humains sont toujours des fins, mais ils sont aussi des moyens vers une fin. Rien n'est séparé.

Le Japon ressemble à cet égard à une tribu étroitement liée par l'éthique, à cette différence près que les individus pris dans la toile ne se comptent pas par milliers, mais par millions. La moralité, tour à tour affectée par la parenté et la politique, est toujours situationnelle et contextuelle. Comme en matière de droit et de lois, il ne saurait y avoir de règles absolues, car tout dépend de la relation et des circonstances. La soi-disant moralité absolue d'un monde moderne fondé sur Dieu et profondément séparé n'est ni possible ni désirable. La moralité, comme le bambou, plie avec les vents du pouvoir et du sentiment, mais ne rompt pas.

J'ai demandé à un ami japonais s'il existe un concept du mal absolu.

> Non. Il n'y a ni bien ni mal absolu. Aucun absolu – le bien, la beauté, etc. Aucun maître absolu. Aucune autorité transcendante, aucune idéologie de cette sorte… Comment les Japonais expliquent-ils le monde ? Il est inexplicable. Il n'a pas besoin d'explication. Nous n'avons pas de vision du monde. Malgré tous les efforts de l'homme, certaines questions doivent rester sans réponse. Nous sommes très petits et la nature finira par nous dominer. En fait, nous sommes incapables d'expliquer 99,9 % des choses.

L'essence de la situation indivise du Japon, c'est que tout y est partiellement fusionné sans qu'aucune sphère ne soit dominante ou entièrement séparée. Pour que cela fonctionne, il faut que tous les aspects de la vie soient très souples et que gestes, actions et pensées puissent être interprétés de multiples manières. Ces symboles à niveaux multiples sont, en effet, extrêmement dépendants du contexte de leur utilisation.

Tout doit être relatif, fluide et contextuel – temps, vérité, espace, personnalité, statut –, rien n'est fixé, absolu et externe. Pensée et moralité sont, elles aussi, situationnelles et relatives, adaptées à chaque situation, négociables, provisoires, inachevées, en constante évolution.

Les principes, bien qu'apparemment raisonnables, sont susceptibles de provoquer obstructions et blocages puisque, comme des rochers dans le lit d'un torrent, ils rompent le flux de la réalité de la vie dans sa mutabilité. En l'absence de Dieu ou d'autorité morale absolue, il est plus facile de veiller à maintenir cette fluidité.

Toutes les formes de comportements et de pensées peuvent être correctes ou non en fonction de leur contexte. Les analystes ont baptisé de divers noms cette moralité basée sur le relativisme social : « situationnalisme », « éthique situationnelle », « moralité situationnelle » ou « contextualisme ». En essence, rien n'y est fixé et chacun doit constamment s'adapter à un monde extérieur instable, flottant, changeant.

Les autres, c'est-à-dire ceux dont l'individu tire son propre sentiment du moi dans une culture relationnelle, changent en permanence et donnent au « je » une forme toujours différente. Le miroir évolue comme dans un palais des glaces, reflétant des images ratatinées, étirées et déformées. Il n'y a pas de moi « vrai » indépendant du contexte.

Si la vie prend des allures de descente en rafting, de perpétuel effort pour éviter le désordre et le chaos, les autres et l'écologie notoirement instable et imprévisible ne sont pas seuls en cause ; il faut aussi compter avec les caprices des esprits. Matsumoto affirme que « les Japonais apprécient l'idée que la nature est situationnelle et que l'homme est situationnel, et dans le même temps, que les *"kami"* (dieux) sont situationnels envers l'homme comme envers la nature ».

Fukuzawa a décrit la plasticité du pouvoir, équivalent exact de l'élasticité de la morale et des notions de moi et de réalité :

> En Occident, le pouvoir est comme le fer ; il ne se dilate ni ne se contracte facilement. À l'inverse, le pouvoir des guerriers japonais était aussi flexible que le caoutchouc et s'adaptait à tout ce qu'il touchait. En contact avec des

inférieurs, il gonflait extrêmement ; en contact avec des supérieurs, il flétrissait et rétrécissait.

À l'époque où j'ai découvert le Japon, j'avais des idées bien arrêtées sur la nécessaire relation entre religion et éthique. Je croyais que l'une des fonctions essentielles de la religion consistait à dire ce qui était bien et ce qui était mal. La religion nous met en garde contre les conséquences des mauvaises actions, nous avertit qu'il y aura un châtiment dans l'au-delà et des catastrophes ici-bas. Les croyances religieuses affirment aussi que la nature humaine est divisée à parts presque égales entre un côté « bon » et un côté « mauvais ».

Nous avons vu que cette connexion manque presque totalement au Japon. Il n'y a ni Dieu ni dieux pour sanctionner la moralité. Le comportement moral ne peut donc être déduit ou dérivé de la religion. L'éthique est matière sociale et esthétique sans aucun rapport avec un ou des esprits. Ce phénomène est accentué par l'absence de vie après la mort. Il n'y a pas de châtiment, pas de paradis ou d'enfer, pas d'ancêtres vengeurs, pas de sanctions extérieures.

Les systèmes occidentaux qui supposent une connexion intime et nécessaire entre moralité et religion dérangent les Japonais. Pour eux, aucune association religieuse ou église unique n'a jamais été responsable de la moralité, de sorte qu'il revient à la famille et au système éducatif d'enseigner l'éthique. Il n'y a pas eu de Chute ou de perte de l'innocence originelle. Les humains ne sont ni des anges ni des démons, mais un peu des deux, et, dans tous les cas, intrinsèquement changeants. Il n'y a pas de guerre éternelle entre les deux côtés de notre nature, notre esprit et notre corps, nos idéaux et nos désirs. Pas d'âme en danger. Pas d'Esprit vivant occupé à regarder si nous nous conduisons bien, et selon quels mobiles. Pas de Bien ou de Mal absolus.

Une trajectoire unique

Le cadre élaboré par Karl Jaspers s'avère utile pour appréhender le monde singulier de la croyance religieuse japonaise. Dans ses travaux tardifs sur le concept d'« âge axial », Jaspers attire l'attention sur les civilisations qui ont connu un grand changement d'orientation philosophique et religieuse, tournant comme une roue sur son axe, entre le VIIIe et le IIe siècle avant J.-C.

Avant cet âge axial, naturel et surnaturel étaient deux mondes intimement mêlés, et non opposés l'un à l'autre. Comme dans la plupart des religions tribales, le monde des esprits était essentiellement un reflet et un prolongement du monde des hommes. Les humains et les animaux, l'ici-bas et l'au-delà, étaient mêlés. Dans cet univers de chamanisme, de sorcellerie et d'animisme (les choses matérielles possèdent un esprit), les hommes s'efforçaient de faire pression sur les esprits par le biais de sacrifices et de charmes magiques. Le monde divin n'était pas un ordre idéal à part qui servait de mesure à cette vie, mais une continuation du monde sensoriel sous une forme invisible.

Pour des raisons encore inexpliquées, un certain nombre de grandes figures religieuses et philosophiques sont apparues en Europe et en Asie sur une période de six cents ans. Elles ont changé la situation en créant une tension dynamique entre ce monde de la matière et un autre monde réservé aux esprits. Elles ont instauré des idéaux à l'aune desquels juger le comportement des hommes. De nouveaux systèmes philosophiques ont réorganisé la relation entre un Dieu, ou système idéal, et ce monde corrompu.

Il y a eu, en Chine, les œuvres de Lao Zi (Lao-tseu) et Confucius ; en Inde, les Upanishads et les enseignements de Bouddha ; Zoroastre (ou Zarathoustra) en Iran ; au Moyen-Orient, les livres des grands prophètes de l'Ancien Testament, dont Élie, Jérémie et Isaïe ; en Grèce, source de la pensée occidentale, Homère, Héraclite et Platon. La Chine a trouvé son canon confucéen, sur lequel elle a réglé sa vie ; une grande partie de l'Inde et de l'Asie centrale a eu sa rédemption bouddhiste ; et l'extrémité occidentale du continent a reçu les fondations solides des religions monothéistes – judaïsme, christianisme et islam –, lesquelles, associées à la philosophie grecque, allaient bientôt dominer ce monde.

Aux XVIe et XVIIe siècles, c'est-à-dire deux mille ans plus tard, une sorte de réplique de ce *tsunami* philosophique s'est manifestée sous forme de révolutions religieuses et scientifiques. Elle a mis un terme à la première séparation. La dissociation radicale du naturel et du surnaturel qui se trouve au cœur du protestantisme s'est combinée aux séparations de la pensée cartésienne et de la révolution scientifique du XVIIe siècle. Ce désenchantement du monde incluait une séparation entre le monde humain, fondé sur les lois naturelles découvrables de la physique et de la chimie, et le monde spirituel, situé dans un ailleurs.

Le Japon est apparemment la seule grande civilisation épargnée par l'âge axial. Son isolement géographique l'a protégé du raz de marée religieux qui a balayé l'Europe et le reste de l'Asie. Les divisions axiales qui ont triomphé dans les monothéismes de l'Occident et modifié en profondeur les systèmes pluralistes de l'Inde et de la Chine avaient perdu leur impulsion avant d'aborder le Japon. Les Japonais, qui n'ignorent rien de cette axialité, ne sont pas tant préaxiaux que non axiaux.

Cette réalité est mise en évidence à la lecture de descriptions de l'attitude japonaise par rapport aux concepts de Dieu, de paradis, d'enfer, de péché, de nature et d'homme. L'absence de dichotomie est totale. Il n'y a pas de séparation entre corps et âme, chair et esprit.

Les oppositions créées par les philosophes de l'axialité n'existent pas. « L'intellect lui-même était conçu comme subordonné à l'émotion éthique, écrivait Nitobe. L'homme et l'univers étaient pareillement pensés comme spirituels et éthiques. » Au Japon, tout est interconnecté, indivis, relatif et transitoire. Rien n'est absolu, et il n'existe pas de contradiction entre l'ici et maintenant et l'Éternel, entre la probabilité et l'être, entre l'homme et Dieu.

Le sociologue S. N. Eisenstadt a affirmé, preuves à l'appui, que le Japon a réussi à renverser les philosophies axiales à leur arrivée dans le pays, les dépouillant de leur tension fondamentale entre Idéal et Réel. Il explique :

> Le Japon a ceci de singulier qu'il est la seule civilisation non axiale à avoir conservé – tout au long de son histoire et jusqu'à l'époque moderne – une histoire qui lui soit propre sans être marginalisée par les civilisations axiales, Chine et Corée, confucianisme et bouddhisme, avec lesquelles il était en contact permanent.

Il est particulièrement étonnant que ce phénomène ait été possible dans l'une des grandes civilisations de l'écrit, qui avait embrassé, du moins en surface, les grandes traditions du confucianisme et du bouddhisme. Eisenstadt poursuit :

> La transformation du confucianisme et du bouddhisme, puis des idéologies occidentales, au Japon [...] constitue une désaxialisation des religions, idéologies et civilisations axiales, non pas dans les arènes locales ou périphériques des "petites traditions", mais au cœur même de "la grande tradition".

Le Japon a rejeté l'idée philosophique d'un monde autonome de l'idéal et du bien, un monde de l'esprit séparé de l'homme et de la nature qui servirait de référence pour juger nos actions et diriger notre quête de salut. C'est une situation extraordinaire qui explique beaucoup de choses sur l'étrangeté du Japon. Elle suggère que philosophie et cosmologie japonaises se fondent sur une série d'hypothèses radicalement différentes de celles des systèmes axiaux du continent européen et asiatique.

Robert Bellah soulignait récemment dans *Imagining Japan* que le Japon est demeuré une civilisation non axiale jusqu'à l'époque actuelle. « Culture et société japonaises à la période Tokugawa, écrit-il, peuvent encore être définies comme non axiales » ; et après la restauration de Meiji, « les prémisses non axiales ont survécu, bien que reformulées dans un mélange complexe de principes axiaux où elles conservaient la prééminence ».

> À travers tous ces énormes changements, affirme Bellah, les prémisses fondamentales de la société japonaise, malgré leur reformulation radicale, sont restées non axiales. En d'autres termes, les différenciations axiales subséquentes entre réalité transcendante et État, entre État et société, et entre société et moi n'ont pas été pleinement accomplies.

Comment le Japon a-t-il réussi à rester la seule civilisation moderne non axiale sur Terre ? Une croyance animiste généralisée et un système de rites de purification existaient au départ. Ils ont été modifiés et très récemment codifiés sous le nom de *« shinto »*. C'est essentiellement un système de rituel, d'étiquette et de respect ; il n'a jamais été complètement abandonné ou recouvert.

Cette foi animiste était forte jusqu'à l'arrivée des sectes bouddhistes réformées au XIVe siècle, qui l'ont supplantée, avant qu'elle ne soit ravivée dans le cadre du système impérial à la fin du XIXe siècle. On trouve aujourd'hui des sanctuaires *shinto* dans tout le Japon, souvent nichés à l'intérieur de temples bouddhistes, quand ils ne les englobent pas amicalement alors qu'on pourrait les croire rivaux. Le *shinto* n'est pas une religion au sens moderne du mot, bien qu'il se préoccupe clairement de guider les humains dans un monde rempli d'esprits.

Le bouddhisme, une fois introduit, a rapidement été transmué en autre chose, sans apporter de changement axial radical. Les Japonais se sont inspirés des sectes réformées du XIVe siècle, notamment *nichiren* et *zen*, lesquelles prônaient que le bouddhisme n'est pas une religion, et ont exploité cette idée jusqu'à ses limites extrêmes. Comme le Bouddha avait enseigné la vanité de Dieu et des dieux, les bouddhistes japonais l'ont pris au mot et proclamé une antireligion. « Si vous voyez le Bouddha, tuez-le. » Il n'existe pas, rien n'existe. Le bouddhisme japonais entretient peu de tensions qui l'opposent à ce monde ; ce n'est qu'un ensemble de pratiques qui aident l'individu à chercher le salut dans cette vie.

Cette transformation japonaise du bouddhisme, grande philosophie axiale qui se rapproche le plus d'une religion, est véritablement extraordinaire. Osumi Kazuo explique, dans un article sur le XIIIe et le XIVe siècle, autrement dit la période la plus importante dans l'introduction du bouddhisme, que « l'adaptation japonaise du bouddhisme l'a fait diverger de sa forme originelle de plusieurs façons. Dès le départ, les Japonais ont fusionné le bouddhisme avec le *shinto* et leur vieille cosmologie du monde des esprits ». À cause de la situation préexistante et du climat politique et philosophique de l'époque, les sectes bouddhistes se sont éloignées les unes des autres tout en se dissociant du bouddhisme continental, de sorte que « les dogmes du bouddhisme Kamakura ont souvent été formulés en opposition aux doctrines bouddhistes établies. Ces divergences doctrinales ont renforcé la réputation d'opposition à l'autorité ecclésiastique des nouvelles écoles bouddhistes ».

Nakamura Hajime propose une analyse systématique et détaillée de la différence entre bouddhisme indien et chinois, d'une part, et différentes écoles de pensée japonaises, d'autre part. Voici ce qu'il écrit, considérant la primauté de la loyauté aux petits groupes fermés et aux liens sociaux :

> Il est facile de comprendre la tendance des bouddhistes japonais à ne pas tenir compte des préceptes bouddhistes universalistes... Notons que le bouddhisme a ainsi été radicalement transformé pour pouvoir être adopté. La société japonaise, en tant que terrain de la pratique bouddhiste, a rejeté les pratiques religieuses de l'Inde et de la Chine.. .. [C'est] dans le cadre de leur point de vue et de leur orientation nationalistes propres que les Japonais ont accepté le bouddhisme. Ils ont eu tendance à l'utiliser comme un moyen et un instrument pour parvenir à une certaine fin socio-politique. Ils n'ont pas été convertis au bouddhisme. Ils ont converti le bouddhisme à leur propre tribalisme... [Les] Japonais ont accepté le bouddhisme sans changer d'un iota leur propre point de vue d'origine. Voilà pourquoi le bouddhisme s'est propagé aussi rapidement.

Prenant comme norme les religions universalistes de l'Inde et de la Chine, Nakamura conclut : « La religion, au sens véritable du mot, ne s'est jamais profondément enracinée dans le sol japonais. »

Les différentes sectes bouddhistes ont reçu le soutien de divers groupes sociaux – *samurai* ou aristocratie urbaine, par exemple. Le Japon ne s'est pas contenté d'héberger des traditions divergentes – *shinto*, bouddhisme, confucianisme, puis philosophies occidentales –, chaque tradition a été fragmentée en enseignements fondamentalement différents. De fait, le bouddhisme a formulé des doctrines claires pour expliquer le monde des esprits, ce qui a renforcé les rituels locaux et les croyances antérieures... Bellah décrit la manière dont les premiers penseurs bouddhistes du Japon ont « utilisé les matériaux d'une tradition axiale (dans ce cas, le bouddhisme, mais souvent aussi le confucianisme) pour justifier une position non axiale... On pourrait dire qu'ils ont utilisé l'axial pour vaincre l'axial ».

D'après Eisenstadt, l'« adaptation du bouddhisme aux circonstances locales, sa désaxialisation » sont uniques puisque, dans le cas du Japon, « ses prémisses païennes, une perspective religieuse fondamentalement de ce monde, ont transformé celles d'une "grande" religion en modelant la tradition d'une civilisation tout entière, écartant, mais sans les effacer, ses prémisses plus transcendantales ou surnaturelles ». Dans le bouddhisme japonais, les êtres humains n'ont que cette vie-ci.

De même, le confucianisme n'a pas pénétré au Japon avec la force et l'universalisme qui dominaient la Chine et s'étendaient jusqu'en Corée. Transformé en néo-confucianisme, il s'est rapidement adapté afin de coexister avec le *shinto* et le bouddhisme dans le monde relativiste du Japon. Il donnait certes des normes de comportement, notamment en matière de relations entre les êtres humains, mais ce n'était ni une religion ni même un ensemble de principes établissant un idéal de vie. Comme le bouddhisme, le confucianisme a profondément influencé la vie japonaise, mais en perdant son axialité au fil de son absorption. Il n'a pas modifié les prémisses fondamentales de l'organisation sociale japonaise.

Un des aspects les plus significatifs de la désaxialisation du confucianisme se trouve dans la transformation de la relation entre religion et politique à l'époque de l'importation de cette philosophie au Japon. Si les Japonais avaient effacé leur idée de descendance divine de la lignée impériale, « cela aurait représenté le passage d'une conception archaïque à une conception axiale du pouvoir ». Toutefois, note Bellah, « un tel passage, bien que possible dès l'adoption des doctrines confucéennes, n'a jamais été accompli ».

Le professeur Watanabe Hiroshi m'a expliqué les mutations du confucianisme au long de l'histoire japonaise. Le confucianisme chinois contenait des idées de transcendance, de ciel suprême, même en l'absence d'opposition marquée entre ce monde et l'au-delà. Quand la doctrine est apparue au Japon, le jugement céleste a été supprimé et le souverain dispensé du mandat du Ciel. D'autres transformations ont eu lieu au XVIIIe siècle, à l'époque de la seconde grande vague d'influence confucéenne.

L'éminent penseur Ogyu Sorai, en particulier, a totalement retourné un autre principe du confucianisme. Il a affirmé que les masses ne pouvaient pas devenir des êtres humains meilleurs, alors que les empereurs chinois gouvernaient en encourageant le processus d'humanisation de ceux qu'ils considéraient à la base comme des êtres bons, dont eux-mêmes reflétaient les vertus. Sorai, plus proche de la ligne de pensée du cynique Machiavel, exhortait le shogunat à diriger par la force un peuple ignorant et indocile. D'autres l'ont dit avant lui : la force, c'est le droit, et la fin – ordre et discipline – justifie les moyens.

Une transformation supplémentaire a concerné l'équilibre entre affection et logique dans la tradition confucéenne. Un autre spécialiste nous a expliqué pourquoi l'éthique japonaise est « forte en affection plutôt que forte en logique » : à cause de l'importance que le confucianisme accorde à la bienveillance affectueuse. « Quand il a été importé de Chine, il a écarté la logique et accepté l'affectueux. » Le système chinois, qui mélangeait taoïsme, confucianisme et bouddhisme, était à certains égards aussi syncrétique que le système japonais, mais il soulignait l'importance de la logique dans le système philosophique. « Dans le cas japonais, la logique a été remplacée par l'affection ; il n'y a pas eu de logique. Notre système n'est pas axial, mais saturé d'affection. » Quand le cœur et la tête s'opposent au Japon, c'est le cœur qui l'emporte.

Le Japon n'a jamais, au cours des deux derniers millénaires, accompli la rupture radicale entre naturel et surnaturel. Aucun Dieu unique dont l'adoration engloberait toutes les strates – éthique, rituel et conception de la souffrance – n'a jamais exercé sa domination. Pas étonnant que les Japonais ne comprennent pas de quoi il est question quand les Occidentaux parlent de « religion ».

Pourtant, l'ascétisme, la pureté et la simplicité de nombreux aspects de la vie japonaise, notamment les temples et les arts, me rappellent la réforme protestante. Voilà pourquoi certains éminents experts voient une similitude entre le phénomène des sectes bouddhistes au Japon et ce qui est arrivé en Europe au XVIe siècle avec Calvin et Luther. Il y a quelque chose de familier dans le calme et le vide des édifices religieux de Kyoto. On sent la présence de quelque chose d'« autre » que l'humain, bien que je sois incapable de dire exactement quoi.

Nous sommes donc en présence d'un hybride qui n'entre dans aucune des deux catégories principales de systèmes religieux. Tout est imprégné d'esprits, ou *kami* : récipients, ordinateurs, poissons rouges, bâtiments, espace, temps, thé, pierres, *sumo*, pêches, échos, jusqu'aux *yakuza*. La civilisation japonaise est « enchantée ».

À l'inverse, rien n'est entièrement « religieux » au sens axial. Il n'y a pas d'au-delà. Pas de Dieu. Pas de paradis. Nul besoin d'apaiser Dieu ou les dieux par des sacrifices, animaux ou autres. Le chamanisme reste en marge. Les ancêtres individuels survivent aussi longtemps que le souvenir personnel qu'ils laissent, avant de se fondre avec les autres ancêtres. Ils ne troublent pas les vivants. Il n'y a ni mauvais sort, ni sorcellerie, rien à croire en particulier.

Le Japon est différent de l'Inde saturée de dieux. Il ne vit pas, comme l'Occident, avec les fantômes de la religion monothéiste. Le Japon n'est ni sacré ni profane, ni laïque ni religieux, ni enchanté ni désenchanté. Il vit en accord avec d'autres dimensions, dans un mélange que nos réseaux de compréhension ne nous aident pas à saisir. Le Japon est une synthèse qui offre beaucoup d'options.

Toute une gamme de nouvelles religions qui associent souvent, du moins dans l'idée, le meilleur de la science et de la religion, se sont ajoutées aux approches plus traditionnelles du cadre *shinto*, bouddhiste, taoïste et chrétien. « Nouvelles religions » est un terme générique utilisé pour se référer à divers mouvements apparus depuis le XVIIIe siècle. Leur nombre et leur force ont spectaculairement augmenté au XXe siècle. L'encyclopédie Kodansha les décrit en évoquant les courants « messianiques, nativistes, millénaristes, utopistes, revivalistes, eschatologiques, de la guérison par la foi ou autres religions de la fin des temps ». Elles ont puisé dans l'ensemble des croyances et des rituels du Japon – bouddhisme, *shinto*, confucianisme, religion populaire et chamanisme – en renouvelant divers éléments. Généralement fondées par un chef charismatique, souvent une femme qui a eu une vision ou une visitation, elles recrutent des membres qui mettent sur pied une organisation dans le but de répandre la bonne nouvelle. Les deux plus grandes, *Rissho koseikai* et *Soka gakkai*, comptent plusieurs millions de fidèles.

Les nouvelles religions font parfois l'objet de critiques, car leurs chefs affirment souvent que la formation du caractère est la clé du bonheur. D'aucuns ont souligné que cette approche, en attribuant tous les problèmes à l'attitude philosophique et au contrôle de l'esprit, tend à détourner l'attention des problèmes sociaux, ce qui entraîne une vision conservatrice de la vie. L'émergence de ce type de religion peut être interprétée comme un symptôme de la désintégration de la société. Mais on peut aussi y voir un autre exemple de manifestation de nouveaux hybrides, créés pour raviver et adapter les vieilles croyances aux situations changeantes en conservant un noyau ancien à l'intérieur d'une enveloppe nouvelle.

La philosophie qui sous-tend les nouvelles religions est compatible avec l'intuition, l'émotion et la « raison au-delà de la raison ». On doit sincèrement essayer de faire ce que l'on croit nécessaire. Tous les calculs, principes et autres commandements absolus finissent par céder devant les croyances véritablement sincères que l'individu doit suivre. Ces nouvelles religions promettent l'accès à une manière de satisfaire tous les besoins et toutes les obligations en termes spirituels et matériels, par un engagement partiel ou total.

Des influences extérieures multiples

Il semble exagéré, du moins à première vue, de soutenir que le système philosophique du Japon est presque totalement différent de celui de toutes les autres grandes civilisations. Le Japon n'est pas seulement différent des autres de la manière dont on peut dire que l'islam est différent du christianisme ou l'hindouisme du judaïsme. La différence se situe à un niveau plus fondamental. Le Japon a totalement évité le glissement axial qui l'aurait intégré à une religion mondiale.

Les signes d'une profonde différence n'en imprègnent pas moins toutes les sphères de la vie japonaise. Seul un phénomène de cette ampleur peut donner la clé capable de déverrouiller simultanément la série de mystères que j'ai tenté d'explorer. Il faut comprendre que les Japonais vivent encore dans un monde chamanique et « tribal » pour commencer à saisir l'explication très simple qui se trouve sous la surface infiniment déformée et contradictoire, si déconcertante non seulement pour les étrangers, mais pour les Japonais eux-mêmes.

Le fait que le Japon a évolué dans une direction qui le place à part de toutes les autres civilisations devient moins improbable dès lors que nous considérons les forces historiques et géographiques qui ont balayé ces îles pendant les deux derniers millénaires. En outre, si nous replaçons l'histoire philosophique dans le contexte élargi des influences extérieures profondément modifiées à leur entrée au Japon, nous constatons que l'histoire de la désaxialisation n'est qu'une transformation parmi d'autres fort nombreuses. Nous voyons que les Japonais ont remodelé, et continuent de réorganiser, les forces qui s'exercent sur eux de façon à ne pas détruire fondamentalement ce qu'ils considèrent comme la force unificatrice essentielle, ciment de leur monde indivis.

Le Japon a été habité pendant des milliers d'années par des peuples très différents. Au VIe siècle, économie, société, politique et religion étaient encore soudées. Les mythes de la fondation du Japon, qui faisaient remonter l'origine des souverains à la déesse Amaterasu, étaient tribaux. Les Japonais formaient une importante communauté métissée et tribale qui parlait déjà une langue inhabituelle, sans grand rapport avec les formes de langage connues sur le continent, et qui possédait un ensemble de coutumes locales et une approche panthéiste de la vie.

Au VIIe siècle, lorsque le premier afflux majeur d'institutions chinoises a commencé à se diffuser au Japon, la culture locale était déjà si bien implantée, et la distance à parcourir entre la Chine et les îles si grande, que les idées et les nouveaux systèmes n'ont pas complètement pris racine. Ils ont été filtrés à leur arrivée, de sorte qu'une bonne part de la vision chinoise du monde a été modifiée avec le temps.

Cette subversion des vagues de pensées étrangères s'est répétée maintes fois. Confucianisme, bouddhisme et système impérial en provenance de Chine ont été inspectés, adaptés et assujettis à un moule japonais préexistant, prenant des significations nouvelles et différentes. Les pratiques administratives chinoises, la forme des villes et les technologies ont été pareillement modifiées. Le système mandarin n'a pas été adopté, ni les fortifications des villes chinoises copiées. Les caractères écrits du chinois *(kanji)* ont été absorbés, puis leur sens et leur système grammatical modifiés à mesure qu'un système d'écriture parallèle simplifié était mis au point.

Au XIVe siècle, une autre vague d'importations a pénétré au Japon sous forme de technologies (notamment agricoles) et de philosophies nouvelles. Mais les sectes bouddhistes réformées du Japon, contrairement à leurs homologues du continent, ont été absorbées dans le puissant mélange d'animisme et de confucianisme qui les avait précédées.

À l'époque où les Européens, Portugais d'abord, puis Hollandais, ont ajouté leur influence, au XVIe siècle, le Japon était capable d'absorber ce qu'il voulait sans changer entièrement pour autant. Il a donc fait l'expérience des armes à feu, des animaux européens, du vin et du verre, du christianisme et des idées scientifiques occidentales. Après un bref examen, il en a rejeté la plupart. Le Japon, certes gonflé par de nouveaux affluents extérieurs, ressemblait beaucoup en 1700 au fleuve culturel qu'il avait été deux siècles plus tôt.

Au cours des deux cents années suivantes, le Japon a continué à absorber les idées chinoises et occidentales, qui n'ont fait que renforcer son particularisme. Par conséquent, lorsque l'expansion impérialiste de l'Europe et de l'Amérique a représenté un défi majeur au milieu du XIXe siècle, le Japon était en position de faire ce qu'il avait toujours fait. Il a pris ce dont il avait besoin, transformé certains aspects de la société et de la politique et adopté technologies et sciences occidentales.

En 1920, le Japon donnait l'impression d'être la première société industrielle capitaliste d'Asie calquée sur l'Occident. Cependant, le fleuve ancien continuait à couler sous la surface. Le Japon était resté structurellement très différent de l'Occident démocratique et capitaliste.

Après la Seconde Guerre mondiale, le Japon a pris un virage américain ; un nouveau courant impétueux s'est mis à couler, de sorte qu'on a pu croire un instant qu'il devenait une copie de l'Amérique. Mais ce n'était, une fois de plus, qu'une coloration de surface, un effet des emprunts sélectifs faits par le pays. Malgré les changements spectaculaires, beaucoup d'attitudes et de pratiques sociales sont restées presque inchangées.

Ce rejet des divisions rigides, ou dichotomies axiales, qui existent dans la plupart des civilisations est précisément l'un des secrets de la souplesse japonaise et de sa capacité à changer rapidement si les circonstances l'exigent. « Si, contrairement à la Chine ou à d'autres pays asiatiques, le Japon est entré dans le monde moderne industrialisé sans trop de difficulté », écrit Van Wolferen, « c'est précisément grâce à cette absence de croyance forte à des principes fondés sur des notions transcendantales ; les mentalités étaient donc ouvertes aux changements requis par les transformations matérielles ». Van Wolferen emploie l'expression « caméléons idéologiques » pour décrire les Japonais : cette métaphore exprime bien les rapides changements de surface tout en impliquant que l'animal lui-même subsiste en dessous de ses mues perpétuelles.

On pourrait avancer, avec raison, que tous les pays agissent ainsi. Les Français se targuent d'être restés français tout en ayant absorbé les influences de nombreuses invasions et pressions extérieures. Les Anglais, sur leur île, voient leur culture comme un long fleuve qui prend sa source chez les Anglo-Saxons avant d'être rejoint en cours de route par divers petits ruisseaux. Ce qui fait du Japon un cas extrême, c'est l'importance et la diversité de sa culture et son histoire très ancienne d'isolement volontaire. Il est aussi très éloigné du continent. La diffusion progressive des influences extérieures au cours des quinze cents dernières années l'a immunisé contre le changement total et révolutionnaire, en lui donnant une plus grande latitude pour rejeter et s'adapter. Il a mieux réussi que toute autre nation à filtrer les influences extérieures.

L'histoire du Japon est aussi faite d'une tension continue entre distance et proximité par rapport à ses voisins asiatiques. Cette position moyenne explique beaucoup de choses. La présence à quelques centaines de kilomètres de la Chine, la plus grande, la plus ancienne et la plus créative des civilisations, a toujours été un facteur important, car le Japon a été à la fois influencé et éclipsé par son voisin. Le flux de brillante culture en provenance de Chine et, dans une large mesure, de Corée, l'a placé en position extrêmement favorable.

Imaginez un Japon situé dans l'archipel indonésien. À des milliers de kilomètres du continent chinois, il ne serait pas devenu un riche miroir de toutes ces technologies et créations artistiques, aussi anciennes qu'impressionnantes, que nous associons à la Chine. Le Japon a vécu une grande partie de son histoire à l'ombre d'un arbre imposant qui donnait en permanence de nouveaux fruits et de nouvelles graines : poterie et porcelaine, soie, thé, armes, écriture, systèmes de gouvernement, religions et philosophies. Il a appris à prendre et à adapter les inventions chinoises en les améliorant souvent. Poterie, cérémonie du thé, cuirasses et épées, jardins, bouddhisme, écriture ont ainsi été raffinés. Cet art de masquer les influences a favorisé le Japon quand il a été soumis à un nouvel assaut de pressions extérieures.

Dans le même temps, l'éloignement du Japon par rapport au continent chinois l'a protégé. S'il y avait eu un lien terrestre entre le Japon et la Chine, comme entre la Chine et la Corée, il aurait été pareillement envahi et sinisé par son voisin dominant. Plus proche de la Chine, il n'aurait pas suivi son chemin singulier. Les quatre cents milles de mer dangereuse et le repli de la culture chinoise après l'abandon de ses aventures maritimes au début du XVe siècle ont sauvé le Japon de l'invasion. Le Japon, comme l'Europe occidentale, est la seule partie du continent eurasien qui ait échappé à la conquête mongole. Il est devenu semblable à d'autres îles : idées et institutions originaires de nombreuses sources extérieures y ont formé un mélange inédit.

Si l'on en croit le mythe japonais, les importations adaptées ont fusionné en une « japonité » largement uniforme. Néanmoins, il est important de ne pas oublier les origines extrêmement diverses de ces importations. Je me souviens bien d'une conversation avec Hayami Akira, historien japonais de la démographie, qui a résumé à mon intention les résultats de son grand projet sur les structures sociales du Japon au cours des trois derniers siècles. Il m'a expliqué que le nord-est du Japon était une région de culture « Jomon » d'origine sibérienne, caractérisée par le mariage précoce, une fertilité basse, la famille souche et la primogéniture ; c'était une sorte de culture de chasseurs-cueilleurs. Au centre du Japon vivaient des peuples d'origine chinoise avec leurs caractères propres : mariage tardif, mélange de familles souches et nucléaires et degré élevé d'urbanisation. Au sud-ouest enfin, des peuples d'origine polynésienne arrivés par la chaîne insulaire des Ryukyu : mariage tardif, taux élevé d'illégitimité, de divorce et de remariage, famille souche et statut social important des femmes, tels étaient leurs caractères principaux.

Nous savons que les structures sociales, les systèmes matrimoniaux et le folklore de diverses régions du Japon témoignaient jusqu'à la fin du XIXe siècle de l'existence d'au moins trois grandes vagues d'immigration. Des peuples aux traditions puissantes sont arrivés du nord chamanique par Sakhaline, et au centre par la Corée. Une bonne part de la culture japonaise et certains groupes de population sont clairement venus de Chine. Des peuples de Malaisie, de Polynésie et d'autres régions du Pacifique ont sauté d'île en île pour s'installer dans le sud du Japon. Ces peuples et ces influences se sont tous fondus en un mélange unique dont la diversité est évidente au premier coup d'œil quand on regarde les visages dans les rues bondées.

L'insularité du Japon lui a donné très tôt le sentiment de son identité nationale et de sa différence, un peu comme l'Angleterre avec sa population hybride. Le Japon contenait des civilisations multiples sans en réfléchir aucune directement. Il existait de fortes différences culturelles et dialectales, mais aussi une langue nationale, une littérature, une religion et une administration exceptionnellement unifiées depuis plus de mille ans. Grâce à sa taille et à la diversité de sa population, le Japon a pu élaborer et expérimenter ce qui fonctionnait le mieux dans le cadre particulier de l'écologie et de la géographie de cette longue chaîne d'îles rocheuses.

Les Japonais ont consacré beaucoup d'énergie à se placer eux-mêmes en quarantaine. Ils veulent des frontières sérieuses, mais aussi laisser entrer quantité de choses, car ils ont découvert que c'est ainsi que l'on vit de la manière la plus satisfaisante. L'immigration contrôlée des idées, des technologies et des influences, plus que des personnes, a été au cœur de l'histoire japonaise.

Tout ce que j'ai trouvé étrange lors de mes rencontres avec les divers aspects de la culture et de la société japonaises commence à faire sens à la lumière de ces réalités. Le refus de se glisser dans les catégories de pensée et d'action élaborées à l'Ouest comme à l'Est, notamment en Chine et en Inde, devient plus compréhensible.

Presque tous les éléments de la civilisation japonaise, comme en Grande-Bretagne, sont des importations. Nous avons vu que peu de macro-inventions japonaises ont rivalisé avec la portée des grandes inventions de la Chine ou, à partir du XVIIe siècle, les macro-inventions philosophiques et technologiques de l'Occident. Mais les Japonais ont ajouté de la valeur à toutes celles qu'ils ont adoptées.

Quand vous visiterez le Victoria and Albert Museum de Londres, quittez la salle chinoise et entrez juste à côté dans la salle japonaise. Vous sentirez immédiatement que vous êtes en présence d'une civilisation vaguement familière, et pourtant différente. Le Japon habite à maints égards un monde plus délicat, plus sensible et plus espiègle. Il a la patte irrégulière et excentrique de la vraie créativité, d'autant plus surprenante qu'elle tire ses origines en majeure partie de la salle voisine. Sous la surface remuante des petits changements, le Japon a conservé, comme la miraculeuse Australie, un ensemble unique de flore et de faune culturelles qui nous enrichit tous.

8. DE RETOUR DU JAPON

Regards occidentaux et regards japonais

Ma petite-fille Lily est un jour sortie de la grande armoire qu'elle avait traversée pour visiter un pays imaginaire en s'exclamant d'un air grave : « Le monde entier a changé ! » Je pourrais dire la même chose depuis mon voyage à l'intérieur du miroir magique japonais. Au point que je me demande ce qui est « normal » : mon monde à moi, ou celui des Japonais ? Je comprends mieux les réflexions des voyageurs qui ont découvert le Japon au XIXe siècle.

William Griffis, par exemple, s'interrogeait en ces termes :

> Pourquoi donc faisons-nous les choses à l'inverse des Japonais ? Qui marche sur la tête, eux ou nous ? Les Japonais disent que nous faisons tout à l'envers. Pour eux, notre façon d'écrire est une « écriture de crabe » parce que, disent-ils, elle va à reculons... Laquelle des deux races est gauchère ? De quel côté se trouvent le positif et le négatif de la vérité ? Qu'est-ce que la vérité ? Qu'est-ce qui est à l'envers, et à l'endroit ?

Edward Morse pariait que les Japonais étaient à l'endroit, et l'Occident à l'envers :

> La première observation de l'étranger qui arrive au Japon, c'est que les Japonais agissent, pour certaines choses, de manière exactement inverse à la nôtre. Nous pensons que notre façon de faire est juste, sans conteste, tandis que les Japonais se rendent parfaitement compte que nous faisons tout différemment d'eux. Comme les Japonais sont les représentants d'une race civilisée beaucoup plus ancienne, il est possible que leur façon de faire certaines choses soit véritablement la meilleure.

Le monde des Japonais est d'autant plus extraordinaire qu'il est un secret bien gardé. Comme tout monde parallèle, il est plus ou moins invisible et son éclat ne se manifeste qu'à de rares occasions. Beaucoup de visiteurs ont senti là quelque chose d'étrange, mais en l'absence de cartographie détaillée, il est impossible au grand public de savoir exactement quoi. Ce n'est pas le genre de miroir dans lequel on puisse regarder.

En nous limitant à la période écoulée depuis l'ouverture du Japon à l'Occident, dans les années 1870, voyons jusqu'où sont allés les visiteurs occidentaux dans leur compréhension de cette énigmatique civilisation. Isabella Bird avait une bonne expérience du récit de voyage, mais aucune formation en analyse comparative. Edward Morse, tout merveilleux observateur qu'il fût, ne connaissait rien à la théorie sociale. Lafcadio Hearn s'était inspiré, pour son cadre théorique, des principes peu appropriés de Herbert Spencer. Tous écrivaient avant le début du XXe siècle et les grands progrès de l'anthropologie. Ils ne disposaient d'aucune analyse systématique de l'Occident, ou de la Chine, qui leur aurait permis d'étayer leurs comparaisons. La génération profondément observatrice des années 1860 à 1920, malgré ses intuitions perspicaces, ne pouvait espérer aller au-delà de la pièce qui se trouve juste derrière le miroir. Elle décrit avec infiniment de sensibilité ce monde inversé, mais ne peut ni le comprendre vraiment, ni le relier au nôtre.

La génération 1920-1960 – Kurt Singer, Fosco Maraini, Norman Jacobs et Ruth Benedict – disposait des perspectives anthropologiques et des outils de la sociologie comparée ; elle a donc pu avancer plus profondément dans un paysage extérieurement très différent de celui de l'Occident. Certaines raisons l'ont néanmoins empêchée de parvenir à la pleine compréhension.

N'étant jamais allée au Japon, Ruth Benedict n'en a pas vécu l'expérience directe. Singer était un économiste dont rien ne dit qu'il ait été formé à l'analyse sociale comparée, ni qu'il possédât une connaissance systématique de l'Europe ou une quelconque expérience de la Chine. Jacobs utilisait un cadre wébérien, mais le sociologue Max Weber n'a jamais pleinement compris le Japon. Maraini, anthropologue qui connaissait notamment l'Italie et le Tibet, était sans doute le mieux équipé. Son analyse est perspicace et parfois très belle ; comme Singer et Hearn, il a pressenti le côté « autre » du Japon. Mais il n'a pas essayé de replacer celui-ci dans un cadre universel qui nous aurait permis de le comprendre.

Après la Seconde Guerre mondiale sont arrivés un certain nombre d'excellents sociologues et anthropologues, dont Ronald Dore, Nakane Chie, Robert Smith et Ezra Vogel, ainsi que des auteurs plus généralistes comme Edwin Reischauer. Tous ont apporté leur pierre à notre compréhension de la civilisation japonaise. Il y a eu également de très bons historiens tels que Thomas Smith et George Sansom ; on leur doit une bonne partie des éléments détaillés qui ont conduit à une nouvelle évaluation du Japon. Plus récemment, anthropologues et sociologues – Joy Hendry, Emiko Ohnuki-Tierney, John Clammer, Takie Lebra et Dorinne Kondo – ont éclairé d'un jour intéressant certains aspects particuliers de la société japonaise, mais le sentiment d'étrangeté caractéristique des premiers auteurs leur fait défaut. La vision s'affadit tandis que le Japon, « normalisé », se fond dans les catégories occidentales.

À la fin du XXe siècle, notre compréhension du Japon a été ravivée par un certain nombre de grandes études de sociologie comparée, en particulier sous la plume de Robert Bellah et de S. N. Eisenstadt. Ils appliquaient tous deux les théories de la sociologie allemande, notamment celles de Karl Jaspers. Ils ont dévoilé un peu de l'étrangeté profonde et non axiale des Japonais. Mais il leur reste à intégrer leurs nouvelles découvertes au puzzle des contradictions révélées par les auteurs qui les ont précédés.

Si les étrangers ont bien du mal à pénétrer dans le monde derrière le miroir, ceux qui s'y trouvent déjà comprennent parfois difficilement le Japon, et ne peuvent guère nous servir de guides. Il existe un certain nombre d'analyses très pertinentes – Fukuzawa Yukichi, Yanagita Kunio, Maruyama Masao et Amino Yoshihiko – mais peu traduites, de sorte que les non-spécialistes ne peuvent y avoir accès. Ces travaux ont par ailleurs dérouté beaucoup de Japonais, même très cultivés.

Le problème se situe en partie à la surface du miroir, qui est saturée d'influences et de « modernité » occidentales. La plupart des Japonais se considèrent comme très modernes et proches des Occidentaux, à quelques nuances près. On leur a enseigné que la restauration de Meiji et le développement industriel de la fin du XIXe siècle ont créé les conditions d'un passage révolutionnaire du féodal au moderne. Et que leur succès vient de là. Mais cette image d'eux-mêmes n'est pas entièrement convaincante.

Les Japonais, au même titre que les étrangers, sont engoncés dans des cadres évolutionnistes acceptés comme allant de soi. Leurs rencontres avec des théories étrangères les poussent à souscrire à l'idée que le Japon est une société « moderne, capitaliste et industrielle » réussie. Si tel est le cas, pourquoi se sentent-ils encore tellement différents ? Un certain nombre de mes interlocuteurs m'ont dit à quel point ils trouvaient difficile de comprendre la religion occidentale, les émotions de l'amour romantique, le sens de l'individualisme, le fonctionnement de l'éthique capitaliste, la signification des contrats juridiques – tout ce qui, leur martèle-t-on à longueur de temps, est le pivot de la « modernité ».

Les Japonais pensent avoir maîtrisé le langage de l'Occident et supposent en conséquence qu'ils ne devraient avoir aucun mal à le comprendre. Ils continuent pourtant, pour des raisons qu'ils ignorent, à se sentir troublés et perplexes. Ils n'osent pas demander d'aide de peur de révéler leur ignorance. Leurs questions pourraient indiquer que d'autres choses n'ont pas été comprises ; ils préfèrent souffrir en silence.

D'où la naissance d'un sentiment de frustration. Les Japonais rejettent toutes les analyses de ceux qui, depuis l'extérieur, cherchent à décrire et expliquer le Japon ; l'essentiel, disent-ils, n'y est pas. Et quand on leur demande ce qui manque, ils répondent, surpris, qu'ils n'en savent rien : tout ce qu'ils savent, c'est que l'essentiel n'y est pas.

On pourrait réfléchir à ce dilemme en se représentant le gouffre qui sépare la surface de l'intérieur du miroir. Les Japonais ont érigé une protection presque impénétrable contre les interférences étrangères, y compris les intrusions visant à comprendre leur pays. Ceux qui observent le Japon ont eu tendance à y voir le reflet de leur propre monde. S'ils viennent d'une société capitaliste industrielle, c'est ce genre de société qu'ils voient dans le miroir. Ce qui est autre, ils le mettent de côté comme insignifiant ou comme reliques d'un autre âge. Ce qui est autre, trop éloigné de l'expérience du visiteur ordinaire, ne peut en aucun cas être compris.

Dans le même temps, les Japonais sont confrontés à un problème au moins aussi ardu. Ils sentent bien que leur monde, s'il ressemble à celui de la Chine ou de l'Occident, est à maints égards fondamentalement différent. Mais ils sont trop impliqués dans leur propre société pour pouvoir donner un sens à ces contradictions qui paraissent échapper à l'analyse.

Il m'a fallu creuser patiemment la différence entre surface et essence intérieure, au fil de discussions prolongées avec Kenichi et Toshiko, pour commencer à comprendre la nature du problème. Toshiko a récemment écrit sur Fukuzawa Yukichi, dont nous étudions l'œuvre ensemble depuis des années, un article qui résume bien la situation :

> Dans la pensée de Fukuzawa, les relations familiales devaient être préservées dans leur intégralité. Mais en dehors du cercle familial, autrement dit dans le domaine de l'économie et de la politique, le Japon devait devenir aussi capitaliste et libéral que l'Occident. Les Japonais essaient d'imiter ces systèmes sociaux extérieurs depuis la restauration de Meiji sans modifier beaucoup leurs relations humaines intimes. Nous avons donc toujours cette structure sociale double. La structure externe de la société est occidentale tandis que la structure interne

est japonaise. Nous voyons cette double structure à l'œuvre dans diverses combinaisons et dans le moindre aspect de la vie sociale japonaise. C'est peut-être cela qui trouble tant les étrangers qui cherchent à comprendre les Japonais et leur société. Mais c'est de cette manière que le Japon a accepté les influences occidentales extérieures.

Mes propres tentatives ont longtemps été gênées par les hypothèses évolutionnistes simples, mais erronées, que j'évoquais au début de cet ouvrage. Pendant la plus grande partie de ma vie adulte, j'ai implicitement présumé que toutes les civilisations de la Terre suivaient la même voie vers le monde moderne. D'abord groupes de chasseurs-cueilleurs, puis sociétés tribales, certaines deviennent des civilisations paysannes dotées de religions basées sur des oppositions « axiales ». Quant aux sociétés industrielles, elles ne sont apparues qu'au cours des deux cent cinquante dernières années.

Je croyais que les Japonais entraient dans ce cadre. S'il existait quelque part une espèce de civilisation alternative plus substantielle que les ultimes vestiges de ces mondes que l'on rencontre encore dans les petites tribus isolées, elle devait certainement sauter aux yeux, elle ne pouvait se cacher.

Il ne restait qu'à déterminer quel stade, ou quel embranchement de la route, le Japon avait atteint. J'avais l'impression que, comme l'Angleterre, il était aux avant-postes de sa région, bien placé sur la voie de la modernité. Il s'accordait parfaitement aux grandes théories du « développement ».

J'ai passé une bonne partie des années 1990 à essayer de faire entrer le Japon de force dans ce schéma, sans jamais y parvenir. Ce n'est qu'en laissant le « Japon » être lui-même, en commençant à écouter plus attentivement, que j'ai compris la rigidité ethnocentrique de ma démarche.

Pour revenir au problème des définitions, il semble clair désormais que le Japon n'est pas plus moderne que prémoderne ou postmoderne. Il se situe sur une trajectoire où ces termes n'ont pas cours. Pas plus capitaliste que pré- ou postcapitaliste, c'est un mélange qui ne se conforme pas aux définitions marxistes. En outre, si nous définissons comme « scientifique » ce qu'Einstein nommait essence de la révolution scientifique, autrement dit un mélange de philosophie grecque (notamment la géométrie) et d'empirisme baconien, le Japon n'est ni scientifique ni préscientifique. Les chaînes japonaises de raisonnement causal et l'idée japonaise de ce qu'est une preuve n'entrent pas dans le cadre gréco-Renaissance de l'Occident. Quant à l'épineuse question de la religion, nous dirons que le Japon, s'il ne la rejette pas totalement, n'en voit pas la nécessité.

Un modèle de civilisation sans équivalent

Il n'est pas facile de voir le monde à l'intérieur du miroir japonais. Et ce que nous y apercevons est difficile à interpréter. Après quinze années de séjours, de conversations et de réflexion, ce n'est pas d'une manière vague que les Japonais me paraissent différents de l'Occident et des autres civilisations, mais d'une façon si profonde que nos outils habituels de compréhension s'avèrent inadaptés. Les Japonais ne se coulent tout simplement pas dans le moule de nos distinctions.

John Clammer est l'un de ceux qui ont essayé de comprendre le Japon. Il admet que « la société japonaise représente effectivement une gageure pour de nombreuses perspectives de la théorie sociale occidentale », car elle a développé « une forme unique de modernité qui pose un défi radical aux hypothèses et autres prétentions de l'Occident et de sa théorie sociale, l'une de ses gloires intellectuelles, qu'il a élaborée pour s'expliquer lui-même ainsi que le monde dont il fait partie ». Comment, dès lors, comprendre le Japon ?

Il est bon de ne pas oublier que les spécialistes relèvent depuis plus d'un siècle le défi de comprendre des systèmes sociaux totalement différents. Les anthropologues qui ont exploré l'Amérique du Sud, l'Afrique, la Nouvelle-Guinée ou l'Asie du Sud-Est n'ont pas pu appliquer leurs grilles de lecture occidentale aux tribus qu'ils rencontraient. Il aurait été vain de demander si ces tribus se fondaient sur le statut ou le contrat, l'individualisme ou l'holisme, ou toute autre forme d'oppositions valables pour l'Occident. Ils ont alors travaillé à l'élaboration du concept d'interconnexions et de relations entre différentes parties d'une même culture.

Les anthropologues ont mis au point une méthode centrée d'abord sur le tout, puis sur ses éléments. Ils ont souligné l'interdépendance fonctionnelle des parties et l'impossibilité de comprendre un élément isolé, extrait de sa relation avec les autres. Ils ont étudié les homologies structurelles entre différents aspects de la vie tribale. Les monographies rédigées ont été replacées dans un cadre comparatif qui ne servait pas tant à classer les sociétés qu'à considérer chacune comme une variante, une entité différente et pourtant comparable. Ces nouvelles approches analytiques reflètent l'énorme différence entre les mondes tribaux découverts par les anthropologues et la société d'origine de ces derniers.

Une société tribale a ceci de caractéristique que tout y est interconnecté. Il n'est pas possible de séparer un aspect ou une institution pour l'appeler « art », « économie », « famille », « système politique », « idéologie » ou « religion ». Chacun de ces domaines est à la fois partout et nulle part. Pensées et actions possèdent presque toutes une dimension esthétique, économique, familiale, politique et idéologique. Un geste de don, par exemple, inclut toutes ces dimensions dans des proportions variables.

Le monde dont venaient les anthropologues avait poussé à l'extrême la rigoureuse division des fonctions, faisant de chacune, du moins en théorie, une sphère séparée : l'art pour l'art ; l'économie pour la production et la consommation ; la famille limitée à la proche parentèle et tenue à l'écart de la politique, de l'économie et de la religion ; un État et des institutions politiques ; la religion. Le problème des anthropologues consistait à se débarrasser de ces prémisses pour expliquer le fonctionnement des sociétés « indivises ».

En revenant sur ce que nous avons découvert au Japon, nous voyons qu'il s'accorde infiniment mieux avec la structure « tribale » qu'avec la structure « moderne » ou « divisée ». Un grand nombre d'activités ont une composante esthétique et la poursuite de la beauté joue un rôle important dans la vie. Les Japonais n'ont pris conscience que très tard, et sous la pression extérieure, de l'existence de cette chose que l'on appelle « art ».

L'irrésistible désir de produire des objets destinés à améliorer le confort des humains est efficacement géré au Japon, mais les relations humaines ne peuvent y être soumises aux règles des forces abstraites du marché, des pertes et profits à court terme. Par conséquent, il n'y a pas d'économie séparée. La famille, faisceau de sentiments et modèle des relations interpersonnelles, remplit presque entièrement la vie quotidienne, toutes les interactions sociales et une bonne partie de l'économie et de la religion. Pourtant, les liens du sang entre parents sont ténus. On pourrait avancer qu'il n'existe pas de véritable système familial au Japon, mais bien plutôt une série de groupes artificiels construits sur le modèle de la famille.

Le flux de la force et de l'obligation, que nous nommons pouvoir politique, enveloppe tous les Japonais dans une toile qui exerce des pressions vers le haut, vers le bas et de tous côtés, de sorte qu'il est très difficile à l'individu de résister. Il n'y a pourtant ni État à proprement parler ni système politique développé. Idées et pensées ont une extrême sophistication et la tradition littéraire est d'une richesse magnifique. Mais la pensée logique cède le pas devant l'émotion et l'intuition. Il n'y a pas de vérité absolue, tout se plie avec souplesse au sein de contextes en mouvement perpétuel. Les rituels religieux abondent et l'on sent intensément la présence, au-delà des forces humaines et de la nature aveugle, de quelque chose d'autre. Pourtant, théologie, dogmes, rituels et moralité n'ont pas le pouvoir de systèmes indépendants, et les religions individuelles sont faibles.

Certes, le Japon n'est pas une société tribale, puisqu'il possède nombre de caractéristiques d'un monde industriel : alphabétisation, urbanisation, usines, technologie de pointe. Sous les apparences, toutefois, il semble avoir empêché la moindre sphère de se séparer des autres ou de devenir l'infrastructure dominante. C'est probablement ce que voulait dire Singer dans le texte cité en épigraphe, quand il écrit que le Japon est « simple ». La civilisation est structurellement simple, sans divisions ni architecture élaborée ; c'est une sorte de créature unicellulaire. Cette simplicité nous rend perplexes parce que nous sommes incapables de comprendre aisément un système d'intégration sans conflits entre les différents éléments ; nous avons l'habitude d'un monde de séparations, et donc de conflits d'intérêts et de loyautés.

Dès lors que nous comprenons que le Japon, comme toutes les sociétés de notre planète avant l'avènement de la période axiale, n'existe pas dans un ensemble de compartiments étanches, mais s'apparente plutôt aux tourbillons d'un torrent, ou à une étoffe dont les couleurs se fondent les unes dans les autres, nous sommes en mesure d'en saisir la vitalité et les paradoxes superficiels. Le Japon n'est pas plus « une autre planète » que n'importe laquelle des sociétés tribales décrites par les anthropologues. C'est le choc causé par la découverte du mélange de sophistication technologique et d'indivisions internes qui stoppe un instant notre compréhension. L'intérieur du miroir est à la fois parfaitement logique et magnifiquement intégré, mais il ne s'accorde pas avec la logique occidentale, et ne fonctionne pas selon les divisions qui dominent d'autres civilisations.

La simplicité de l'interconnexion qui prévaut sous la surface du miroir japonais ne se perçoit pas aisément si l'on utilise l'approche individualiste et fonctionnelle de la science sociale occidentale. Cette approche ne nous a guère aidés dans notre quête de sens. Essayer de faire du Japon une civilisation « moderne » où existent des choses (« individus ») ou des formes institutionnelles discontinues (« économie », « religion », « politique », « société »), c'est s'exposer, une fois encore, à l'incompréhension.

Dans le contexte japonais, l'entité de base n'est ni chose ni sphère institutionnelle, ni molécule ni individu, comme pourrait le supposer la pensée occidentale. C'est plutôt une *relation*. Tout est situationnel, symboliquement lié à autre chose. Voilà comment le Japon fonctionne, et comment il doit être compris. Jardins, cérémonies, individus ne peuvent être compris en soi, mais toujours en relation avec autre chose. Nous sommes dans un palais des glaces, toutes vides, se réfléchissant les unes les autres. Nous devons envisager le Japon comme une civilisation indivise en tenant compte du fait qu'elle rassemble plus de cent millions de personnes, et non quelques milliers. Une bonne partie des contradictions de type « à la fois... et... » qui nous ont d'abord déconcertés prendra alors un sens.

Comme beaucoup d'autres, j'ai souvent été frappé par l'hybridité du Japon, sa façon d'associer les contraires, violence et paix, innocence et pornographie, et ainsi de suite. Nous avons vu que les Japonais ne séparaient pas les choses que la pensée occidentale oppose. Naturel et surnaturel, individu et groupe, esprit et matière, toutes les dichotomies nées de la pensée grecque, de toutes les philosophies monothéistes, et même, dans une large mesure, hindoues et chinoises, disparaissent.

Chaque nation, chaque civilisation, est évidemment différente. Un Anglais peut avoir du mal à comprendre la culture italienne ou française. Mais la grille que nous appliquons est toujours plus ou moins valable dans ces cas, et nous sommes à peu près capables d'expliquer ce qui ne « colle » pas. Au Japon, étrangement, presque rien ne « colle ». Il y a très peu d'adéquation. Nous sommes dès le départ en paysage inconnu, où notre panoplie de connexions familières ne fonctionne pas. C'est un monde relativiste tel que le concevaient Einstein ou Escher, aussi bizarre que la plus exotique des tribus.

Notre manière de comprendre le Japon vient du fait que ce pays est *la* grande civilisation mondiale impossible à diviser en fragments. Le Japon est une *Gestalt* au même titre qu'une photographie ou un tableau qu'il faut embrasser d'un seul regard, ou pas du tout. Il correspond, en ce sens, à la société indivise telle que l'ont définie les anthropologues. On ne peut comprendre une société tribale en la découpant en petits morceaux. Les pièces du puzzle ne signifient rien en dehors du tout. On doit le comprendre d'un seul et rapide coup d'œil mental.

Voilà pourquoi le portrait esquissé dans ce livre, bien que nécessairement superficiel dans les éléments qu'il aborde, s'efforce d'envisager le Japon comme un tout. J'espère que cette approche donnera de la réalité du Japon une impression plus authentique que si je m'étais attardé sur certains aspects aux dépens des autres. Une approche fragmentée est valable pour l'Amérique ou la France, mais le Japon ainsi envisagé nous échappe. Pour comprendre un fil essentiel de la culture japonaise, il faut le suivre dans tous les aspects de la vie. « C'est en pénétrant avec cet esprit chaque détail de la vie en temps de paix et de guerre, la poésie et le tir à l'arc, le rituel et le plaisir, écrivait Singer, que nous trouverons peut-être la véritable mesure de l'esprit japonais. Car il ne peut être découvert dans une idée abstraite, un système, une œuvre d'art ou une institution. » Le disséquer, c'est en perdre la signification.

Ce que j'ai trouvé au Japon, c'est une civilisation moderne du troisième type. Avant de la rencontrer, je pensais qu'il n'en existait que deux : le type occidental ouvert, aux divisions institutionnelles, représenté par l'Europe et l'Amérique actuelles, et le type plus fermé dominé par l'une des sphères – sphère politique dans le fascisme et le communisme, ou sphère religieuse dans les sociétés islamiques, par exemple. Le Japon n'est ni entièrement ouvert, ni entièrement fermé.

C'est essentiellement pour cette raison que j'ai trouvé que le « Japon » est utile à la réflexion. Environné par ma propre culture, bercé par les plus récentes technologies, submergé d'images et d'affirmations, il m'est très difficile de prendre du recul pour comprendre le côté accidentel, construit et non inévitable de mon monde.

À la fin du XIXe siècle, lorsque l'Europe était à l'apogée de son triomphalisme, l'une des principales contributions de l'anthropologie a été de présenter des alternatives, des poches d'altérité. Les anthropologues ramenaient de terres lointaines des récits qui chamboulaient les hypothèses occidentales. Ils décrivaient des hommes-médecine, des coutumes sexuelles bizarres, des croyances aux esprits et des tabous. Mais ces pratiques, certes contraires à nos conceptions fondamentales, ne concernaient que de petits groupes de quelque 200 ou 300 000 personnes, et pouvaient être négligées. On les avait dénichées dans des sociétés si petites, si retardées sur le plan technologique et si différentes à tous égards qu'elles ressemblaient, bien que contemporaines, à des reliques d'un autre âge. On pensait que ces sociétés étaient en voie d'extinction et, à tout le moins, incapables de survivre à l'environnement moderne.

Le Japon est une civilisation de plus de 120 millions de personnes hyperefficaces et à l'économie prospère ; il dispose en théorie d'une simple « force d'autodéfense », mais elle est importante et bien équipée. Le Japon ne peut être négligé. S'il se fonde sur des prémisses et des principes différents de ceux de l'Occident, il constitue une réelle alternative pour nos imaginations épuisées. Le Japon nous aide à comprendre que les caractéristiques essentielles de la modernité occidentale, les divisions entre corps et esprit, naturel et surnaturel, les sphères institutionnelles de l'économie, la politique, la société et la croyance ne sont pas indispensables pour devenir une grande puissance. Les divisions qui ont accompagné la révolution industrielle et scientifique de l'Occident étaient sans doute une condition préalable nécessaire à ces grandes transformations. Leur absence explique peut-être pourquoi science et industrialisation ne sont pas apparues en Orient. Mais le Japon nous démontre qu'une société moderne peut vivre sans elles.

Le Japon est, d'une certaine manière, utopique au sens littéral du mot, qui signifie « nulle part » en grec. Il est relativement égalitaire, le désordre y est rare et les normes artistiques élevées. Ces traits de caractère s'appliquent souvent aux sociétés primitives. Au Japon, elles coexistent avec un système de production industrielle moderne et un mode de vie urbain.

Le Japon est en décalage avec l'image que je m'étais faite en me basant sur ma propre société. Quand le monde moderne a émergé en Occident, il a impressionné par sa productivité (industrialisation), son efficacité technique, sa découverte de lois cachées (science), sa tolérance et sa démocratie. Mais tout cela avait un prix.

Un prix spirituel, d'abord. Le vide créé par la séparation de l'esprit et du corps, du fait et de la valeur, a été ressenti et exploré par des générations de poètes et de philosophes – Blake, Wordsworth, Keats, Tennyson, Ruskin, Arnold et Yeats pour ne citer que les plus éminents. Si la vie devenait plus sûre et plus prospère, elle semblait avoir perdu beaucoup de son sens. Tête et cœur étaient déchirés, le monde désenchanté, le matérialisme gagnait du terrain. L'essence profonde et sacrée s'était envolée. Le monde s'était mué en désert psychologique et spirituel.

Un prix social, ensuite. Le dépérissement de la religion et des groupements familiaux qui permettent l'intégration et donnent un but à la vie laisse souvent l'homme seul et perdu. Ce déracinement a certes libéré les individus, mais en tranchant les liens solides qui les attachaient les uns aux autres. Je crois que l'individualisme solitaire est l'inévitable conséquence de la puissance des forces de la modernité, qui brisent groupes et hiérarchies, créant un monde vide peuplé d'individus égoïstes qui, pour reprendre les mots de Tocqueville, se touchent sans jamais sentir la présence de l'autre.

Si nous comparons les autres alternatives au capitalisme occidental, le Japon a de quoi séduire. L'islam présente le même caractère d'intolérance que les autres « religions du livre ». Il en existe des variantes, mais souvent la tendance est à l'anti-intellectualisme et l'antiféminisme, la corruption bureaucratique et l'inefficacité économique. Ces sociétés ne me paraissent pas globalement meilleures que le capitalisme occidental.

De même, le communisme inspiré des enseignements de Marx et Lénine présente des faiblesses en dépit de la noblesse de ses idéaux. Ce n'est pas un mode d'organisation efficace de l'économie. Il conduit souvent à d'autres formes d'absolutisme et à la brutalité féroce contre minorités et dissidents. Il ne bannit même pas l'inégalité. Il a perdu son attrait.

L'exemple du Japon montre, pour reprendre les termes de John Clammer, qu'« il n'existe pas de trajectoire unique vers la modernité », ce qui explique, d'après lui, pourquoi « le Japon semble être au monde, mais sans être du monde ». L'histoire moderne du Japon indique que la modernisation industrielle d'un pays n'implique pas forcément son « occidentalisation » totale.

Nous pouvons soit nous détourner de l'expérience japonaise, soit en apprendre quelque chose. Certains ont choisi la première solution, tel Robert Smith : « Nous cherchons à nous rassurer en niant les implications de ce que nous voyons, car autrement nous serions obligés de concéder qu'un système différent du nôtre, sans devenir pareil à nous, a atteint des objectifs que nous considérons depuis longtemps comme uniquement nôtres. »

Même si nous ne souhaitons pas ressembler aux Japonais, nous ne pouvons qu'admirer leur lutte pour créer une société décente, belle et porteuse de sens en prenant des options différentes des nôtres. L'attitude japonaise envers l'écologie, la politique, la société et la religion suggère que nous ne sommes pas forcés de consommer autant, de vider notre vie de sa signification, de devenir toujours plus inégaux, de croire en un Dieu unique, de susciter des taux de criminalité élevés ou de recourir systématiquement à la procédure. Les Japonais nous proposent d'autres choix.

Maraini résume ainsi les choses :

> En observant attentivement le Japon, nous ne découvrons pas uniquement une partie du monde ou une culture inconnue ; nous apprenons des choses sur nous-mêmes. La comparaison donne aux yeux des ailes ; elle nous emporte dans l'espace et nous permet de regarder la planète Terre avec une distance nouvelle, d'un point où contextes et positions peuvent être vus à la lumière de longueurs d'onde révélatrices. Si le Japon n'existait pas, il faudrait l'inventer de toute urgence.

Il est important d'y réfléchir à l'heure où les modèles hérités sont sérieusement remis en question. Beaucoup de gens sont à la recherche d'une philosophie qui donnerait à la fois la richesse économique et un sens à la vie. Il n'est pas possible d'imiter la solution japonaise. Mais le Japon démontre qu'il y a une alternative, que l'histoire n'est pas achevée. « Leurs façons ne peuvent devenir les nôtres, écrit Singer, mais ils montrent, comme dans un miroir rétrécissant, la nature d'une civilisation qui a accompli l'intégration. »

Ce n'est pas la façon confucéenne, bien au contraire. C'est pourtant un autre choix, une réintégration au bout du morcellement. Elle m'intéresse non seulement parce que nous prenons actuellement conscience de l'interdépendance liée à la mondialisation, mais aussi parce que les séparations artificielles de la modernité nous satisfont de moins en moins. Nous avançons vers ce que l'on appelle couramment la postmodernité. Mais ce passage de la modernité à quelque chose d'autre se manifeste très différemment en Occident et au Japon. C'est cette façon japonaise de structurer la société qui offre des perspectives si passionnantes.

Il est particulièrement important de saisir l'occasion d'échapper aux partis pris de notre propre culture, à l'heure où le centre de gravité du monde penche à nouveau vers l'Asie, après un bref intervalle – quelques centaines d'années – de supériorité occidentale. L'Inde et surtout la Chine participent aujourd'hui à la construction d'un nouvel ordre du monde ; il est important que ces pays disposent d'un éventail de modèles – capitaliste, communiste, islamique. Ils peuvent apprendre d'une civilisation qui a égalé l'Occident à son propre jeu, la production capitaliste, sans renier ses valeurs culturelles fondamentales.

Le Japon a non seulement appris à subvertir la modernité représentée par l'Europe et l'Amérique, mais il a aussi refusé de se laisser intimider par le confucianisme, le bouddhisme ou d'autres philosophies. Il a fait ce qu'aimerait faire toute nation qui se respecte : conserver son identité tout en acceptant ce que l'extérieur peut offrir d'utile.

Les importations ont souvent été magnifiées et améliorées, les technologies affinées et rendues plus efficaces, et la production japonaise d'objets utilitaires et esthétiques est sans pareille. À l'inverse, le rejet des cadres philosophiques sous-jacents est absolu. Il ne s'agit pas simplement d'atténuer un peu la force du confucianisme, du bouddhisme ou du capitalisme industriel de l'Occident : presque entièrement subvertis, ils ne peuvent plus détruire la nature indivise de la vie japonaise. De nouveaux mots viennent sans cesse s'ajouter au langage culturel, mais la grammaire reste pratiquement inchangée, ou plutôt change rapidement, mais pas uniquement pour réfléchir les pressions extérieures.

Le Japon nous offre simultanément des aperçus d'un passé lointain – d'un mode de vie tribale indivise, ou de notre propre enfance – et de notre avenir. Il annonce peut-être, en partie, l'avènement d'un monde d'où serait effacée la domination de l'héritage occidental. Les meilleurs vestiges de la pensée de la Renaissance et de la révolution industrielle et scientifique seront devenus patrimoine de l'humanité. Mais les cadres politiques, philosophiques et sociaux originaires d'une région périphérique de l'Europe du Nord-Ouest, exportés ensuite aux États-Unis, auront retrouvé des proportions plus appropriées : celles d'une variante parmi beaucoup d'autres. De nouvelles unités et de nouvelles intégrations, basées à la fois sur les postmodernités de l'Occident et les traditions plus anciennes de l'Orient, auront vu le jour.

On risque parfois de trop insister sur l'exception japonaise. À chacune de mes conférences, certains membres de l'auditoire se chargent de me le rappeler. Il me paraît donc utile de préciser mon point de vue, autrement dit ce que j'affirme et ce que je suggère, ou non, en envisageant la civilisation japonaise sous cet angle.

Le Japon est une civilisation industrielle fondamentalement différente de la nôtre : c'est ce qui le rend si intéressant. Les outils de la science sociale basés sur l'expérience occidentale permettent de montrer ce que le Japon n'est *pas*, mais sans saisir exactement ce qu'il est. Une description anthropologique localisée conviendra mieux.

Les conditions historiques qui ont produit les caractères inhabituels du Japon sont relativement faciles à comprendre. L'isolement, l'insularité, le voisinage de la Chine et une série d'événements accidentels rendent compte de ce qui s'est passé. Cela n'a rien à voir avec la race, l'ADN, ou une quelconque étrangeté culturelle innée.

Le Japon n'est pas uniforme (les variations géographiques et sociales sont immenses), il n'est pas statique (les changements sont constants), il n'est pas éternel (bien des choses ont été inventées à la fin du XIXe siècle). Mais il est « identique et changeant », c'est-à-dire ni archaïque, ce qui serait absurde, ni entièrement nouveau.

Aucune supériorité ne s'attache à la « voie japonaise ». Elle offre aux Japonais beaucoup de bonnes choses (intégration, abondance, beauté, paix), mais aussi d'autres, nettement moins attrayantes (conformisme, amnésie, racisme). On retrouve chez d'autres insulaires, les Britanniques, une bonne partie de leurs traits les moins séduisants. Les Japonais n'ont pas plus le droit d'imposer aux autres leur mode de vie que d'autres impérialistes avant eux – Britanniques, Français, Allemands ou Américains.

Une exploration à l'intérieur du miroir révèle bien des délices. Mais elles ont un prix : le taux de suicide élevé chez les enfants, qui pensent souvent ne pas être à la hauteur des espoirs mis en eux, les 100 000 à 400 000 *hikikomori*, ces jeunes gens qui restent volontairement cloîtrés dans leur chambre pendant des années, la peur généralisée de l'étrange et de l'inconnu, le refus d'assumer la responsabilité des erreurs passées, ou de présenter des excuses directes et identifiables, l'accueil parfois trop méfiant réservé à la logique et la rationalité.

Les femmes et certains groupes presque invisibles – *buraku*, Aïnous, Coréens et travailleurs immigrés, par exemple – sont souvent marginalisés et traités en citoyens de seconde zone. L'obligation de se conformer aux désirs des supérieurs, des égaux et des inférieurs est oppressante. La consommation de violence et de pornographie est largement répandue. Réalité et fiction se confondent parfois. Le pouvoir est accepté sans discussion. Désespoir et haine de soi se manifestent parfois avec soudaineté.

Les auteurs qui écrivent sur des terres enchantées soulignent généralement les périls de leur séduction. Par exemple, la confusion entre beauté et vérité ou vertu. L'éthique devient contextuelle et le système du « deux poids, deux mesures » courant. L'amour profond peut facilement se changer en colère. Les étrangers sont traités en non-humains, en démons ou en « dieux » *(kami)*, attaqués ou placés en quarantaine. Toute contestation de l'ordre qui remet en cause l'harmonie conformiste et l'enchantement qui la soutient est impitoyablement écrasée. Les nouvelles idées passent fréquemment pour dangereuses.

Il est souvent difficile, dans ce monde enchanté, de distinguer l'illusion de la réalité. Raison et logique sont minimisées au profit de l'émotion, de l'intuition et du sentiment. Ces tendances sont positives quand elles aboutissent au bonheur, mais elles peuvent très facilement se changer en émotion de masse et en fascisme : une sorte d'infantilisme, de frénésie de groupe ou d'extase collective dans lesquels l'individu, toujours fragile, est totalement submergé.

Ceux qui vivent au sein de l'enchantement ont bien du mal à comprendre ceux qui sont désenchantés ; voilà qui explique à la fois le trouble des Japonais envers l'Occident et la vision occidentale du Japon. Ce qui intéresse et amuse les uns n'a souvent aucun intérêt pour les autres, et inversement. Ceux qui vivent à l'extérieur du pays enchanté ne peuvent y pénétrer ni même le voir derrière son miroir protecteur. Ils surprennent parfois ce qui s'y passe de manière accidentelle et fugace, comme ils le feraient du pays des fées.

Il est très difficile à un non-Japonais de s'intégrer dans la société japonaise en perdant entièrement sa qualité d'étranger. On peut, grâce à un effort soutenu, devenir partie intégrante de la société française, américaine ou chinoise, mais les étrangers qui vivent au Japon, quel que soit le temps qu'ils y ont passé et leur volonté de s'intégrer, restent toujours « de l'extérieur ». Certains de mes amis m'ont même confié que plus ils deviennent proches des Japonais par la langue et les manières, plus les Japonais les rejettent. Je me demande si une autre nation peut aujourd'hui imiter le Japon, quels que soient son envie de le faire ou le nombre d'éléments qu'elle essaierait de copier. Ce modèle social interne, non axial, indivis, est impropre à la greffe ou au transport.

Suis-je attiré ou rebuté par le Japon ? C'est difficile à dire, la plupart des étrangers qui connaissent le Japon ressentent un peu de ces deux émotions. Tout y semble parfois si beau, plein de sens, attrayant comme un retour au paradis, à l'Éden, à l'enfance et à la sécurité. Le Japon comble l'aspiration romantique à un monde perdu, Paradis, Atlantide, terres du Graal, pays des fées. Puis on émerge du rêve et le Japon apparaît comme un pays féroce, infantile, conformiste et agressif, étouffant, collant, régressif, un piège, un chant de sirène conduisant droit au naufrage les Lumières et la raison. Le Japon est plein d'hybrides, d'ambiguïtés, d'attirance et de répulsion ; il absorbe et rejette.

Comment allons-nous quitter le miroir japonais ? Nous pourrions nous souvenir d'un autre départ, celui de Prospero quittant l'île magique à la fin de *La Tempête* de Shakespeare. En 1939, l'économiste Kurt Singer, qui était juif allemand, a été chassé du Japon où il enseignait depuis huit ans. Il a écrit *Mirror, Sword and Jewel* quelques années plus tard, sachant parfaitement quel avait été le comportement des Japonais pendant la Seconde Guerre mondiale, tout comme il savait que son pays natal avait servi de modèle au Japon. Il conclut néanmoins, en se rappelant sa propre expérience :

> Mais ce réveil évocateur de l'épilogue de Prospero n'enlève rien au charme magique du rêve aussi longtemps qu'il était rêvé, ni à la valeur d'un style de

vie qui façonne, à partir de ce monde de changement, de misère et de mesquinerie, un royaume de lumière et de douceur, de flux harmonieux et de gentillesse persistante.

Tandis que je tape ces derniers mots dans un jardin anglais, cerné de roses et de chèvrefeuille, je regarde la pluie tomber doucement et mes séjours au Japon prennent l'allure d'un rêve lointain. Je sais pourtant que le temps passé à l'intérieur du miroir magique de cette autre civilisation insulaire m'a transformé. J'espère que ce voyage de l'autre côté du miroir vous aidera, vous aussi, à ressentir un peu de l'étrangeté de ce passionnant monde parallèle, si simple et pourtant si difficile à comprendre.

PRINCIPALES ÉPOQUES DE L'HISTOIRE DU JAPON

50 000 avant J.-C.	Paléolithique
11 000 avant J.-C.	période Jomon
300 avant J.-C.	période Yayoi
300 après J.-C.	période Kofun
552	Yamato tardif
710	époque de Nara
794	époque de Heian
1192	époque de Kamakura
1333	cours du Nord et du Sud
1392	époque de Muromachi
1568	époque Momoyama
1600	Edo (époque de Tokugawa)
1868	ère Meiji
1912	ère Taisho
1926	ère Showa
1989	ère Heisei

Source : Martin Collcutt, Marius Jansen et Kumakura Isao, *Cultural Atlas of Japan*, Oxford, Phaidon, 1988, p. 8-9. Les dates les plus anciennes sont évidemment approximatives.

PREMIERS VISITEURS FRÉQUEMMENT CITÉS

Sir Rutherford Alcock (1809-1897), diplomate britannique, a effectué deux séjours au Japon entre 1859 et 1864 et parcouru plusieurs régions du pays.
Alice M. Bacon (1858-1918), américaine, a voyagé au Japon à la fin du XIXe siècle.
Isabella Bird (1831-1904), voyageuse britannique qui a passé sept mois à parcourir le centre et le nord du Japon en 1878.
Basil Hall Chamberlain (1850-1935), enseignant britannique, a vécu au Japon entre 1873 et 1911, et a beaucoup voyagé dans le pays.
William E. Griffis (1843-1928), enseignant américain, a voyagé au Japon entre 1870 et 1874.
Lafcadio Hearn (1850-1904), auteur et pédagogue, de père irlandais et de mère grecque, a vécu au Japon à partir de 1890 et pris la nationalité japonaise.
Edward S. Morse (1838-1925), zoologue et expert en art américain, a effectué trois longs séjours au Japon entre 1883 et 1887.
Eliza Scidmore (1856-1928), américaine, a visité le Japon à la fin des années 1880.

BIBLIOGRAPHIE

Cet ouvrage est une brève synthèse de quinze années de réflexion sur le Japon. Il est basé sur mes écrits, publiés ou non, qui traitent plus en profondeur un certain nombre des thèmes abordés dans ces pages. Tous ces textes, ainsi que les films de mes séjours au Japon et d'autres documents se trouvent sur mon site Internet, www.alanmacfarlane.com, sous www.alanmacfarlane.com/japan/book.html. Les documents écrits et filmés sont une chronique de mon voyage de découverte, depuis mes premières impressions et confusions grossières jusqu'à ce livre. Il y a également des films sur Youtube sous le nom « ayabaya ».

Si votre connaissance du Japon est limitée et que vous désirez vous lancer dans la découverte de cet autre monde, la douzaine de livres marqués *** m'ont été les plus utiles pour comprendre le monde caché derrière le miroir.

Il existe aussi de nombreux articles excellents sur tous les aspects de la vie japonaise dans l'*Encyclopédie du Japon* (Tokyo, Kodansha, 1993), et sa version en deux volumes, *Japon – une encyclopédie illustrée* (Tokyo, Kodansha, 1993), elle aussi excellente. Le *Cultural Atlas of Japan* de Martin Collcutt, Marius Jansen et Kumakura Isao (Oxford, Phaidon Press, 1988) est une bonne introduction à la riche tradition culturelle du Japon.

ALCOCK, SIR RUTHERFORD, *The Capital of the Tycoon: Narrative of a Three Years' Residence in Japan*, Londres, Longman Green, 1863, 2 vol.

ARNOLD, SIR EDWIN, *Seas and Lands*, Londres, Longmans Green, 1895.

BACON, ALICE MABEL, *Japanese Girls and Women*, édition revue, Londres, Gay and Bird, 1902.

BARTHES, ROLAND, *L'Empire des signes*, Paris, Le Seuil (coll. « Points »), 2005.

BAYLEY, DAVID H., « Police, crime and the community in Japan », *in* George De Vos (éd.), *Institutions for change in Japanese society*, Berkeley, University of California Press, 1982.

BELLAH, ROBERT N., *Imagining Japan*, Berkeley, University of California Press, 2003.

BELLAH, ROBERT N., *Tokugawa Religion*, Glencoe (Illinois), The Free Press, 1957.

BENEDICT, RUTH, *Le Chrysanthème et le Sabre*, Arles, Picquier poche, 1987, trad. Lise Mécréant.***

BIRD, ISABELLA, *Unbeaten Tracks in Japan*, Londres, Virago, 1984 [1880].***

BLACKER, CARMEN, *The Catalpa Bow: A Study of Shamanistic Practices in Japan*, Londres, Unwin, 2e éd., 1986.

CHAMBERLAIN, BASIL HALL, *Mœurs et coutumes du Japon*, Paris, Payot, 1931, trad. Marc Logé.***

CLAMMER, JOHN, *Difference and Modernity*, Londres, Kegan Paul International, 1995.

CORTAZZI, HUGH, *Dr. Willis in Japan 1862-1877*, Londres, Athlone Press, 1985.

DALE, PETER N., *The Myth of Japanese Uniqueness*, Londres, Routledge, 1988.

DORE, RONALD, *Flexible Rigidities*, Londres, Athlone Press, 1986.

EISENSTADT, SHMUEL N., *Japanese Civilization*, Chicago, University of Chicago Press, 1996.

ENDO, SHUSAKU, *L'Extraordinaire Voyage du samouraï Hasekura*, Paris, Buchet/Chastel, 1980, trad. Daniel Lemoine.

ENRIGHT, D. J., *The World of Dew: Aspects of Living Japan*, Londres, Secker and Warburg, 1955.

FUKUZAWA, YUKICHI, *An Outline of a Theory of Civilization* [1875], Tokyo, Sophia University, 1973, trad. David A. Dilworth et G. Cameron Hurst.

FUKUZAWA, YUKICHI, *La vie du vieux Fukuzawa racontée par lui-même*, Paris, Albin Michel, 1989, trad. Marie-Françoise Tellier.***

GRIFFIS, WILLIAM, *The Mikado Empire*, New York, Harper, 1903, 2 vol.

HALEY, JOHN O., « Criminal justice in Japan », *Journal of Japanese studies*, 18 (2), 1992, p. 552-556.

HALEY, JOHN O., « Sheating the sword of justice in Japan: an essay on law without sanctions », *Journal of Japanese studies*, 8 (2), 1982, p. 265-281.

HALL, JOHN W. (éd.), *The Cambridge History of Japan*, vol. IV, Cambridge, Cambridge University Press, 1991.

HALL, JOHN W., *Japan: from Prehistory to Modern Times*, Tokyo, Tuttle, 1968.

HANE, MIKISO, *Peasants, Rebels and Outcastes*, New York, Pantheon Books, 1982.

HEARN, LAFCADIO, *Écrits sur le bouddhisme japonais*, Paris, Minerve, 1993, trad. Marc Logé.

HEARN, LAFCADIO, *En glanant dans les champs de Bouddha*, Paris, Mercure de France, 1925, trad. Marc Logé.

HEARN, LAFCADIO, *Kokoro : au cœur de la vie japonaise*, Paris, Minerve, 1989, trad. Sabine Boulongne et Jacqueline Lavaud.

HEARN, LAFCADIO, *Le Japon*, Paris, Mercure de France, 1993, trad. Marc Logé.***

HENDRY, JOY, *Understanding Japanese Society*, Croom Helm, 1987.

JACOBS, NORMAN, *The Origins of Modern Capitalism and Eastern Asia*, Hong Kong, Hong Kong University Press, 1958.

KAEMPFER, ENGELBERT, *Histoire naturelle, civile et ecclésiastique du Japon*, Paris, Desaint et Saillant, 1758, trad. de l'allemand par Jean-Gaspard Scheuchzer.

KOESTLER, ARTHUR, *Le Lotus et le Robot*, Paris, Calmann-Lévy, 1961, trad. Georges Fradier et Dominique Guillet.

KONDO, DORINNE, *Crafting Selves*, Chicago, University of Chicago Press, 1990.

Lebra, Takie Sugiyama, *Japanese Patterns of Behaviour*, Honolulu, University of Hawaii Press, 1976.

Lowell, Percival, *The Soul of the Far East*, Londres, Kegan Paul, Trench and Trübner, 1888.

Macfarlane, Charles, *Japan: An Account, Geographical and Historical*, New York, Putnam, 1852.

Maraini, Fosco, *Japan: Patterns of Continuity*, Tokyo, Kodansha International, 1971.

Maraini, Fosco, *Japon*, Paris, Arthaud, 1969, trad. de l'italien par Angélique Lévi.***

Maraini, Fosco, *Tokyo*, Amsterdam, Time Life Books, 1978.

Maruyama, Masao, « Prototype, Old layer and *Basso ostinato* » in *The Collected Works of Maruyama Masao*, vol. XII, Tokyo, Iwanami Shoten, 1996 [passage traduit par Nakamura Kenichi].

Maruyama, Masao, « The structure of *Matsurigoto*: the *basso ostinato* of Japanese political life », *in* Sue Henny and Jean-Pierre Lehmann (éd.), *Themes and Theories in Modern Japanese History*, Londres, Athlone Press, 1988.

Maruyama, Masao, *Thought and Behaviour in Modern Japanese Politics*, édition augmentée, Oxford, Oxford University Press, 1969, trad. et éd. Ivan Morris.***

Matsumoto, Michihiro, *The Unspoken Way: Haragei*, Tokyo, Kodansha, 1988.

Morris, Ivan, *La Vie de cour de l'ancien Japon au temps du prince Genji*, Paris, Gallimard, 1980, trad. Madeleine Charvet.

Morse, Edward S., *Les Maisons japonaises et leur environnement*, Paris, Éditions Kimé, 1996, trad. Marie et Claude Bugeon.

Morse, Edward S., *Japan Day by Day*, Tokyo, Kobunsha, 1936, 2 vol.***

Nakamura, Toshiko, « Yukichi Fukuzawa's ideas on family and the history of civilization » [www.alanmacfarlane.com/TEXTS/toshiko_fukuzawa.pdf]

Nakane, Chie, *La Société japonaise*, Paris, Armand Colin, 1974, trad. de l'anglais par Laurence Ratier.

Nitobe, Inazo, *Bushido, l'âme du Japon*, Noisy-sur-École, Budo Éditions, 2000, trad. Emmanuel Charlot.

Ohnuki-Tierney, Emiko, *Illness and Culture in Contemporary Japan*, Cambridge, Cambridge University Press, 1984.

Okakura, Kakuzo, *Le Livre du thé*, Arles, Picquier poche, 2006, trad. Corine Atlan et Zéno Bianu.

Oliphant, Laurence, *Narrative of the Earl of Elgin's Mission to China and Japan*, Édimbourg, Blackwood, 1859, 2 vol.

Ozaki, Robert S., *The Japanese: A Cultural Portrait*, Tokyo, Tuttle, 1978.

Passin, Herbert, « Japanese society », *in* David L. Sills (éd.), *International Encyclopedia of the Social Sciences*, New York, Macmillan, 1968.

Ratzel, Friedrich, *The History of Mankind*, Londres, Macmillan, 1896, trad. anglaise A.J. Butler, 3 vol.

Reischauer, Edwin O., *The Japanese Today*, Tokyo, Tuttle, 1988.

RIESMAN, DAVID, *Conversations in Japan: Modernization, Politics and Culture*, Londres, Allen Lane, 1967.

SAIKAKU, IHARA, *Histoires de marchands*, Paris, Publications orientalistes de France, 1990, trad. René Sieffert.

SANSOM, GEORGE B., *The Western World and Japan*, Londres, Cresset Press, 1950.

SCIDMORE, ELIZA R., *Jinrikisha Days in Japan*, New York, Harper, 1891.

SIEBOLD, PHILIPP F. VON, *Manners and Customs of the Japanese in the Nineteenth Century* [1841], Tokyo, Tuttle, 1973, trad. Terence Barrow.

SINGER, KURT, *Mirror, Sword and Jewel: The Geometry of Japanese Life*, Tokyo, Kodansha, 1981.***

SMITH, ROBERT J., *Japanese Society: Tradition, Self and the Social Order*, Cambridge, Cambridge University Press, 1983.***

SUGIMOTO, YOSHIO, *An Introduction to Japanese Society*, Cambridge, Cambridge University Press, 1983.***

TAMES, RICHARD (éd.), *Encounters with Japan*, Stroud, Alan Sutton, 1991.

TANIZAKI, JUNICHIRO, *Éloge de l'ombre* [1933], Paris, Publications orientalistes de France, 1993, trad. René Sieffert.***

THUNBERG, CHARLES PETER, *Voyage au Japon par le cap de Bonne-Espérance, les îles de la Sonde, &c.*, Paris, Benoît Dandré, 1796, 4 t., trad. de l'anglais par Louis Langlès.

TOCQUEVILLE, ALEXIS DE, *Nouvelle correspondance inédite*, Paris, Michel Lévy, 1866.

TOCQUEVILLE, ALEXIS DE, *Œuvres complètes*, Paris, Gallimard, t. VI, vol. III, 2003 ; et t. XIII, vol. I, 1977.

VAN MEERDERVOORT, POMPE, *Five Years in Japan, 1857-1863*, Tokyo, Sophia University, 1970, trad. Elizabeth P. Wittermans et John Z. Bowers.

VAN WOLFEREN, KAREL, *L'Énigme de la puissance japonaise*, Paris, Robert Laffont, 1990, trad. Danièle Laruelle.

WIGMORE, JOHN HENRY (éd.), *Law and Justice in Tokugawa Japan*, Tokyo, University of Tokyo Press, 1969.

YAPP, PETER (éd.), *The Travellers' Dictionary of Quotation*, Londres, Routledge and Kegan Paul, 1983.

YOSHINO, KOSAKU, *Cultural Nationalism in Contemporary Japan*, Londres, Routledge, 1992.

REMERCIEMENTS : MES COMPAGNONS DE VOYAGE

Quand, après avoir traversé le miroir, Alice est arrivée au Pays des Merveilles, elle a rencontré de nombreuses créatures qui ont entrepris de lui expliquer leur monde et de dissiper son trouble. De même, ce livre est le résultat de conversations et de conseils multiples, et d'innombrables témoignages de soutien. Depuis ma première visite au Japon en compagnie de ma femme Sarah, il y a seize ans, j'ai reçu l'aide d'un grand nombre de personnes que je ne peux toutes remercier ici.

Le Japon n'est pas un pays facile à comprendre. J'aurais totalement échoué sans l'aide de deux amis japonais, les professeurs Nakamura Kenichi et Toshiko, que je désignerai par leurs prénoms, Kenichi et Toshiko. Les années qui m'auraient été nécessaires à l'apprentissage du japonais ne m'auraient pas permis de mener les études comparées de civilisations que contient ce livre. Comme je ne sais ni lire ni parler le japonais, je dépends entièrement d'informateurs. Par exemple, les travaux majeurs de nombreux historiens, anthropologues et politologues japonais n'ont pas été traduits. Je me suis donc appuyé sur les condensés de leurs idées fournis par Kenichi et Toshiko.

Nous avons beaucoup discuté ensemble des thèmes abordés dans ce livre. Nous avons fait six voyages au Japon, ma femme et moi, et nous y avons chaque fois retrouvé Kenichi et Toshiko, qui nous ont souvent accompagnés dans nos périples. Face au nombre incalculable de nos questions, ils se sont efforcés de répondre et de nous en apprendre le plus possible sur le Japon, à la fois sur place et lors de leurs séjours en Angleterre. Tout cela en partie à cause de leur fascination pour la culture anglaise, et en partie parce que les choses qu'ils ont vues chez nous leur ont donné le désir d'apprendre en retour. Au Japon, nous sommes devenus leurs enfants spirituels, et ils nous ont tirés en douceur de notre monde d'ignorance pour nous amener progressivement à comprendre leur pays. Notre langue de travail étant l'anglais, c'est à eux qu'a incombé le lourd fardeau de la traduction.

Pour rencontrer les spécialistes japonais les plus pertinents et les mieux informés, il est nécessaire de passer par de bons intermédiaires. Grâce à leurs relations universitaires, Kenichi et Toshiko nous ont permis d'avoir beaucoup de discussions précieuses avec d'autres penseurs qui ont fait du Japon leur champ d'études.

Il n'est pas évident, pour des universitaires japonais, de se montrer ouvertement critiques à l'égard de spécialistes étrangers, mais nos amis, grâce à leur caractère particulièrement direct et leur exceptionnelle assurance, ont été d'excellents collègues qui ont lu, commenté et corrigé mes nombreux brouillons et essais avec autant d'honnêteté que d'originalité.

Nos échanges ont débuté par le biais d'une série de conférences sur les concepts occidentaux d'amour romantique : l'amitié interculturelle qui en a résulté est une autre forme d'amour que Sarah et moi apprécions profondément. Cet amour, ils nous l'ont manifesté en société et sur le plan intellectuel, mais aussi au travers de multiples détails pratiques qui ont rendu possible notre collaboration. Kenichi, en particulier, a déniché un financement pour la plupart de nos séjours au Japon, sans lequel nos fréquentes visites se seraient avérées excessivement onéreuses.

Puisque ce livre est, en réalité, le récit d'une exploration commune, d'une longue conversation au cours de laquelle chacun a essayé de comprendre l'histoire et la culture de l'autre, il eût semblé juste d'indiquer une paternité littéraire commune. Nous en avons décidé autrement, pour une raison très simple : certes, je cite ou paraphrase les idées de Kenichi et Toshiko, mais c'est moi qui ai conçu et rédigé le livre. Ils ne sont pas entièrement d'accord avec tout ce que j'ai écrit. Il est donc important de préciser que je suis seul responsable des idées avancées dans cet ouvrage, même si son contenu se fonde sur un projet commun et un travail partagé.

Beaucoup d'autres personnes ont grandement contribué à cette aventure : essayer de comprendre le Japon. Nous nous sommes sentis tout à fait bienvenus dans la famille de Toshiko et Kenichi, qui nous ont donné des aperçus précieux de la vie japonaise lors de nos séjours chez eux. Je remercie Subaru, Yuri et Ai Nakamura ; Sumie, Michio et Ayako Kashiwagi ; Yoshihiko, Fumiko et Jun Ito.

J'ai beaucoup appris des doctorants japonais et coréens que j'ai supervisés : Sonia Ryang, Hara Mariko, Ashikari Mikiko et Sato Jun. Sato Jun, qui a lu diverses ébauches de ce livre, a avancé nombre de critiques utiles et d'idées neuves dont je le remercie tout particulièrement. Ashikari Mikiko a lu une partie du livre et fait des commentaires pertinents. Certains de mes étudiants-chercheurs – Mireille Kaiser, Srijana Das et Maja Petrovich notamment – ont lu quelques chapitres du premier manuscrit et ouvert des perspectives nouvelles.

J'ai beaucoup appris des experts occidentaux avec qui j'ai discuté du Japon : Carmen Blacker, Ian Inkster, Arthur Stockwin, Ronald Dore et Andrew Barshay. Le tournage des films au Japon, avec David Dugan et Carlo Massarella, de Windfall Films, a été un immense plaisir, tandis que le soutien et l'intérêt constants de Patrick O'Brien se sont avérés inestimables.

D'autres amis ont lu avec soin la totalité du premier jet et suggéré de nombreuses améliorations. Merci à Gabriel Andrade, Andrew Morgan et Mark Turin (qui ont lu trois versions différentes). Harvey Whitehouse a fait des commentaires utiles sur le chapitre consacré aux croyances. Le docteur Susan Bayly a lu et commenté deux des chapitres.

J'ai eu le privilège de participer au Japon à de longues discussions avec un certain nombre d'éminents spécialistes de l'histoire et de la société japonaises. Parmi mes interlocuteurs se trouvent des professeurs experts en divers domaines : Ohsawa Masachi, Anthony Backhouse, Shing-Jen Chen, Karube Tadashi, Kuwayama Takami, Makabe Jin, Matsuo Takayoshi, Sakurai Eiji, Yamagishi Toshio, Yanagimachi Tomoharu, Yokoyama Toshio, Yoshikawa Hiroshi. J'ai notamment rencontré Watanabe Hiroshi à l'occasion de trois séjours au Japon, durant lesquels il a passé beaucoup de temps à nous expliquer l'histoire et les structures politiques du Japon ainsi qu'à commenter les premières ébauches du livre.

Un certain nombre de spécialistes japonais sont devenus des amis avec qui nous avons eu des discussions suivies, chez eux, pendant nos voyages à travers le Japon, ou lorsqu'ils sont venus nous rendre visite en Angleterre. Je citerai Endo Ken, sa femme Hilda Gaspar Pereira et leur fille Anna, Funabiki Takeo, Hayami Akira, Kudo Masako, Sugihara Kaoru, Sugihara Nobuko, Nakanishi Yoh, Nakanishi Himeko, Ochiai Emiko, Saito Osamu, Saito Nobuko, et enfin Tamura Airi et son mari, Yamakage Susume.

Comme toujours, travailler avec Profile Books a été un véritable plaisir, et j'aimerais remercier tout particulièrement John Davey et Peter Carson qui m'ont soutenu avec enthousiasme dès les premières ébauches du livre. Penny Daniel, Nicola Taplin et d'autres membres de l'équipe Profile ont, comme d'habitude, été aussi positifs qu'efficaces. Claire Peligry a minutieusement lu le manuscrit dont elle a grandement amélioré le style et la grammaire. Le livre lui doit beaucoup.

Le regretté Gerry Martin m'a apporté une aide inestimable ; il nous manque énormément. Au Japon, nous avons passé du temps avec Gerry et sa femme Hilda et avons souvent discuté du monde japonais. Gerry, très perspicace et plein d'attention, a notamment trouvé des fonds qui ont contribué à l'avancement du projet. D'autres organismes ont participé au financement : le British Council, le ministère de l'Éducation japonais, l'université de Cambridge, l'université de Tokyo, le projet Global Governance de l'université d'Hokkaido, le Centre de recherche du King's College à Cambridge. Le département d'Anthropologie sociale et le King's College, à Cambridge, ont servi d'écrin à un travail créatif, tandis que mes étudiants se révélaient une constante source d'inspiration.

Iris Macfarlane, ma mère, a toujours représenté pour moi une source d'inspiration et un exemple ; nous avons travaillé ensemble sur de nombreux thèmes. Son amour du bouddhisme et de la civilisation asiatique, notamment, a influencé mon travail, et j'aimerais ici rendre hommage à une remarquable auteure, poétesse, peintre, philosophe et linguiste décédée au cours des derniers mois de la préparation de cet ouvrage.

Comme toujours, c'est envers Sarah, mon épouse, que ma dette est la plus lourde. Nous avons exploré le Japon ensemble. Les diverses manières dont elle m'a aidé sont trop nombreuses pour être citées. Une grande partie des idées de ce livre est le fruit de nos réflexions communes, et rien n'aurait été écrit sans son soutien, son inspiration, et ses relectures attentives. Enfin, elle m'a donné la joie d'être une nouvelle fois grand-père (par alliance) d'une petite Rosa, à qui je dédie cette aventure intellectuelle, comme une suite aux lettres à sa grande sœur Lily[1].

1. *Cf.* Alan Macfarlane, *Letters to Lily: On How the World Works*, Londres, Profile Books, 2006. *(NdT)*

TABLE DES MATIÈRES

Achevé d'imprimer en décembre 2008 sur les presses de l'imprimerie Corlet
à Condé-sur-Noireau (Calvados), France, pour le compte des Éditions Autrement,
77, rue du Faubourg-Saint-Antoine, 75011 Paris.
Tél. : 01 44 73 80 00. Fax : 01 44 73 00 12. N° d'imprimeur : 116254.
ISBN : 978-2-7467-1228-7. Dépôt légal : janvier 2009.